普通高等教育"十一五"国家级规划教材 修订版

高等职业教育财经商贸类专业"互联网+"创新教材

U0662756

证券投资学

第4版

主　编　杨　宜

副主编　胡君晖　乌日娜

参　编　韩贵新　李建伟　张风存

　　　　张　娜　柏文雯　彭　博

机械工业出版社

本书是普通高等教育"十一五"国家级规划教材修订版。全书共分11个模块，主要包括证券及证券市场概述、股票、债券、证券投资基金、金融衍生工具、证券发行市场、证券交易市场、证券市场监管、证券投资的基本分析、证券投资的技术分析、证券投资策略与方法等内容。

本书第4版根据近年来我国证券市场发生的变化和2020年3月修订的《证券法》，在内容和体例上均做了重大修改，将证券投资基础知识和理论与证券市场发展的新业态、新技术、新趋势相结合，通过案例导读、案例链接、知识拓展和能力训练等形式，增强学生自主学习动力，开发学生潜在的创造性思维，满足"素质为基础、能力为本位"的高技能人才可持续发展的要求。

本书既可作为高等职业教育财经商贸大类金融类等专业的授课教材，又可作为证券投资从业人员及其他参与者的学习用书和参考资料。

为方便教学，本书有配套的微课视频、教学大纲、教学方案、课件、试卷、练习题及答案等教学资源。凡选用本书进行授课的教师均可登录机械工业出版社教育服务网（www.cmpedu.com）注册下载。如有问题请致电010-88379375联系营销人员，服务QQ：945379158。

图书在版编目（CIP）数据

证券投资学/杨宜主编. —4版. —北京：机械工业出版社，2023.9（2025.6重印）
高等职业教育财经商贸类专业"互联网+"创新教材
ISBN 978-7-111-73610-3

Ⅰ．①证…　Ⅱ．①杨…　Ⅲ．①证券投资—高等职业教育—教材　Ⅳ．①F830.91

中国国家版本馆CIP数据核字（2023）第141420号

机械工业出版社（北京市百万庄大街22号　邮政编码100037）
策划编辑：董宇佳　　　　　责任编辑：董宇佳
责任校对：宋　安　贾立萍　封面设计：鞠　杨
责任印制：常天培
河北虎彩印刷有限公司印刷
2025 年 6 月第 4 版第 4 次印刷
184mm×260mm · 16 印张 · 401 千字
标准书号：ISBN 978-7-111-73610-3
定价：49.90 元

电话服务　　　　　　　　网络服务
客服电话：010-88361066　机　工　官　网：www.cmpbook.com
　　　　　010-88379833　机　工　官　博：weibo.com/cmp1952
　　　　　010-68326294　金　书　网：www.golden-book.com
封底无防伪标均为盗版　机工教育服务网：www.cmpedu.com

前　言

党的二十大报告指出："深化金融体制改革，建设现代中央银行制度，加强和完善现代金融监管，强化金融稳定保障体系，依法将各类金融活动全部纳入监管，守住不发生系统性风险底线。"伴随着改革开放的步伐，历经四十余载，我国的证券市场构建起以主板、中小板为主体，以创业板、科创板为创新，以区域性股权交易、新三板等为基础的多层次资本市场体系。近年来，证券市场的格局和规模都发生了巨大的变化，证券市场已经成为国民经济运行的重要支点，是金融体系中必不可少的重要组成部分。证券投融资活动已成为社会各行各业以及广大居民经济生活中的重要内容，因此，了解证券投资的相关知识、掌握证券投资技能就显得十分重要。

为适应高等职业教育"素质为基础、能力为本位"的高技能人才可持续发展的要求，培养出真正具有理论认知和实践操作技能的证券投资职业人才，编写团队结合多年的教学经验和教学改革需要，凭借自身多年在金融企业的实践经验，以及听取证券企业实践专家的建议，对本书进行了修订。

本书于2008年被教育部确定为"普通高等教育'十一五'国家级规划教材"。本次修订在内容上和体例上均做了重大修改，以案例导读、案例链接与知识拓展、复习思考题、能力训练等形式，将证券投资基础知识和理论与证券市场发展的新业态、新技术、新趋势结合在一起，对学习者参与证券市场投资决策有很大的帮助。本书的具体特点有：

（1）时代感鲜明。本书依据新修订的《证券法》《公司法》以及证监会颁布的新法规制度，引用前沿案例，充分贴近国内外证券市场的发展变化，准确阐述了本学科研究领域的先进理论与概念。此外，本次修订增加了"职业提示"栏目，深入贯彻落实党的二十大精神，提高学生职业素养。

（2）实用性突出。本书以"案例导读"帮助学习者学习、掌握相关知识，通过"案例链接"强化对知识的理解，以"拓展知识"增加知识的深度，以"能力训练"加强证券投资的可操作性，将实践和应用能力的培养融会于书中，并贯穿始终。

（3）对从业资格考试有针对性。本书特别增加了单项选择、多项选择等证券从业资格考试的内容。大量的例题都是针对近年来证券从业资格的重点和难点设计，以帮助学习者尽快掌握所考内容。

（4）立体化架构。本书有配套的教学大纲、教学方案、微课视频、多媒体课件、试卷、练习题及答案、案例分析等教学资源，并建立了"证券投资学"在线开放课程（http://coursehome.zhihuishu.com/courseHome/1000084830#teachTeam），在强化教学效果、提高教学效率上为使用者准备了丰富的资源。

本书内容分11个模块，包括证券及证券市场概述、股票、债券、证券投资基金、金融衍生工具、证券发行市场、证券交易市场、证券市场监管、证券投资的基本分析、证券投资的技术分析和证券投资策略与方法。本书适用于高等职业教育财经商贸大类金融类等专业的教学，也可供高校师生、证券从业人员及其他金融从业人员使用。

　　本书由杨宜担任主编，胡君晖、乌日娜担任副主编，韩贵新、李建伟、张风存、张娜、柏文雯、彭博参与编写。在本书的编写过程中，华林证券公司通州营业部的冯华总经理等人提供了具体指导，在此表示感谢。同时，还要感谢机械工业出版社编辑对本书出版付出的辛勤努力。

　　由于编者的精力及时间有限，书中难免有不妥之处，恳请同行和读者批评、指正。

编　者

二维码索引

（续）

目　录

module 1

模块一
证券及证券市场概述

学习目标

知识目标

了解证券及证券市场的定义和特征；了解世界主要国家和地区的证券市场；理解证券的分类和基本特性；理解证券市场的风险；掌握证券投资的基本概念；掌握证券的含义；掌握证券市场的构成要素。

能力目标

能够根据证券市场的结构解释市场的投资运作行为；能够解释分析证券投资及证券市场相关案例。

素质目标

通过中国的金融体系与多层次资本市场的学习，构建金融学世界观，培养尊重科学、实事求是的作风、创新精神和创业意识。

案例导读 ··

设立北京证券交易所 新三板改革站上新起点

2021年9月2日，习近平总书记在中国国际服务贸易交易会全球服务贸易峰会致辞中宣布，继续支持中小企业创新发展，深化新三板改革，设立北京证券交易所，打造服务创新型中小企业主阵地。

北京证券交易所（简称北交所）的设立意味着以服务中小企业为己任的新三板将站上改革新起点，我国资本市场改革发展又迈出关键一步。北交所"以现有的新三板精选层为基础组建"，总体平移精选层各项基础制度，并同步试点证券发行注册制。其作为新三板的一部分，与创新层、基础层一起组成"升级版"新三板。近年来，新三板的改革发展为进一步深化改革打下了坚实的基础。图1-1反映了我国新三板改革的历程。

新三板改革历程

■ 2019年10月，新三板全面深化改革启动，此后新三板经历了"政策出台——精选层受理启动——发行承销启动——正式挂牌交易——新三板转板上市制度——北交所设立"的过程。

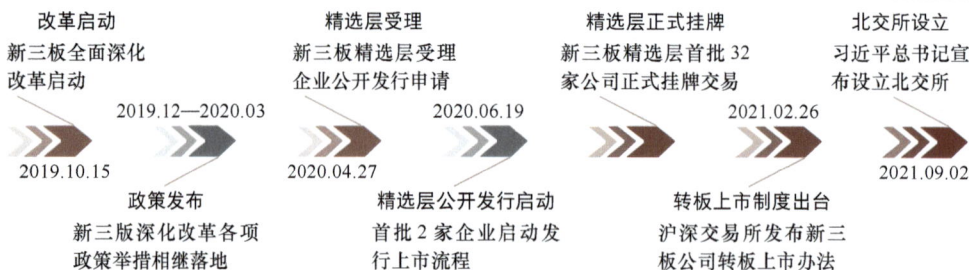

改革启动	精选层受理	精选层正式挂牌	北交所设立
新三板全面深化改革启动	新三板精选层受理企业公开发行申请	新三板精选层首批32家公司正式挂牌交易	习近平总书记宣布设立北交所
	2019.12—2020.03		2021.02.26	
2019.10.15		2020.04.27		2021.09.02
政策发布	精选层公开发行启动	转板上市制度出台	
新三版深化改革各项政策举措相继落地	首批2家企业启动发行上市流程	沪深交易所发布新三板公司转板上市办法	

图1-1 我国新三板改革历程

北京证券交易所上市公司由创新层公司产生，维持新三板基础层、创新层与北京证券交易所"层层递进"的市场结构。从制度设计出发，北京证券交易所未来的市场运行、投资者结构、主要基础制度安排等都有着显著的中小企业特色，与沪深交易所差异明显。由此形成北京证券交易所与沪深交易所、区域性股权市场错位发展、互联互通的新格局，我国资本市场的多层次市场结构进一步完善，使资本市场更有活力和韧性。

同时，北交所牢牢坚持服务创新型中小企业的市场定位，尊重创新型中小企业发展规律和成长阶段，提升制度包容性和精准性。这不仅提升了新三板精选层的法律地位，更能有效提升市场效率、激活市场活力，引导资源更多关注优质中小企业，提高品牌效应和吸引力，引领中小企业群体更好发展，从而全面提升新三板服务中小企业的能力。

北交所发布的《北交所、新三板2021年市场改革发展报告》指出，北交所与新三板共同构成服务创新型中小企业主阵地载体，北交所上市公司均来源于新三板创新层。2021年新三板市场分层过程中，96%符合条件的新三板基础层公司申请进入创新层，为分层制度实施以来最高水平。截至2021年年底，北交所上市公司82家，战略性新兴产业、先进制造业、现代服务业等占比87%，经营业绩突出、创新能力较强。全市场累计783家公司获评专精特新"小巨人"，59家成长为"单项冠军"，2017年以来65家公司获得国家科学技术奖，市场服务创新型中小企业的聚集效应初步形成。

提出疑问：

1. 什么是证券？
2. 证券这种资本与厂房、设备等实物资本有何联系和区别？
3. 证券有哪些基本的特性？

进入学习

单元一 证券概述

一、证券的含义

证券是用以表明各类财产所有权凭证或证书的统称，是用来证明证券持有人有权取得相应权益的凭证。证券上记载有一定的财产或权益内容，持有证券即可依据券面所载内容取得相应的权益。证券所载权益的享有、行使或让渡，须占有、出示或转移证券。证券是商品经济制度发展的产物，是从信用制度和金融市场发展过程中派生并成长起来的。

什么是证券？
——证券的含义、分类及特点

二、证券的分类

证券可分为无价证券与有价证券两大类。

1. 无价证券

无价证券最显著的特征就是不标明票面金额，不代表一定价值，且缺乏市场流通性。它包括证据证券与凭证证券两种：证据证券是指单纯证明事实的凭证，如证据、书面证明等；凭证证券是指认定持证人是某种私权的合法享有者，证明对持证人所履行的义务有效的凭证，如存款单、借据、收据及定期存款存折等。

2. 有价证券

有价证券是表示或证明一定财产权利的证书。由于有价证券是表示财产权的，其券面上必须载明财产的内容和数量；而且有价证券所表示的财产权与证券自身不可分离，即权利的享有或转移必须以出示或交付证券为依据，也就是说，有价证券的转移即意味着财产权的转移。有价证券的概念，有广义与狭义之分。

（1）广义的有价证券。广义的有价证券根据其所代表的财产所有权的经济性质，或者说根据其所体现的信用性质，可以分为商品证券、货币证券与资本证券三类。

1）商品证券。即证明持券人有商品所有权或使用权的凭证。取得这种证券就等于取得相关商品的所有权，持券人对这种证券所代表的商品所有权受法律保护。如提货单、运货单、仓库栈单等就是商品证券。

2）货币证券。即表明对货币享有请求权的证券。货币证券主要包括两大类：一类是商业证券，主要有商业汇票和商业本票；另一类是银行证券，主要有银行汇票、银行本票和支票。

3）资本证券。即表示投资的凭证和享有收益请求权的证券，如股票、债券等。

（2）狭义的有价证券。狭义的有价证券一般是指资本证券，它是标有票面金额，证明持券人有权按期取得一定收入，并可自由转让和买卖的所有权或债权凭证。证券市场上发行和流通的证券，包括股票与债券两大基本种类，以及它们的一些衍生品，如基金证券、期货合同等。出于简便与习惯，人们通常把狭义的有价证券直接称为证券。本书所称证券，即指此种意义上的证券。

综上所述，证券的分类如图1-2所示。

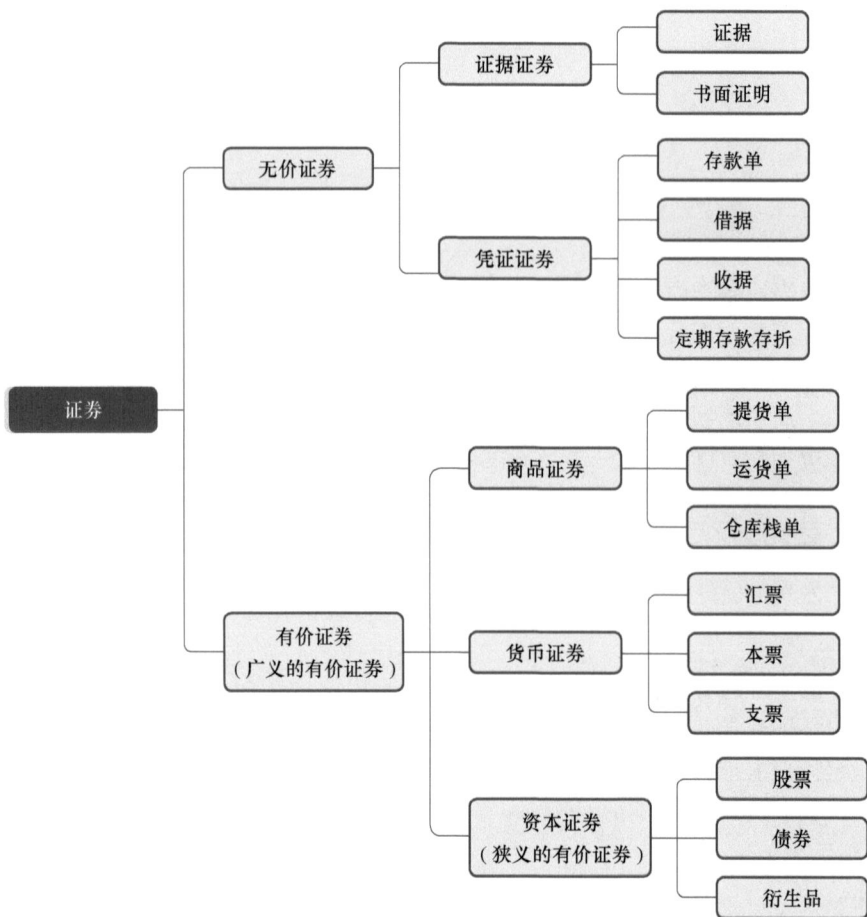

图1-2 证券的分类

案例链接

美国证券交易委员会诉HW公司案

HW公司和HW管理服务公司均注册于美国佛罗里达州，处在共同的管理和控制之下。HW公司在该地区拥有一片超200公顷的土地，每年会种植大量的果树。HW公司为了进一步的发展和融资，将其中一半土地卖给各地的投资者。HW管理服务公司则负责种植和管理这些果树，并收获和销售果实。土地的投资者大部分是商人或白领，他们缺乏种植和管理果树所必需的知识、技能和设备，只是被巨大的预期利益所吸引。HW 公司与每个投资者都分别签订一份土地销售合同和一份服务合同，并告诉他们如果不进行专业的培植和管理，这些果树是无法成功种植的。

HW 公司提供的土地销售合同以统一的价格将土地分块出售，在投资者付清全部价款后将土地转让给投资者。每个投资者的土地并没有单独围起来，区分所有权的唯一标志是一些小界标，需要借助公司的账簿才能够辨明。服务合同的有效期一般为 10 年，赋予 HW 管理服务公司租赁权以及对土地"完全和完整"的占有权。在合同期间，HW 管理服务公司对果树的种植及果实的收获和销售拥有完全的判断、决策和管理权。未经其许可，投资者无权进入果树园或销售果实，也不能对特定的果实主张权利。买卖双方对于土地和产品甚至不是联营，买方只是在收获季节收到一份表示其收益的支票。

美国《1933 年证券法》第 2 节（a）（1）条规定，"证券"不仅包括股票、债券，还包括票据、委托投票证书、证券存托凭证、期权和投资合同等，以及任何被人们普遍认为是证券的权益或工具。美国证券交易委员会（SEC）得知此事后，认为上述土地销售合同和服务合同作为一个整体，构成了美国《1933 年证券法》第 2 节（a）（1）条所指的"投资合同"，属于该法所规定的"证券"的范围，因此 HW 公司的行为实质上是在发行证券，必须按照《1993 年证券法》第 5 节的规定向 SEC 注册并履行相应的信息披露义务。HW 公司没有履行注册和披露义务，违反了《1993 年证券法》。SEC 于是对 HW 公司提起了诉讼。美国联邦最高法院受理了此案，并于 1946 年做出了判决。

美国最高法院宣读判决时指出，虽然《1933 年证券法》和其他立法没有对什么是"投资合同"进行说明，但下级法院在许多案件的审理中都对这个概念进行了宽泛的解释，以便给予广大投资者充分的保护。法院总结了以往的经验，提出了一个包括四个要素在内的检验标准："证券法中所谓的投资合同是指这样一个合同、交易或计划：①某人用其钱财进行投资；②投资于一项共同的事业；③不直接参与经营，仅仅凭借发起人或第三方的努力和经营；④期待获取利润。"在判断一项安排是否构成"投资合同"时，关键不是看形式，而是看其所体现的经济现实；至于投资者在共同事业中的份额是否有正式的权益凭证来代表，则无关紧要。将此标准适用于本案，最高法院支持 SEC 的主张，认为上述土地销售合同和服务合同共同构成了"投资合同"，进而属于"证券"。

立法者"四处撒网"，目的无非是给予投资者尽可能周全的保护，使其不致因某种新型投资工具不属于证券法的调整范围而无法享受证券法提供的保护和救济措施。用联邦最高法院自己的话说，上述对"证券"的定义"包含着一条弹性而非呆板的原则，它能够应付那些利用他人钱财、允诺获取利润的人所炮制的无穷无尽的、花样翻新的计谋"，使得"我们这个商业社会中所谓的证券，无论是以怎样的形式出现，都能被容纳进来"。在这其中，"投资合同"就是一个相当有弹性的概念，类似于证券定义中一个"兜底条款"，其他概念所不能涵盖的"证券"都可以设法联系到这里。

在我国，随着经济的发展和资本市场监管的不断完善，"证券"的范围也在不断地丰满完善。根据 2019 年 12 月 28 日第十三届全国人民代表大会常务委员会第十五次会议第二次修订的《中华人民共和国证券法》规定，目前我国的证券主要包括股票、公司债券（包括可转换为股票的公司债券）、存托凭证、政府债券、证券投资基金、资产支持证券和资产管理产品等。

三、证券的特性

1. 收益性

收益性是证券的最基本的特点，即指证券能给人们带来收益，这里所涉及的受益对象不仅指投资者，也包括证券发行者。作为投资者，收益是指购买证券后取得的利息、股息、红利及资本所得；作为证券发行者即筹资者，收益则表现为其资金规模扩大而使企业生产利润的能力增强。获取收益是投资者购买证券的直接目的，也是筹资者发行证券的基本动机，收益的大小直接影响投融资双方的积极性。

2. 风险性

证券投资与证券筹资都具有风险。就投资者来说，可能因为证券行情的跌落而亏损，也可能因为证券发行者经营不善而不能得到预期收益，甚至可能因证券发行者破产而蚀本；就发行者来说，可能会受到宏观及微观等方面因素的影响使得经营不好而难以支付股息、债息甚至破产倒闭，也可能因筹集成本费用过大而得不偿失等。因此，可以说证券投资必然伴随着风险，不冒任何风险的证券投资是不存在的。但投资于不同类型证券的风险是不同的，有的证券风险大，有的证券风险小。而证券投资的风险与收益是成正比的，即风险大的投资收益也高，风险小的投资收益也低。比如投资于国家债券的风险最小，因为国家的信誉最高，国家债券的市场价格变动比较平稳，利息固定，所以国家债券的利率一般较低；而投资于股票的风险较大，其收益也相应较高。

3. 流动性

证券的流动性是指证券持有人可按照自己的需要灵活地转让证券以换取现金。流动性是证券的生命力所在，它以变通的方式满足了投资者对现金的随机需求。证券的流动是通过承兑、贴现、交易实现的，由于不同证券的承兑、贴现、交易方式不同，其流动性也不同。

4. 参与性

证券持有人虽然不能参与证券发行者的具体经营活动，但是可以通过直接或间接的形式参与证券发行者的重大经营活动的决策。由于债券与股票的性质不同，这里所指的参与性仅对股票而言，其原因是：债券只反映债权债务关系，因此债券的持有人不能拥有参与决策权；而股票是所有权证书，股东作为所有者有较为完整的参与决策权，如参加股东大会、选举公司董事等（投资优先股所获得的则是有限制的决策权）。

5. 价格的波动性

价格的波动性是指证券的市场价格与证券的券面金额不一致并且受市场供求关系等因素的影响而经常处于变动之中。这是因为证券在流通过程中，要受发行者经营状况及社会政治、经济、投资者心理等各方面因素的影响，这些因素直接决定着证券的供求，从而导致证券市场价格的上下波动。不同类型证券的价格波动幅度或程度不完全相同，如股票价格波动幅度较大，而债券价格波动幅度较小。显然，价格波动幅度大的证券风险也大，而价格波动幅度小的证券风险也小。

6. 期限性

股票由于反映的是所有权关系，不存在期限的规定。而债券及货币证券都有不同的期限规定，债券有短、中、长期之分，但以中、长期为主，故被列入资本证券；汇票、支票、本票等期限多在 1 年以内，故被列入货币证券。期限规定了证券归还本金的时间，这对发行者来说构成了一种强制性约束，对购买者来说则提供了一种安全保障。一般而言，有期限性的证券，其票面收益率通常是固定的。

四、证券功能

证券是资本的运动载体，它具有以下两个基本功能：

1. 筹资功能

筹资功能即为经济的发展筹措资本。通过证券筹措资本的范围很广，社会经济活动的各个层次和方面都可以利用证券来筹措资本。如企业通过发行证券来筹集资本，国家通过发行国债来筹措财政资金等。

2. 配置资本功能

配置资本功能即通过证券的发行与交易，按利润最大化的要求对资本进行分配。资本是一种稀缺资源，有效地分配资本是经济运行的根本目的。证券的发行与交易起着自发地分配资本的作用。通过证券的发行，可以吸收社会上闲置的货币资本，使其重新进入经济系统的再生产过程而发挥效用。证券的交易是在价格的诱导下进行的，而价格的高低取决于证券的价值，证券的价值又取决于其所代表的资本的实际使用效益。因此，资本的使用效益越高，就越能从市场上筹集资本，使资本的流动服从于效益最大化的原则，最终实现资本的优化配置。

单元二 投资与证券投资

一、投资的含义

投资是指为了在将来获得某种结果而将目前一定的资本进行投入的一项活动，是货币转化为资本的过程，即个人或机构投资者通过持有金融资产或实物资产，获得该资产产生的与所承担的风险成比例的收益的过程。投资是现在投入一定价值量的经济活动，投资的目的是在将来获取一定收益。

投资具有时间性和风险性。投资的时间性是指投资者进行投资的行为是不能立刻获得收益的，投资和回报之间，必须要间隔相对比较长的时间，这段时间，既是投资运作所必需的周期，也是考量投资回报率时的参照标准。投资的风险性是指未来收益的不确定性。

投资与投机

二、投资分类

1. 实物投资和金融投资

按投资对象划分，投资可分为实物投资和证券投资。

实物投资是指投资者直接以购买实物资产的方式投资，投资者直接拥有土地、建筑物、知识、机器设备、艺术品、贵金属以及人力资本等实物资本，在经济增长等前提下，让持有的实物资本获得增值。

证券投资是指购买有价证券以获取收益的经济活动。投资者用自己的货币购买股票、公司债券或政府债券等有价证券，然后凭有价证券获取收益，由有价证券的发行者进行实物投资。由于投资者主要在金融市场上购买有价证券，又是以金融的方式进行的，因此又称为金融投资。个人在银行储蓄严格来讲也是一种金融投资，其获得的存款凭证也是一种有价证券。

2. 直接投资和间接投资

按投资方式划分，投资可分为直接投资和间接投资。直接投资是指将资金直接投入社会再生产过程，形成固定资产和流动资产的投资，通过一定的经营组织形式进行生产、管理、销售活动以实现预期收益。间接投资是指投资者并不直接经营实物资产，而是将自有资本的使用权委托或让渡给第三者，用以购买股票、债券等有价证券，使货币资金转化为金融资产，以获取一定的股息或利息的经济行为。间接投资者按规定收取利息或红利，但无权干预投资的具体运用，也不享有任何特权。

3. 短期投资和长期投资

按投资期限划分，投资可分为短期投资和长期投资。短期投资是指回收期在 1 年以内的投资，主要包括现金、应收款项、存货、短期有价证券等投资。长期投资是指回收期在 1 年以上的投资，主要包括固定资产、无形资产、对外长期投资等。

三、证券投资与投机的区别

证券投机是指在证券交易市场上短期内买进或卖出一种或多种证券，以获取利润的经济行为，其与证券投资的区别如表 1-1 所示。

表 1-1 证券投资与证券投机的区别

项　　目	证 券 投 资	证 券 投 机
动机	正规投资报酬	买卖价差收入
风险	小	大
交易方式	现货交易	买空卖空、期货交易
期限	长	短
对社会的影响	有促进作用	既有积极作用，也有消极作用

投机可以平衡市场价格、增强证券市场的流动性、利于分散价格变动风险。然而，投机也会使社会经济扭曲逐利，产生一夜暴富或一夜破产的现象，带来不利于社会安定的因素。投机还会造成社会资源扭曲配置和浪费，使价格脱离现实经济。违法投机更会使市场陷入混乱。因此，正确看待投资与投机、正确运用证券投资工具是每个公民的必修课。

案例链接

"银元之战"和"米棉之战"

1948 年底中国人民银行开始发行人民币。人民币能否迅速占领市场，是遏制通货膨胀的重要前提。在国民党统治后期，法币、金圆券相继破产，人民币南下过程中遭遇到黄金、外币、银元的顽强抵抗。

当时的上海是全国金融中心，是金融投机的渊薮，工商业缺乏正常的经营环境。1949年5月底上海解放后，投机资本家以黄金、外币、银元作为投机标的物，操纵物价巨幅涨落。他们宣称：解放军进入上海，但人民币进不了上海，并公开拒用人民币，人民币流通受阻。1949年6月3日、10日，上海市军管会发布命令，取缔黑市，禁止一切外币、金银流通。经过周密准备，于6月10日一举查封金融投机的总枢纽证券大楼，逮捕了200多名投机奸商。"银元之战"震动了上海，为人民币全面占领市场扫除了障碍。这是遏制通货膨胀的第一步。

然而，投机势力并不甘心失败，他们把投机标的物转向了粮食、纱布和煤炭（即"两白一黑"）等大城市急需的重要物资。1949年4月、7月、11月和1950年2月，投机资本先后掀起了四次比较大的物价涨风。为了刹住涨风，1949年7月底到8月中旬，陈云受中央委托在上海召开了五个大区的财经会议，制定了遏制通胀、稳定经济的对策。在中财委的统一领导和指挥下，几大国营公司收储物资，从东北调运大批粮食入关，待投机资本"吃"足物资后，于11月25日到12月初在全国各主要大城市集中同时抛售，同时一律停止贷款，收回存款。辅之以开办折实储蓄，吸收游资。一方面是全国范围内持续地抛售物资，以国营企业入场引导锚定物价涨幅；另一方面多手段抽紧银根。经过多日的较量，投机资本高息揽储吞进的货物不得不悉数割肉吐出。经此一役，投机势力遭到毁灭性的打击，从此一蹶不振。

经过这两次"战役"，国家基本掌握了市场上的主动权。中共中央及其中财委分析，要使物价真正稳定下来，必须釜底抽薪，统一全国财政经济体制，以平衡财政收支，消除通货膨胀隐患。此乃治本之策。

1950年3月，中央人民政府政务院颁布命令，决定统一财经体制。命令要求，全国所有收入支出、全国物资、全国现金都由中央政府统一管理。中央一声令下，全国上下令行禁止，高效执行。经过3个月的艰苦努力，全国实现了财政经济体制的集中统一管理和财政收支的平衡，物价也基本稳定下来。

单元三 证券市场认知

一、证券市场的概念、特征及分类

1. 证券市场的概念

证券市场是指股票、债券、基金等有价证券发行和买卖的场所。证券市场是市场经济发展到一定阶段的产物，是为解决资本供求矛盾和流动性而产生的市场。

证券市场是资本供求的中心。政府、企业等通过证券市场发行股票或债券而筹集资金；投资者通过证券市场买卖有价证券而向有关筹资人提供资金。证券市场不仅调节货币资金的运动，而且对整个国民经济的运行具有重要的推动作用，是反映宏观经济的晴雨表。

什么是证券市场？——证券市场认知

2. 证券市场的特征

与一般商品市场相比，证券市场具有以下基本特征（两者区别见表1-2）。

表 1-2　一般商品市场与证券市场的区别

项　　目	一般商品市场	证 券 市 场
交易对象	实物商品	有价证券
交易目的	获得或实现其使用价值	获得红利、利息和价差收入
价格决定因素	社会必要劳动时间	市场利率、收益率（$P=I/R$）
市场风险	小	大
流动性	弱	强
市场功能	满足人们的特定需要	筹资、投资、保值、获利，实现资源配置优化

（1）证券市场的交易对象是股票、债券等有价证券；而一般商品市场的交易对象是各种具有不同使用价值的商品。

（2）证券市场具有多重市场职能：①用于筹措资金，可解决资金短缺的问题；②用于投资，可为投资者带来收益；③用于保值，以避免或减少物价上涨带来的货币贬值损失；④通过投机等技术性操作争取价差收益。

（3）证券市场价格的实质是所有权让渡的市场评价，或者说是预期收益的市场货币价格，与市场利率关系密切。

（4）证券市场的风险较大，影响因素复杂，具有波动性和不可预期性。

3．证券市场的分类

（1）按证券运行的阶段不同，分为证券发行市场和证券交易市场。

证券发行市场是指证券发行人进行证券募集，以筹集资金的市场。由于证券是在发行市场上首次作为商品进入流通领域的，因此证券发行市场又被称为"初级市场"或"一级市场"。证券发行市场是一个无形市场，不存在具体的固定场所。

证券交易市场即证券流通市场，也称"第二市场"或"二级市场"，是指将已发行的证券在证券交易所登记注册，并有权在交易所挂牌买卖，即赋予某种证券在某个证券交易所进行交易的资格。

证券发行市场与证券交易市场构成统一的证券市场整体，两者相辅相成、相互联系、相互依赖。证券发行市场是证券交易市场的前提，没有发行市场就不可能有交易市场；而反过来，证券交易市场又是证券发行市场的条件，没有发达的交易市场，发行市场就难以生存和发展。

（2）按证券的性质不同，分为股票市场、债券市场和基金市场。

股票市场是股票发行和交易的场所，股票市场价格除了与股份公司的经营状况和盈利水平有关外，还受到其他诸如政治、社会、经济等多方面因素的综合影响。因此，股票价格经常处于波动之中。

债券市场是债券发行和交易的场所，债券的发行人有中央和地方政府机构、金融机构、企业等。债券因有固定的票面利率和期限，其市场价格相对股票价格而言比较稳定。

基金市场是基金证券发行和流通的市场。封闭式基金在证券交易所挂牌交易，开放式基金则是通过投资者向基金管理公司申购和赎回实现流通的。

（3）按证券的期限不同，分为货币市场和资本市场。

货币市场又称"短期证券市场"，是短期证券发行与交易的场所，短期证券主要有国库券、商业本票和银行承兑汇票等，期限在 1 年以内。资本市场又称"长期证券市场"，是长期证券发行与交易的场所，长期证券主要有政府债券、企业债券和股票等。

二、证券市场的功能

证券市场具有如下功能：

（1）价格发现。通过证券交易能将众多影响价格的供求因素集中反映到证券市场内，因此证券价格能够比较准确地反映真实的企业内外价值。

（2）资金融通。证券市场能够优化资源配置，实现资金流向最需要的社会部门。

（3）风险管理。证券市场能够分散投资风险，降低投资者可能面临的风险。

（4）提供流动性。证券市场能够保证资产的变现能力，使任何资产或金融工具在不影响其价格的情况下，在市场上快速成交。

（5）降低交易成本。证券市场能有效地降低传统市场里的搜寻成本和信息成本。

三、证券市场的产生与发展

1. 全球证券市场的产生与发展

证券市场是社会化大生产和商品经济发展到一定阶段的产物。证券市场的形成离不开股份公司。随着商品经济的发展，生产规模日渐扩大，传统的个人业主制和合伙制企业已经不能胜任对巨额资本的需求，于是产生了股份制公司。股份制公司通过发行股票、债券向社会公众募集资金，实现资本的集中，用于扩大生产。当货币资本与产业资本相分离，货币资本本身取得一种社会性质时，公司股票和债券等信用工具才会被充分地运用。随着商业信用、国家信用、银行信用等融资方式不断形成，出现了越来越多的信用工具。信用工具一般都具有流通变现的要求，而证券市场为有价证券的流通转让创造了条件，因而随着信用制度的发展，证券市场的产生成为必然。

在资本主义发展初期的原始积累阶段，西欧就已经有了证券交易所。1602 年在荷兰的阿姆斯特丹成立了世界第一个股票交易所。到 1698 年，英国已有大量的证券经纪人。1773 年，英国的第一家证券交易所在伦敦柴思胡同的"乔纳森咖啡馆"成立，并聚集了众多的证券经纪人。这家证券交易所即为现在伦敦证券交易所的前身。其最初的交易品种主要是政府债券，随着资本主义经济的发展，出现所有权与经营权相分离的生产经营方式，股票、公司债券及不动产抵押债权依次进入有价证券交易的行列。

20 世纪初，资本主义由自由竞争阶段过渡到垄断阶段。这一时期的证券市场以其独特的形式有效地促进了资本积累和集中，同时其自身也获得了高速发展。1929—1933 年，资本主义世界发生了严重的经济危机，危机的前兆就表现在股市的暴跌，尤其是 1932 年 7 月 8 日，道琼斯工业股票价格平均指数只有 41 点，仅为 1929 年最高水平的 11%。随之而来的大萧条使证券市场受到严重影响，危机过后，证券市场仍处于萧条中。第二次世界大战爆发后，虽然各交战国由于战争需要发行了大量公债，但就整个证券市场而言，仍然处于不景气之中。第二次世界大战结束后，各国经济开始复苏和发展，尤其在 20 世纪 70 年代以后，证券市场出现了高度繁荣的局面，证券市场的规模不断发展，证券的交易也越来越活跃。在整个金融市场中，证券的比例迅速上升。而 2007—2009 年一场始于美国的次贷危机逐步演变为全球金融危机，世界经济经历了大萧条以来最严峻的考验。危机过后，各国政府都在反思造成危机的深层次原因，全球金融监管越来越严。进入21世纪，伴随世界经济的一系列重大变化，数字化和金融科技迅猛发展，证券市场的传统模式也发生了重大的变革。这种变革的趋势主要表现在以下几个方面：

（1）证券交易模式无形化。建立以现代技术为依托的无形化交易系统，已成为世界各国证券市场发展的潮流。无形化的交易系统是指改变传统的交易方式，采用计算机实行交易的自动撮合，并且变有形席位为无形席位，即投资者利用计算机终端可以自行进行交易。

（2）全球市场一体化。在全球经济一体化进程中，全球性金融管制放松的浪潮以及现代信息技术在金融业中的应用和推广，促进了全球证券市场一体化趋势的发展。20世纪80年代，证券业借助电子信息技术跨越了各国传统和经济法规的限制，证券市场得以迅速国际化。

（3）证券衍生产品化。它是伴随着国际债务危机、金融管制放松和国际资本流动加快而逐步发展起来的。为了规避、分散和降低投资风险，满足投资者和筹资者日益增长的新需求，金融工具不断推陈出新，证券衍生品种层出不穷。20世纪70年代以来，各种期货、期权、期指等证券衍生产品迅速发展，成为国际金融市场的重要品种。

（4）投资者趋向机构化。随着市场规模的扩大，越来越多的小投资者将其资金转向集资投资型的证券，使得此类型的投资机构得以快速成长。成熟市场中的投资者结构已发展到以机构投资者为主，新兴市场将逐步由以分散的小投资者为主转向以机构投资者为主。

（5）证券市场融资技术网络化。证券市场广泛采用电子计算机和通信技术，使市场能处理更大量的交易，更迅速、广泛地传送信息，对新情况做出迅速反应，设计新的交易程序，并把不同时区的市场连接起来，这为证券市场的繁荣提供了技术基础。

2. 我国证券市场的产生与发展

我国证券行业的发展主要经历了五个阶段，如图1-3所示。目前我国已经逐渐形成了一个完整的金融市场体系，包括货币市场、股票市场、债券市场、外汇市场、黄金市场、商品期货市场和金融衍生品市场等。特别是股票市场发展迅猛，从1984年11月18日公开发行的改革开放以来第一只股票"飞乐音响"诞生，到1990年11月、12月上海证券交易所（简称上交所）和深圳证券交易所（简称深交所）先后成立，再到2005年完成股权分置改革，短短30年的时间，我国多层次股票市场体系初步形成。我国股票市场分为场内市场和场外市场，场内市场包括沪深主板市场、科创板、创业板市场和全国中小企业股份转让系统（新三板），场外市场包括区域性股权交易市场和交易柜台市场。表1-3反映了我国证券市场改革历程。

中国证券行业的发展主要经历了五个阶段：

第一阶段	第二阶段	第三阶段	第四阶段	第五阶段
中国证券市场的建立	全国统一监管市场的形成	依法治市和市场结构改革	深化改革和规范发展	多层次资本市场的建立和完善发展
➤ 20世纪80年代，中国国库券开始发行	➤ 1992年中国证监会成立	➤ 1999年至2004年是证券市场依法治市和规范发展的过渡阶段；1999年7月《证券法》实施	➤ 2004年至2008年是改革深化发展和规范发展阶段；以券商综合治理和股权分置改革为代表事件	➤ 2009年10月创业板的推出标志着多层次资本市场体系框架基本建成

图1-3　我国证券行业发展阶段

表 1-3　我国证券市场改革历程

时　间	标 志 事 件
1990.11	上海证券交易所成立
1990.12	深圳证券交易所成立
1998.12	《中华人民共和国证券法》正式颁布
2001.08	中国证券业协会基金公会成立
2005.04	股权分置改革试点正式启动
2007.05	中金所公布《沪深 300 股指期货合约》
2008.04	促进股市稳定健康发展被列入国务院工作要点
2010.03	国务院办公厅发布《关于当前金融促进经济发展的若干意见》（国九条）
2010.03	融资融券交易试点启动
2010.04	股指期货上市

（1）主板市场。主板市场也称为一板市场，指传统意义上的证券市场，通常指股票市场，是一个国家或地区证券发行、上市及交易的主要场所。中国大陆主板市场包括上海证券交易所和深圳证券交易所。主板市场是资本市场中最重要的组成部分，很大程度上能够反映经济发展状况。

（2）科创板。科创板独立于现有主板市场。2019 年在上交所新设科创板，主要服务于符合国家战略、突破关键核心技术、市场认可度高的科技创新企业。

（3）创业板市场。又称为二板市场，是地位次于主板市场的二级证券市场，专指深圳创业板。其目的主要是扶持中小企业，尤其是高成长性企业，为风险投资和创投企业建立正常的退出机制。

（4）新三板市场。"新三板"是指全国中小企业股份转让系统，是经国务院批准设立的全国性证券交易场所，全国中小企业股份转让系统有限责任公司为其运营管理机构。

（5）区域性股权交易市场。它是为特定区域内的企业提供股权、债券的转让和融资服务的私募市场，一般以省级为单位，由省级人民政府监管。

知识拓展　2019 年科创板开市

　　2018 年 11 月 5 日，首届中国国际进口博览会开幕式上正式宣布设立科创板，并在该板块内进行注册制试点。科创板是独立于现有主板市场的新设板块，于 2019 年 7 月开市，首批 25 家公司在上交所挂牌上市。《关于在上海证券交易所设立科创板并试点注册制的实施意见》指出，在上交所新设科创板，坚持面向世界科技前沿、面向经济主战场、面向国家重大需求，主要服务于符合国家战略、突破关键核心技术、市场认可度高的科技创新企业。重点支持新一代信息技术、高端装备、新材料、新能源、节能环保及生物医药等高新技术产业和战略性新兴产业，推动互联网、大数据、云计算、人工智能和制造业深度融合，引领中高端消费，推动质量变革、效率变革、动力变革。

　　从 IPO 方面看，2019 年上市的新股平均涨幅为 161.08%。从科创板公司的业绩来看，有 68 家科创板企业 2019 年净利润实现同比正增长，其中 4 家公司增速超 100%；同时，也有 68 家企业 2019 年净利润增速较上年有所放缓。从行业来看，计算机、通信和其他电子设备制造业整体利润增速最快，医药制造业因个别未盈利企业而呈现整体亏损。从券商佣金收入方面来看，活跃的科创板成交量也给券商带来了颇丰的佣金收入。

科创板的推出为国内高技术、高成长的创新企业带来了更多机遇，也为它们快速募集资金、推进科研成果资本化带来了便利。但这并不意味着新股发行规模会大量增加，监管层根据市场的状况和承受力来把握科创板的发展规模，以防止市场资金面承压。科创板的改革举措不断激发市场活力，改善市场投资环境，补齐服务科技创新短板，促进资本市场的长期健康发展。

四、证券市场的构成要素

证券市场主要由发行主体、投资主体、交易对象、交易场所、中介机构、监管机构与自律组织等要素构成。

1. 证券市场的发行主体

证券发行主体是指为筹措资金而发行债券、股票等证券的政府及其机构、金融机构、企业（公司）。

（1）政府及其机构。随着国家干预经济理论的兴起，政府（中央政府和地方政府）和中央政府直属机构已成为证券发行的重要主体之一。政府及其机构发行债券的主要目的是协调财政资金短期周转，弥补财政赤字，或为经济建设的重点项目筹资。政府发行的证券品种一般为债券，通常情况下不存在违约风险，相对应的证券收益率被称为无风险利率，是金融市场上最重要的价格指标。

（2）金融机构。金融机构包括商业银行、政策性银行和非银行金融机构。它们经过有关部门的批准，既可发行金融债券，也可发行股票来筹集资金，以扩大经营规模，改变金融资产内部结构，拓宽资金来源途径，分散资金风险。

（3）企业（公司）。企业可通过发行股票、债券等方式进行直接融资，通过发行股票所筹集的资金属于自有资本，而通过发行债券所筹集的资金属于借入资本。其中，发行股票和企业长期债券是企业筹集资本的途径，而发行短期企业债券是补充流动资金的手段。随着科学技术对企业的影响不断加深，企业资本有机构成不断提高，对长期资本的需求也越来越大，企业作为证券发行主体的地位不断上升。

2. 证券市场的投资主体

证券市场的投资主体即证券投资者，是指以取得利息、股息或资本收益为目的，购买并持有有价证券，承担证券投资风险并行使证券权利的主体。证券投资者是市场的资金供给者，也是金融工具的购买者。根据投资者的身份可以将其划分为个人投资者和机构投资者；根据持有证券时间的长短可以分为短线投资者、中线投资者和长线投资者；根据投资者心理因素可以分为保守型投资者、稳健型投资者和激进型投资者。

我国证券市场初期以个人投资者为主，市场投机行为严重。机构投资者在我国发展较晚，到 1997 年年底，机构投资者 A 股开户数占总开户数的比例仅为 1%，投资者结构不平衡的现象非常突出。2010 年股权分置改革完成后，机构投资者的比例迅速上升，从持股市值占比角度来看，根据上交所的统计年鉴披露，截至 2019 年年底，个人投资者持股市值占比 26.52%，法人占比 51.99%，境内专业机构占比 17.13%，外资占比 4.36%。可见专业投资机构的力量仍然较弱，我国证券市场投资者结构还存在着较大的改善空间。

（1）个人投资者。个人投资者是指从事证券投资的社会自然人，他们是证券市场最广泛的投资主体，具有分散性和流动性。个人进行证券投资应具备一些基本条件，包括符合国家有关法律法规关于个人投资者投资资格的规定，以及个人投资者必须具备一定的经济实力。

个人投资者的特点包括以下方面：

1）资金规模小。作为个体参与者，个人投资者用于投资的资金主要来源于自有资金，在允许进行信用交易的情况下，可以按一定的保证金比率向证券商融入资金，数量较小。

2）专业知识相对匮乏。个人投资者多数是利用业余时间参与投资，在信息渠道、信息搜集与处理能力、投资分析与操作能力、交易成本与效率等方面均处于劣势。

3）投资行为非理性。个人投资者具有随意性、分散性和短期性的特点，在投资中缺乏战略整体考虑，容易临时改变投资方法和策略。

4）投资的灵活性强。个人投资者由于投资规模相对较小，在投资决策和实施的时滞上更灵活，有更多的短期投资获利机会。

（2）机构投资者。机构投资者是指用自有资金或者从分散的公众手中筹集的资金，以获取证券投资收益为主要经营目的的团体机构或企业。发达国家的机构投资者主要包括投资银行、共同基金、养老基金、保险公司、对冲基金、各种福利基金和金融财团。我国的机构投资者主要是政府机构投资者、金融机构投资者、合格境内 QFII（境外 QDII）投资者、企业和事业法人类机构投资者以及包括证券投资基金、社保基金、企业年金和社会公益基金在内的基金类投资者。与个人投资者相比，机构投资者具有以下特点：

1）资金规模大，实力雄厚。机构投资者的资金实力雄厚，与个人投资者相比，机构投资者无论是在自有资金还是外部筹集的资金上，都达到了一定的规模。在成熟资本市场，机构投资者往往在证券市场中居于主导地位。

2）管理专业化，收益高。机构投资者在投资决策与资本运作、信息搜集分析、投资工具研究、资金运用方式、大类资产配置等方面更具有专业性，投资行为更加理性成熟，投资的收益水平更高。

3）结构化组合投资，风险低。由于机构投资者具有资金实力雄厚、管理专业化等优势，能够实现投资的多元化组合，而合理的投资组合能够有效地分散非系统性风险。

4）行为规范化，自律性强。机构投资者是具有独立法人地位的经济实体，受法律法规的约束和政府监管部门、行业自律组织的监管，且有相对健全的法人治理结构设计，其投资运作过程相对规范。

3. 交易对象

交易对象是指在证券市场交易场所上市的交易品种，包括股票、债券、基金、衍生品等。

4. 证券交易场所

按组织形式和规范程度不同，证券交易场所可以分为场内市场和场外市场。

（1）场内市场。场内市场也称为有组织市场，主要是指组织严密、管理严格、交易集中的证券交易所。它是交易市场的核心，也被称为二级市场。

（2）场外市场。场外市场是指在证券交易所形式之外的证券交易市场，主要指柜台市场，也称店头市场。

柜台市场一般是通过证券交易商来进行交易的，采用协议价格成交。这种协商大多数在交易商之间进行，有时也在交易商与证券投资者之间进行。通过柜台交易方式交易的证券中，有上市证券，也有一部分未上市证券。

此外，还存在非证券交易所成员在交易所之外买卖挂牌上市证券的场所，以及由大企业、大金融机构等团体投资者绕开通常的证券经纪人，彼此之间直接买卖或交换大宗股票而形成的场外交易市场。这些也是场外交易市场的一部分，在这种市场上进行证券买卖，不仅交易过程可以大大简化，而且交易费用也会大幅降低。

5. 证券市场的中介机构

证券市场的中介机构是指为证券的发行、交易提供服务的证券公司和其他证券服务机构，主要包括：

1）证券承销商和证券经纪商。证券承销商是指接受发行人委托，在证券发行市场上代其发行和销售证券并收取承销费用的中介机构；证券经纪商是指接受客户的委托，代理客户买卖有价证券并从中收取佣金的证券商。

2）从事证券法律业务的律师事务所。

3）具有证券从业资格的会计师事务所或审计事务所。

4）资产评估机构。

5）证券评级机构。

6）证券投资的咨询与服务机构。

6. 证券市场的监管机构与自律组织

世界各国证券主管机关依据证券法规，运用经济、法律和行政手段，对证券的发行、买卖等交易行为进行监督管理，以确保证券市场健康有序地运行。

我国的证券监管机构有国务院证券委员会、中国证券监督管理委员会、国家金融监督管理总局、国务院有关部委、地方政府的证券主管部门。按照《证券法》的规定，我国的证券自律管理机构是证券交易所、证券业协会；根据《证券登记结算管理办法》，我国的证券登记结算机构实行行业自律管理。

中国证券业协会是由经营证券业务的金融机构自愿组成的行业性自律组织，其设立的目的是加强证券业之间的联系、协调、自我控制。它能够发挥政府与证券经营机构之间的桥梁和纽带作用，促进证券业的发展，维护投资者和会员的合法权益，完善证券市场体系。

五、证券市场的风险

与证券投资相关的所有风险称为总风险，总风险可分为系统性风险和非系统性风险两大类。

1. 系统性风险

系统性风险是指由某种全局性的共同因素引起的投资收益的可能变动，这种因素以同样的方式对所有证券的收益产生影响。系统性风险包括政策风险、市场风险、利率风险、汇率风险和购买力风险等。

2. 非系统性风险

非系统性风险是指只对某个行业或个别公司的证券产生影响的风险，是可以抵消回避的，因此又称为可分散风险或可回避风险。非系统性风险包括信用风险、经营风险和财务风险等。

3. 收益与风险的关系

如图 1-4 所示，证券投资的收益与风险同在，收益是风险的补偿，风险是收益的代价。它们之间成正比例的互换关系。因此，可以得到如下关系表达式：

$$预期收益率 = 无风险利率 + 风险补偿$$

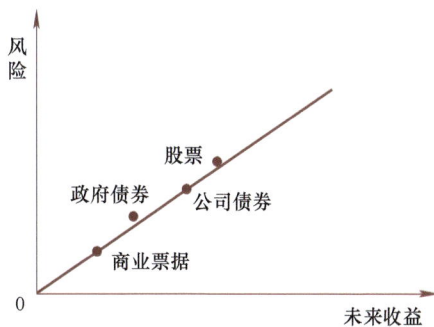

图 1-4　资本市场收益与风险关系图

职业提示 ▶▶

高质量发展是全面建设社会主义现代化国家的首要任务

党的二十大就新时代、新征程党和国家的事业发展做出战略部署，强调"高质量发展是全面建设社会主义现代化国家的首要任务""坚持把发展经济的着力点放在实体经济上"。新时代背景下着力推动高质量发展，需要深化改革破解发展瓶颈，推进构建多层次资本市场，为经济平稳运行保驾护航。过去 10 年是资本市场日新月异、融合开放、深化改革取得重大突破的 10 年，资本市场体系建设逐步完善，产品创新多点开花，双向开放深入推进，资本市场在拓宽实体经济融资渠道、服务经济增长方面发挥了重要作用。不过，我国多层次资本市场仍处于建设完善阶段，仍有尚待优化改进之处。

复习思考题

一、单项选择题

1. 下列品种中，属于有价证券的是（　　　）。
   　A. 收据　　　　　B. 发票　　　　　C. 存单　　　　　D. 债券
2. 狭义的有价证券一般是指（　　　）。
   　A. 证据证券　　　B. 商品证券　　　C. 货币证券　　　D. 资本证券
3. 证券持有人可按照自己的需要灵活地转让证券以换取现金，这指的是证券所具有的特性中的（　　　）。
   　A. 收益性　　　　B. 风险性　　　　C. 流动性　　　　D. 参与性
4. 通过证券的发行与交易，按利润最大化的要求对资本进行分配，体现的是证券的（　　　）。
   　A. 风险性　　　　B. 配置资本的功能　C. 流动性　　　　D. 筹资的功能

5. 证券发行市场也被称为（　　　）。

  A. 交易市场　　　　B. 初级市场　　　　C. 二级市场　　　　D. 次级市场

6. 证券市场按照证券运行的阶段不同，可以分为（　　　）。

  A. 发行市场与流通市场　　　　　　　　B. 场外市场与交易所市场

  C. 货币市场与资本市场　　　　　　　　D. 第三市场与第四市场

7. 下列不属证券中介机构的是（　　　）。

  A. 证券业协会　　B. 会计审计机构　　C. 律师事务所　　D. 资产评估机构

8. （　　　）是由经营证券业务的金融机构自愿组成的行业性自律组织。

  A. 会计师事务所　　B. 基金公司　　　C. 证券公司　　　D. 中国证券业协会

9. 关于证券发行市场和证券交易市场之间的关系，下列说法不正确的是（　　　）。

  A. 证券发行市场是证券交易市场的基础

  B. 证券发行市场是证券交易市场的前提

  C. 证券交易市场是证券发行市场的基础

  D. 没有证券的交易市场，发行市场就难以生存和发展

10. 证券市场中介机构不包括（　　　）。

  A. 证券承销商和证券经纪商　　　　　　B. 证券业协会

  C. 会计师事务所或审计事务所　　　　　D. 资产评估机构和证券评级机构

二、多项选择题

1. 以下属于资本证券的有（　　　）。

  A. 汇票　　　　　B. 本票　　　　　C. 股票　　　　　D. 债券

2. 下列属于证券功能的是（　　　）。

  A. 筹措资本　　　B. 转移风险　　　C. 配置资本　　　D. 资本增值

3. 广义的有价证券包括（　　　）。

  A. 商品证券　　　B. 资本证券　　　C. 基金证券　　　D. 货币证券

4. 证券的特性包括（　　　）。

  A. 法律的程序性　　B. 参与性　　　C. 价格的波动性　　D. 期限性

5. （　　　）可以是我国证券市场上的投资者。

  A. 个人　　　　　B. 商业银行　　　C. 保险公司　　　D. 养老基金

6. 关于证券市场下列说法正确的有（　　　）。

  A. 证券市场是证券买卖交易的场所，也是资金供求的中心

  B. 根据证券运行的阶段不同，证券市场分为证券发行市场和证券交易市场

  C. 证券交易市场是发行人以发行证券的方式筹集资金的场所

  D. 证券发行市场和证券交易市场既相互依存，又相互制约

7. 证券市场的显著特征包括（　　　）。

  A. 证券市场的交易对象是有价证券

  B. 证券市场具有筹资、投资、投机、保值等多重市场职能

  C. 证券市场的证券价格是预期收益的市场货币价格

  D. 证券市场的风险具有可预期性

8. 按证券的性质不同，证券市场可分为（　　　）。

  A. 股票市场　　　B. 债券市场　　　C. 黄金市场　　　D. 基金市场

9. 证券发行主体是指为筹措资金而发行债券、股票等证券的（　　　　）。

　　A. 商业银行　　　　　B. 政府及其机构　　　C. 金融机构　　　　　D. 企业（公司）

10. 按组织形式和规范程度不同，证券交易场所可以分为（　　　）。

　　A. 场内市场　　　　　B. 场外市场　　　　　C. 股票市场　　　　　D. 债券市场

三、简答题

1. 证券的基本特性有哪些？

2. 请简述证券市场的特点。

3. 请简述证券市场投资主体的类型。

四、论述题

1. 如何理解证券的功能？怎样理解我国鼓励公民参与证券投资的积极意义？

2. 试述现代证券市场的变革趋势。

能 力 训 练

证券市场调查

实训目的：

了解我国证券市场有价证券种类，以及我国证券市场的种类及特点。

实训任务：

1. 登录我国上海、深圳证券交易所官网，查询交易产品名录，根据有价证券的类型，列举我国市场上有价证券的种类，并分别分析其收益性、风险性和流动性。

2. 根据证券市场的分类标准，列举出当前我国证券市场的种类及特点（具体内容包括：证券市场的交易对象、证券市场的多重功能、证券价格及证券市场的风险等）。

实训提示：

登录上海证券交易所、深圳证券交易所、中国债券信息网等网站查找相关资料。

实训评价：

评 价 标 准	自我评价（40%）	教师评价（60%）
言行得当（20%）		
内容全面（20%）		
结构合理（20%）		
表达清晰（20%）		
结论恰当（20%）		
总分		

module 2

模块二
证券投资工具——股票

学习目标

知识目标

掌握股票的定义、性质和特征。

熟悉普通股与优先股、记名股票与无记名股票、有面额股票与无面额股票的区别和特征；了解我国股票分类及概念。

掌握股票票面价值、账面价值、清算价值、内在价值以及股票的理论价格与市场价格的概念。

熟悉股票价格指数的概念；了解股票价格指数的编制步骤和方法；熟悉我国主要的股票价格指数；了解海外国家主要股票市场的股票价格指数。

掌握股票收益的构成及股票收益率的计算方法；熟悉股票投资的系统风险及非系统性风险。

能力目标

能在理解股票概念及特点的基础上，为投资者提供证券投资咨询服务；能熟练操作证券行情软件，看懂各种股票价格指数；能帮助投资者计算其投资收益。

素质目标

通过了解股票投资及中国股票市场的风险特征，增强职业道德观念、诚信观念和自觉防范职业风险的意识，培养诚实守信的良好品质。

案例导读

中国第一股——飞乐音响

1984年11月18日上午，上海市武夷路174号，上海飞乐电声总厂（飞乐音响前身）门口摆出了一张桌子，上面放着钱箱、票箱，接受个人和集体认购股票，共发行1万股，每股50元，工作人员一一进行登记，并发给购买者上面写着"公司名称、公司成立日期、股票种类、票面金额、股票编号及代表的股份数"等字样的纸质股票。其所卖出的正是新中国第一只向社会公开发行的股票——飞乐音响（见图2-1）。

图2-1　新中国成立以来发行的第一只股票——上海飞乐音响公司股票

作为标杆的飞乐音响的确不负众望，一年后每股就积累了35元的公积金和未分配利润，股东大会通过了"现金分红加送股再加配股"分红方案。如今，这一利润分配方式已成为上市公司回报股东的重要手段，也成为衡量上市公司投资价值的重要标准。但当时投资者购买的股票无法自由交易，绝大部分股东只能将股票压在箱子底，在急需用钱时无法将其变现。经过协商，1986年9月26日，中国工商银行上海静安信托营业部（静安证券业务部）同意飞乐音响、延中实业上柜台挂牌交易。挂牌交易的股票设定每日涨跌幅5%。一个多月后，纽约证券交易所董事长范尔霖来到中国，他将邓小平所赠的1股飞乐音响股票过户到自己名下，这一动作在国际上引起了很大的轰动，让国际社会发出"中国与股市握手"的惊呼，中国用实际行动向世界表达了建立资本市场的决心。范尔霖的这张飞乐音响股票至今仍摆放在纽交所的橱窗里。经过多年送配，1股飞乐音响股票在2015年12月30日的复权价为119 174.77元，回报率为2 382倍。

然而天有不测风云，股票投资本身也是有风险的。2017年飞乐音响股票价格开始出现了明显的下滑，2018年公司巨亏32.95亿元，2019年亏损16.51亿元，公司股价一路下跌，而且中间还有连续跌停的走势。2020年5月，飞乐音响股票被实施退市风险警示。除了业绩低迷之外，飞乐音响还面临着监管部门的处罚，以及投资者的问责。

提出疑问：

1. 什么是股票？股票对公司来说有何作用？
2. 投资者是如何实现资金增值的？股票收益的来源有哪些？
3. 股票的特征和性质是什么？
4. 股票投资的风险表现在哪些方面？

进入学习

企业是现代经济运行和发展的基础。现代的企业组织形式多种多样，其中，股份有限公司是最重要的企业组织形式，也是最适合经济发展的组织形式。股份有限公司是通过发行股票集资，将全部资本分为等额股份，以一定法律程序组建的以其全部资产对公司债务负有限责任的公司。发行股票是股份有限公司筹集资本、扩大经营的基本手段。

单元一　股票的概念及特征

一、股票的含义

股票是一种有价证券，是股份有限公司为筹集资金而发行的，用以证明投资者的股东身份和权益并可获取股息和红利的所有权凭证。

股票作为一种所有权凭证，一经发行，股票的投资者即成为公司的股东。从这个意义上来说，股票实质上代表了股东对股份公司的所有权，股东凭借股票可以获得公司的股息和红利，参加股东大会并行使自己的权利；与此同时，股东也承担着相应的责任和风险——股票一经认购，持有人不能以任何理由要求退还股本，而只能通过证券市场将股票转让或出售。

我国《公司法》规定，股票采用纸面形式或国务院证券监督管理机构规定的其他形式。

股票的前世今生——股票的概念及特征

二、股票的性质

1. 股票是有价证券

有价证券是财产价值和财产权利统一的表现形式。首先，虽然股票本身不具有价值，但是持有股票表示拥有一定价值量的财产，股票是对一个股份公司拥有的实际资本的所有权证书；其次，也表明股票持有者可以行使股票所代表的权利——参加股东大会、获取股份公司按规定分配的股息和红利等，且该权利的行使必须以持有股票为条件，股东权利的转让与股票的转让同时进行，即股票的转让就是股东权利的转让。

2. 股票是资本证券

股份公司发行股票其实质是为公司的生存与发展筹措资本的一种手段：对于股份公司来说，就是把公司的实际资本以股票的方式转移给广大的投资者，以获得生存与发展的资金；而对于投资者来说，购买股票就是一种投资行为。因此，股票是股份公司资本份额的资本化，是资本证券。但是，股票又不是一种现实的资本，股份公司通过发行股票筹措的资金才是公司用于运营的真实资本。股票独立于公司真实资本之外，在股票市场上进行着独立的价值运动，只是一种虚拟资本。

3. 股票是要式证券

所谓要式证券，是指证券必须要符合某种固定的格式才能生效。我国《公司法》第一百二十八条明确规定："股票应当载明下列主要事项：（一）公司名称；（二）公司成立日期；（三）股票种类、票面金额及代表的股份数；（四）股票的编号。股票由法定代表人签名，公司盖章。"由此可以看出，股票是要式证券。同时，股票的制作和发行须经证券主管机关的审核和批准，任何个人或者团体不得擅自印制和发行股票。

4. 股票是证权证券

证券可分为设权证券和证权证券。设权证券是指证券所代表的权利本来不存在，而是随着证券的制作而产生，即权力的发生是以证券的制作和存在为条件。证权证券是指证券是权利的一种物化的外在形式，它是权利的载体，权利是已经存在的。股票只是将已存在的股东权利表现为证券的形式。

5. 股票是综合权利证券

股票不属于物权证券，也不属于债权证券，而是一种综合权利证券。物权证券是指证券持有者对公司的财产有直接支配处理权的证券；债权证券是指证券持有者为公司债权人的证券。

股票持有者作为股份公司的股东，享有独立的股东权利。换言之，当公司股东将出资交给公司后，股东对其财产的所有权就转化为股权了。股权是一种综合权利，股东依法享有资产收益、参与重大决策、选择管理者等权利。股东虽然是公司财产的所有人，享有种种权利，但对于公司的财产不能直接处理，而对于财产的直接支配处理是物权证券的特征，所以股票不是物权证券。

另外，一旦投资者购买了公司股票，即成为公司部分财产的所有人，但该所有人在性质上是公司的所有者之一，而不是公司的债权人，所以股票也不是债权证券。

三、股票的特征

股票作为有价证券的一种，具有有价证券的基本特征，与此同时，股票在具体内容上又呈现出自身独有的一些特征。

1. 收益性

股票的收益性主要表现在股票的持有人都可按股份公司的章程从公司领取股息和红利，从而获取购买股票的经济利益。这是股票购买者向股份公司投资的基本目的，也是股份公司发行股票的必备条件。我国规定，一个公司的股票在证券交易所挂牌前3年必须是连续盈利的，这就为上市股票的收益性提供了一定的保障，因为盈利是股票分红的必要前提条件。但应注意的是，股票挂牌上市后公司是否能继续盈利以及盈利多少是无法预测的。

2. 风险性

任何一项投资都伴随着一定的风险，股票投资也不例外。股票的风险主要表现在以下两方面：其一，影响股份公司经营的因素繁多且变化不定，其每年的经营业绩都不确定，而股票的股息和红利是根据公司具体盈利水平确定的。经营好，盈利多，股息红利就可多发；经营不佳，盈利少，股东的收益就少甚至无利可分；若公司破产，则股票持有者就可能血本无归。其二，当投资者购买的是二级市场上流通的股票时，股票的价格除受公司的经营业绩影响外，还要受众多其他因素的影响。当股票的价格下跌时，股票持有者会因股票的贬值而蒙受损失。但二级市场股价的波动并不影响上市公司的经营和业绩，如股民购买股票的目的是取得上市公司的股息红利，则二级市场上股价的波动对其经济利益并无实质性的影响。

3．流动性

经国家证券管理部门或证券交易所同意后，股票可以在证券交易所流通或进行柜台交易，股票的持有者就可将股票按照相应的市场价格转让给第三者，将股票所代表着的股东身份及各种权益出让给受让者。当持有的股票是可流通股时，其持有人可在任何一个交易日到市场上将其兑现，这就是股票的流动性。但不论在哪一个国家或地区，能上市流通的股票所占的比例都很小。

4．权责性

股票持有者具有参与股份公司盈利分配和承担有限责任的权利和义务。根据《公司法》的规定，股票的持有者就是股份有限公司的股东，有权或委托其代理人出席股东大会、选举董事会并参与公司的经营决策。股东权利的大小，取决于其持有股票的多少。

持有股票的股东一般有参加公司股东大会的权利，具有投票权，在某种意义上也可看作是参与经营权；股东也有参与公司的盈利分配的权利，可称之为利益分配权。股东可凭其持有的股份向公司领取股息，并享有索偿权和责任权。在公司解散或破产时，股东需向公司承担有限责任，股东要按其所持有的股份比例对债权人承担清偿债务的有限责任。在债权人的债务清偿后，优先股和普通股的股东对剩余资产也可按其所持有股份的比例向公司请求清偿（即索偿），但优先股股东要优先于普通股，普通股只有在优先股索偿后仍有剩余资产时，才具有追索清偿的权利。

5．无期性

股票是一种无期限的法律凭证，它反映的是股东与股份公司之间比较稳定的经济关系。在向股份公司参股投资而取得股票后，任何股东都不能退股，股票的有效存在是与股份公司的存续相联系的，即股票是与其发行公司共存亡的。对于股票持有者来说，只要持有股票，其股东身份和股东权益就不能改变。如要改变股东身份，要么将股票转让给第三人，要么等待公司的破产清盘。

单元二　股票的种类

随着经济社会的发展，股票也产生了多种形式，以满足不同筹资者和投资者的需要。从不同的角度而言，股票可分为若干种类。

一、普通股和优先股

按照股东权利的不同，股票可分为普通股和优先股。

普通股是最基本、最常见的股票形式，也是最重要的形式，其持有者享有股东的基本权利和义务。与普通股相对应的是优先股，其股息固定，并且在股息分配和公司解散时的剩余财产分配方面优于普通股，故而称为优先股。

股票的种类

1．优先股与普通股的区别

（1）参与公司经营的权利不同。普通股作为基本的股票形式，其股东可以参加每年一次的股东大会，有权投票选举董事，有权对公司的合并、解散以及公司章程的修改等重大决策发表意见，且股份公司的最高权力机构—— 股东大会，是由普通股股东组成的。而优先股股东则不具有投票权，也无权对公司的经营管理发表意见。

（2）参与公司盈利的分配权不同。普通股的股息是不固定的，其股息的大小取决于股份公司的经营状况和盈利水平。而优先股的股息是固定的，它在发行之时就约定了固定的股息率，无论公司经营状况和盈利水平如何变化，优先股的股息率都不变。

（3）参与公司剩余财产的分配权不同。在股份公司破产或者解散时，普通股必须在优先股分配完之后，若还有剩余才有权参与分配。从这个意义上来说，优先股是一种混合证券，同时具有股票和债券的特征。

（4）优先认股权不同。在股份公司增资扩股时，为了保证普通股股东有权保持其对股份公司所有权的占有比例，普通股股东享有优先认股权，而优先股股东则不具有这种权利。

从以上两者的区别可以看出，优先股的"优先"主要体现在对公司盈利的分配权以及对公司剩余财产的分配权两方面，而优先股所享有的"优先"也是有一定代价的，即不能参与公司的经营管理，不享有优先认股权，且其股息也是固定的，在公司经营很好、盈利很高时，仍然只能获得固定的股息收益；而普通股也并非完全"普通"，它与优先股相比在参与公司经营以及公司增资扩股时的优先认股权两方面仍然有优先权。

优先股与普通股相比在不同方面有特殊权利，因此，它对发行人和投资者都有一定的特殊意义。对企业发行人来说，发行优先股既可以筹集长期稳定的公司股本，又因其股息率固定而可以减轻利润分配的负担；同时，优先股股东一般不参与公司在经营方面的决策，因此表决权受到限制，这样可以避免公司经营决策权的改变和分散，有利于公司的稳定经营。对投资者来说，一方面优先股优先于普通股分配公司利润和剩余财产，因而投资风险相对较小，不失为一种较安全的投资对象；另一方面优先股有固定的股息收入，投资风险很低，适宜中长线投资。在国外，大部分优先股为保险公司、社会保障基金等机构投资者所持有，当然，持有优先股并不总是有利的，比如不可转换优先股，在公司经营有方、盈利丰厚的情况下，其股息收益可能会大大低于普通股。

2. 优先股与债券的区别

（1）优先股与债券的根本区别在于其法律属性不同，优先股的法律属性是股票。根据我国现行的会计准则和国际做法，发行优先股作为权益或者负债入账需要由公司和会计师事务所根据优先股的不同条款，对是否符合负债或权益的本质进行判断。这种灵活性使得发行优先股的企业可以根据其不同需求，通过不同的条款设计选择权益或负债。

（2）优先股没有到期的概念，发行人没有偿还本金的压力；而绝大多数债券需要到期还本付息。

（3）在公司出现亏损或者利润不足以支付优先股股息时，优先股股东有相应的保障机制，如根据公司约定，可将所欠股息累积到下一年度，或者恢复表决权直至公司支付所欠股息；而对于债券来说，定期还本付息给债券持有人是公司必须履行的强制义务，如果公司不能按时还本付息会构成违约事件，如果达到了资不抵债的程度，公司就有破产风险。因此，从风险角度来说，优先股的股息收益不确定性大于债券。

（4）优先股的股息来自可分配税后利润，债券的利息来自税前利润。

知识拓展 优先股的种类有哪些?

《优先股试点管理办法》规定优先股股东按照约定的票面股息率,优先于普通股股东分配公司利润。公司应当以现金的形式向优先股股东支付股息,在完全支付约定的股息之前,不得向普通股股东分配利润。

按照不同的附加条件,优先股可以分为以下几个种类:

1. 累积优先股和非累积优先股

根据公司因当年可分配利润不足而未向优先股股东足额派发股息,差额部分是否累计到下一会计年度,优先股可分为累积优先股和非累积优先股。

累积优先股是指历年股息累积发放的优先股。股份公司发行累积优先股的目的,主要是保障优先股票股东的收益不因公司盈利状况的波动而减少。由于规定未发放的股息可以累积起来,待以后年度一起支付,这就有利于保护优先股投资者的利益。

非累积优先股是指股息当年结清、不能累积发放的优先股。非累积优先股的特点是股息分派以每个营业年度为界,当年结清。如果本年度公司的盈利不足以支付全部优先股股息,对其所欠部分,公司将不予累积计算,优先股票股东也不得要求公司在以后的营业年度中予以补发。

2. 参与优先股和非参与优先股

根据优先股股东按照确定的股息率分配股息后,是否有权同普通股股东一起参加剩余税后利润分配,可分为参与优先股和非参与优先股。

参与优先股是指优先股股东除了按规定分得本期固定股息外,还有权与普通股股东一起参与本期剩余盈利分配的优先股。非参与优先股是指除了按规定分得本期固定股息外,无权再参与对本期剩余盈利分配的优先股。

非参与优先股是一般意义上的优先股,其优先权不是体现在股息多少上,而是在分配顺序上。

3. 可转换优先股和不可转换优先股

根据优先股是否可以转换成普通股,可分为可转换优先股和不可转换优先股。

可转换优先股是指发行后在一定条件下允许持有者将其转换成其他种类股票的优先股。在大多数情况下,股份公司的转换股票是由优先股转换成普通股,或者由某种优先股转换成另一种优先股。

不可转换优先股是指发行后不允许其持有者将其转换成其他种类股票的优先股。不可转换优先股与可转换优先股不同,它没有给投资者提供改变股票种类的机会。

4. 可赎回优先股和不可赎回优先股

根据发行人或优先股股东是否享有要求公司回购优先股的权利,可分为可赎回优先股和不可赎回优先股。

可赎回优先股是指在发行后一定时期,可按特定的赎买价格由发行公司收回的优先股。

不可赎回优先股是指发行后根据规定不能赎回的优先股。这种股票一经投资者认购,在任何条件下都不能由股份公司赎回。

5. 固定股息率优先股和浮动股息率优先股

根据按股息率是否调整,可分为固定股息率优先股和浮动股息率优先股。

优先股存续期内股息率不做调整的,称为固定股息率优先股,而根据约定的计算方法进行调整的,称为浮动股息率优先股。

3. 优先股与可转债的区别

与可转债相比，优先股的法律属性是股票，因此没有固定期限，只有可转换优先股可以转换为普通股，其他形式的优先股没有可以转股的条款。可转债是一种可以在特定时间、按特定条件转换为普通股票的特殊企业债券，兼有债权和期权的特征。可转换债券在转换成股票之前是纯粹的债券，但转换成股票之后，原债券持有人就由债权人变成了公司的股东，可参与公司的经营决策和红利分配。

案例链接

优先股是小米上市股价大跌的推手

2018年7月9日，小米集团在香港交易所IPO挂牌上市，开盘价16.6港元，较发行价（17港元）下跌2.35%，下跌的原因是IPO上市等于为风险投资和优先股持有人的资金解套。

小米从2010年起采用可转换可赎回优先股的方式向投资人募资，其投资者主要是风险投资者和内部员工。小米发行的这项金融产品，转换前投资者每年可以领8%的固定利息，2015年年底后投资人随时能将其转换成普通股（小米的无投票权B股），如果投资者不想转换成普通股，也能请公司赎回。

可转换可赎回优先股规定：①股东在规定的期限内，可以按照一定的转换比例把优先股兑换成普通股（股权）；②可按照一定的价格赎回优先股（债权），也就是说，可转换可赎回优先股形式上是负债，本质是股权；③优先股投资人拥有破产清偿的优先权。

小米发行优先股存在的问题有三个，一是小米IPO之前，优先股在公司资产负债表上被归类为"负债"。若公司股份价值增加，优先股（负债）的价值也会跟着上升，公司损益上便要列为亏损。二是一旦全部优先股转换成普通股，便会从负债转换至权益，成为普通股并流通至市场，稀释小米的股价，对后来进入的投资者不利。三是如果由公司买回优先股，小米需要以"市价"买回，这是一笔天价，以小米现金流来看是无法负担的。我们可以看出，如果公司泡沫吹得很大，但到中期根本无法产生同等的现金流，估值显然过高了。

小米上市发行价17港元/股，2018年11月16日成交价格为12.94港元/股，下跌近24%；从上市以来持续跌破发行价。其原因首先是小米公司名气虽然大，但公司实际产生的现金流与投资机构计算出来的市值不成比例。2018年下半年亚洲股市连连下跌，一些泡沫市值的公司首当其冲，成为被抛售的对象。其次，风险投资者和持有优先股的投资者在上市时已经将部分股份出卖给市场了，由于成本极低，获利颇丰，损失的是上市后才入场的投资人。此外，根据优先股的规定，小米公司赚到的利润要先配给优先股的固定股息，剩下来的才会分配给普通股。如果小米原先的市值被高估，实际上产生的现金流不足以支持高市值，获利分配给优先股时已经把现金配光了，普通股股东几乎是不可能分到股利的，这样二级市场上的投资人会认为自己被"割韭菜"了。

二、记名股票和无记名股票

按照是否记载股东姓名，股票可分为记名股票和无记名股票。

记名股票是指在股票票面和股份公司的股东名册上记载股东姓名的股票。一般来说，如果股票是归某人所有，则应记载其持有人的姓名；如果股票持有者因故更改姓名，则应到公司办理变更姓名的手续；只有在股票和股东名册上登记姓名者才能被承认为股东，才能行使其股东权利。无记名股票则是指在股票票面和股份公司股东名册上均不记载股东姓名的股票，也称不记名股票。

《公司法》第一百二十九条规定，公司发行的股票，可以为记名股票，也可以为无记名股票。公司向发起人、法人发行的股票，应当为记名股票，并应当记载该发起人、法人的名称或者姓名，不得另立户名或者以代表人姓名记名。《公司法》第一百三十条规定，公司发行记名股票的，应当置备股东名册，记载股东的姓名或者名称及住所、各股东所持股份数、各股东所持股票的编号、各股东取得股份的日期等事项。发行无记名股票的，公司应当记载其股票数量、编号及发行日期。

记名股票与无记名股票只是在股票形式上有所不同，两者代表的权利是一样的。不过，也正是两者的形式不同，使得记名股票与无记名股票有着各自的优缺点。

1. 股东权利归属不同

记名股票的股东权利只归属于记名股东，而无记名股票的股东权利归属于股票持有者。对于记名股票来说，只有记名股东或者其委托授权的代理人才能行使其股东权利。即使某人是股票的持有者而非股票的记名股东，也不能行使股东权。相反，对于无记名股票来说，只要持有股票，即可享有股东权利，而不论其是否是公司登记的股东。因而，记名股票相对于无记名股票来说，其安全性较高——记名股票的持有者即使遗失了其所持有的股票，只要办理相应的手续即可保证其股东资格和权利；而无记名股票的持有者如果遗失了股票，则其股东资格和权利也就消失了。

2. 认购款项是否在认购时一次缴足不同

记名股票的认购款项可以不必一次缴足，而无记名股票的认购款项必须在认购时一次缴足。一般来说，股东在认购股票时，须一次缴足股款。但基于记名股票的记名股东与股份公司之间的特定关系，有些国家规定允许记名股东在认购股票时可以不必一次缴足认购款项。

3. 股票转让条件不同

记名股票的转让相对复杂，而无记名股票的转让相对便利。记名股票由于在股票票面和公司的股东名册上记载有股东姓名，因而其转让都必须由股份公司将受让人的姓名或名称、住所记载于公司的股东名册，办理股票过户登记手续，这样受让人才能取得股东的资格和权利。而且，为了维护股份公司和其他股东的利益，记名股票的转让必须依据法律和公司章程规定的程序进行，且要服从规定的转让条件，如有的国家规定记名股票只能转让给特定的人。

三、有面额股票和无面额股票

按照票面上是否记载有一定的金额，股票可分为有面额股票和无面额股票。

有面额股票是指在股票票面上记载一定金额的股票。一方面，股票票面上记载的票面金额可为股票发行价格的确定提供依据。我国《公司法》第一百二十七条规定："股票发行价格可以按票面金额，也可以超过票面金额，但不得低于票面金额。"因此，有面额股票的票面金额即为股票发行价格的底线。另一方面，股票持有者可以依据自己所持有股票的面额总值与公司发行股票的面额总值相比较来确定自己在公司中所占的股份比例。例如，某股份公司发行

1 000 万元的股票，每股面额为 1 元，则持有 1 股该公司的股票就代表拥有该公司千万分之一的所有权。

相对于有面额股票，无面额股票则是在股票票面上不记载股票的面额，只标明其在公司总股本中所占比例的股票，因此，无面额股票也称为比例股票或者份额股票。无面额股票的特点在于其没有票面金额，不受发行价格底线的限制，因而其发行或转让价格较为灵活。同时，由于无面额股票不受票面金额的限制，发行该股票的公司就能比较容易地进行股票分割。

虽然有面额股票与无面额股票存在着形式上的不同，但是，由于股东权利的大小只取决于投资者的持股比例，而与股票是否有面额无关，因此，两者在各自所反映出的股东权利方面并无差别。

四、我国股票的种类

虽然股票在我国出现的时间较晚，但发展较快，且在其发展过程中，也出现了我国自身独有的一些特色。

根据股权投资主体的不同，我国股票可划分为国家股、法人股、社会公众股和外资股（见图 2-2）。

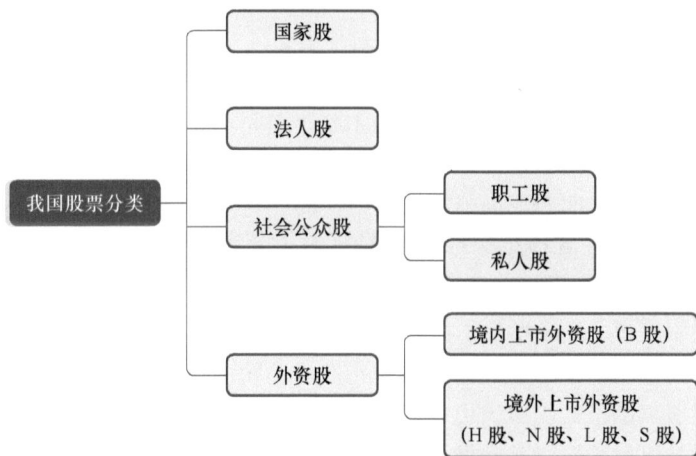

图 2-2 按投资主体划分的股票类型

1. 国家股

国家股一般是指国家投资或国有资产经过评估并经国有资产管理部门确认的国有资产折成的股份。国家股的股权所有者是国家，即由国有资产管理机构或其授权单位、主管部门行使国有资产的所有权职能。国家股股权也包含国有企业向股份有限公司形式改制变更时，现有国有资产折成的股份。

我国国家股的构成，从资金来源看，主要包括以下三部分：

（1）国有企业由国家计划投资所形成的固定资产、国拨流动资金和各种专用拨款。

（2）各级政府的财政部门、经济主管部门对企业的投资所形成的股份。

（3）原有行政性公司的资金所形成的企业固定资产。

国家有三种持股策略方式，即控制企业 100% 的股份、控制企业 50% 以上的股份、控制企业 50% 以下的股份。国家控股程度，通常因企业与国计民生的关切程度不同而异。

2. 法人股

法人股是指企业法人或具有法人资格的事业单位和社会团体，以其依法可经营的资产向公司非上市流通股权部分投资所形成的股份。如果该法人是国有企业、事业及其他单位，那么其法人股为国有法人股；如果是非国有法人资产投资于上市公司形成的股份，则为社会法人股。各国对于法人股东相互持股，一般都有一定的限制，我国规定，一个公司拥有另一个公司 10% 以上的股份时，后者不能购买前者的股份。同时，由于缺乏更广泛的投资者参与，法人股的流通也受到制约，更无法通过股票市场的交易来体现其真正的价值。

3. 社会公众股

社会公众股又称个人股，是指公民个人以自己的合法财产投资于股份制企业的股份。在我国，个人股有两种：一种是股份制企业内部职工认购本企业的股份，称为"职工股"；另一种是股份制企业向社会公众招募的个人股，这种个人股又称为"私人股"。在我国，个人股主要就是沪深 A 股中的流通股份部分（虽然在流通过程中也有机构投资者参与个人股的买卖，但我国通常按其最初的产生方式和惯例统称为个人股）。

4. 外资股

外资股是指我国股份公司向外国和我国香港特别行政区、澳门特别行政区、台湾省投资者发行的股票。它是我国股份公司吸收外资的一种方式。

外资股按上市地域不同又可以分为境内上市外资股和境外上市外资股。

（1）境内上市外资股。境内上市外资股原本是指股份有限公司向境外投资者募集并在我国境内上市的股份，投资者限于外国和中国香港、中国澳门、中国台湾地区的投资者。这类股票称为 B 股，B 股以人民币标明股票面值，以外币认购、买卖。

经国务院批准，中国证监会决定自 2001 年 2 月下旬起，允许境内居民以合法持有的外汇开立 B 股账户，交易 B 股股票。自从 B 股市场对境内投资者开放之后，境内投资者逐渐取代境外投资者成为投资主体，B 股发生了由"外资股"演变为"内资股"的趋向。

（2）境外上市外资股。境外上市外资股是指股份公司向境外投资者募集并在境外上市的股份。它也采取记名股票的形式，以人民币标明面值，以外币认购。

在境外上市时，可以采取境外存股凭证形式或者股票的其他派生形式。在境外上市的外资股除了应符合我国的有关法规外，还须符合上市所在地国家或者地区证券交易所规定的上市条件。我国境外上市外资股主要采取美国存托凭证（ADRs）、全球存托凭证（GDRs）以及在我国香港上市的 H 股、在纽约证券交易所上市的 N 股、在伦敦证券交易所上市的 L 股、在新加坡证券交易所上市的 S 股等形式。

五、实践中常见股票称谓及含义

1. 蓝筹股、成长股、红筹股

蓝筹股又称绩优股、实力股，是指经营管理良好、盈利能力稳定、连年回报股东的公司股票，其特点有：业绩优良、收益稳定、股本规模大、红利优厚、股价走势稳健、市场形象良好，如传统工业股及金融股。这类公司在行业景气和不景气时都有能力赚取利润，风险较小，但随着公司经营状况的改变及经济地位的升降，蓝筹股的排名也会变更。

红筹股、蓝筹股？
股票也分颜色吗？
——实践中常见股
票称谓及含义

成长股是指销售额和盈利额都在迅速增加，其增长幅度远大于全国及其所在行业平均水平的股票，公司大多属于信息技术、新材料、医药等新兴行业或发展潜力很大的行业，通常留存较多的盈利作为再投资的资本。投资者日后有机会获得丰富的股利收入和股价日趋上升的买卖价差。因此，成长股最受长期投资者的青睐。

红筹股是指在中国境外注册，在中国香港地区上市，但主要业务在中国内地或大部分股东权益来自中国内地的股票。

知识拓展　什么是蓝筹股、红筹股？

在股票市场上，我们会经常听到红筹股、蓝筹股之类的股票，这些股票到底是什么？二者有什么区别？

什么是蓝筹股？

红筹、蓝筹的说法最初来源于西方赌场，因为在西方赌场上有三种颜色的筹码，其中蓝色筹码最为值钱，红色筹码次之，白色筹码最差。后来投资者把这些行话套用到股票上，因为蓝色的筹码是最值钱的，因此在股市中就将那些业绩优良的公司股票称为蓝筹股，具体来说，是指在某一行业中处于重要支配地位、业绩优良、交投活跃、红利优厚的大企业的股票。

通常来说，属于蓝筹股的公司规模较大，盈利能力稳定，能够连年带来收益，即使在市场环境不好的时候，这种公司都有能力赚取利润，风险较小。因此很多投资者将蓝筹股视为"绩优股"。那么蓝筹股都是具有较高投资价值的股票吗？答案是否定的。主要原因有：蓝筹股票的市场价格可能一直偏高；蓝筹股份的流通盘可能过大；蓝筹股份公司正处于事业成熟期，进一步发展的动力可能有限，长期风险不可低估等。

蓝筹股虽然比较稳定，但也不是一成不变的，随着社会经济的发展，公司经营状况也会不断发生变化，当上市公司业绩不好、市场地位下降时，其股票可能不再被认为是蓝筹股。

什么是红筹股？

红筹股的概念起源于20世纪90年代初的中国香港地区，是指在中国境外注册并在香港上市的带有中国大陆概念的股票。红筹股不属于外资股，它是国内公司控股的股票。对于红筹股，大陆的投资者是没有办法直接购买的，主要供上市当地的投资者购买。

蓝筹股和红筹股的区别是什么？

蓝筹股与红筹股并不对立，也无优劣之分。

相同点：本质上两者都是一类公司，都指大市值、高收益、高股息的公司。

不同点：①蓝筹通常是一只在行业中占据主导地位、表现出色、分红丰厚的股票，任何股市均存在蓝筹股；而红筹股指的是在港股上市的中国公司股票，其他地区没有。②蓝筹股票不是一成不变的，如果公司的经营状况发生变化，蓝筹的股票也会发生变化；而红筹股票一经确认就不会发生变化。

2. 大盘股、中盘股、小盘股

股票按规模的大小可以划分为大盘股、中盘股、小盘股。对股票规模的划分并不严格，没有统一的划分标准。一种方法是依据市值的绝对值进行划分，市值小于5亿元人民币的公司归为小盘股，超过20亿元人民币的公司归为大盘股；另一种方法是依据相对规模进行划分，即将一个市场的全部上市公司按市值大小排名，累计市值占市场总市值20%以下的公司归为小盘股，累计市值占市场总市值50%以上的公司归为大盘股，如中国石化、中国建设银行、中国人寿、中国联通、中国船舶等。介于大盘股和小盘股之间的股票，属于中盘股。

3. ST 股、*ST 股

1998年4月22日，上海证券交易所、深圳证券交易所宣布对财务状况和其他状况异常的上市公司的股票交易进行特别处理（Special Treatment，ST）。异常主要指两种情况：①上市公司经会计师事务所审计，两个会计年度的净利润均为负值；②上市公司最近一个会计年度经审计的每股净资产低于股票面值。对存在异常状况的上市公司的股票，在其股票名称前冠以"ST"，以提醒投资者注意投资风险。ST股的日涨跌幅限制为5%。

证券交易所对股票存在终止上市风险的公司股票，实行"警示存在终止上市风险的特别处理"，需在原股票名称前冠以"ST"的基础上，再增加"*"，即冠以"*ST"。

标注 ST 的目的，主要是给市场一个警示，说明该股票存在投资风险。如果变成 *ST，就说明该股票有退市风险，投资的风险进一步加大。

单元三　股票价格与股票价格指数

一、股票的价值

1. 票面价值

票面价值又称面值，是股份公司在所发行的股票票面上标明的票面金额，它以"元/股"为单位，用来表明每一张股票所包含的资本数额。除紫金矿业外，在我国上海证券交易所和深圳证券交易所流通的股票面值均为1元/股，即每股1元。

股票面值的作用一是表明股票的认购者在股份公司的投资中所占的比例，以作为确定股东权利的依据；二是在首次发行股票时，将股票的面值作为发行定价的一个依据。以面值作为发行价，称为平价发行。发行价格高于面值称为溢价发行，募集的资金中等于面值总和的部分计入资本账户，以超过股票票面金额的发行价格发行股份所得的溢价款列为公司资本公积金。

当股票进入流通市场后，随着时间的推移，公司的净资产会发生变化，股票面值与每股净资产逐渐背离，与股票的投资价值之间也就没有必然的联系了。

2. 账面价值

账面价值又称股票净值或每股净资产。在没有优先股的条件下，每股账面价值等于公司净资产除以发行在外的普通股票的股数。股票账面价值的高低对股票交易价格有重要影响，但是，通常情况下，股票账面价值并不等于股票的市场价格。因为会计价值通常反映的是历史成本或者按某种规则计算的公允价值，并不等于公司资产的实际价值，而且账面价值并不反映公司的未来发展前景。

由于账面价值是财务统计、计算的结果，数据较精确而且可信度较高，所以它是股票投资者评估和分析上市公司实力的重要依据之一。

3. 清算价值

清算价值是指股份公司破产或倒闭后进行清算时，每股股票所代表的实际价值。理论上，股票的清算价值应与账面价值一致，但实际上并非如此。只有当清算时公司资产实际出售价款与财务报表上的账面价值一致时，每一股份的清算价值才与账面价值一致。但在公司清算时，资产一般只能低价出售，再加上必要的清算费用，所以大多数公司的实际清算价值低于其账面价值。

4. 内在价值

股票的内在价值指的是股票未来收益的现值，即理论价值。股票的内在价值决定股票的市场价格，股票的市场价格总是围绕其内在价值波动。但是由于未来收益及市场利率的不确定性，各种价值模型计算出来的内在价值只是股票真实的内在价值的估计值。经济形势的变化、宏观经济政策的调整、供求关系的变化等都会影响上市公司未来的收益，引起内在价值的变化。

二、股票的价格

1. 理论价格

在理论上，可以把股票的未来收益资本化，形成股票的理论价格。现值理论认为，人们愿意购买并持有股票和其他证券是由于其能够在未来带来收益，因此股票和其他证券的价值取决于未来收益的大小。股票的未来股息收入、资本利得收入是股票的未来收益。将股票的未来收益按必要收益率和有效期限折算成现在的价值，即为股票的现值。股票及其他有价证券的理论价格就是按照必要收益率计算出来的未来收入的现值。

2. 发行价格

股票的发行价格是指股份有限公司将股票公开发售给特定或非特定的投资者所采用的价格。根据发行价格与票面金额的不同差异，股票的发行可分为平价发行、溢价发行和折价发行三种。

一般而言，在确定股票发行价格时应综合考虑公司的盈利水平、发展潜力、股票发行数量、行业特点以及股市状态等影响股票价格的基本因素。

3. 市场价格

股票的市场价格是指股票在二级市场上进行交易的价格，即股票的市价，也称股票行市。虽然股票的价值决定股票的市场价格，但同时许多其他因素会对股票的市场价格造成影响。其中，供求关系是最直接的影响因素，其他因素都是通过作用于供求关系而影响股票价格的。由于影响股票价格的因素复杂多变，所以股票的市场价格呈现出高低起伏的波动性特征。

三、股票价格指数

1. 股票价格指数的含义

股票价格指数，是由证券交易所或金融服务机构编制的表明股票行情变动的一种供参考的指示数字。由于股票价格起伏无常，投资者必然面临市场价格风险。对于具体某一种股票的价格变化，投资者容易了解，而对于多种股票的价格变化，投资者很难逐一了解，因此专业机构编制出了股票价格指数。为了能实时地向投资者反映股市的动向，所有的股市几乎都是在股价变化的同时即时公布股票价格指数。投资者根据股票价格指数的升降，可以判断出股票价格的变动趋势。投资者可以据此检验自己投资的效果，也可以以此为参考指标，来

定制你的个性化
股票价格指数

观察和预测社会政治、经济发展形势，以利于未来的投资决策。

2. 股票价格指数的种类

按照股市所涵盖的股票数量和类别不同，股票价格指数可以分为综合指数、成分指数和分类指数。

（1）综合指数。综合指数是指在计算股价时将某个交易所的所有股票市价升跌都计算在内的指数，如纽约证券交易所综合指数、我国的上海证券交易所综合指数等。

（2）成分指数。成分指数是指在计算股价指数时仅仅选择部分有代表性的股价市值作为标的的指数。目前世界上大多数的指数都是成分指数，如道琼斯指数以及我国的上证 180 指数、深圳成分指数、沪深 300 指数等。

（3）分类指数。分类指数是指选择某些特征相同（同行业）的股票作为目标股计算出来的指数，如房地产股指数、金融股指数、工业指数等。

股票价格指数能及时、全面地反映市场上股票价格水平的变动，根据它的上涨和下跌，可以看出股票市场变化的整体趋势。同时，股价指数还能从一个侧面灵敏地反映国家经济、政治的发展变化情况，对于研究一个国家经济发展的现状和趋势具有很重要的意义。

案例链接

金融历史魔幻时刻：美国股票两周"四熔断"

股票指数是反映一国或地区股票价格行情整体走势的重要指标，世界上有许多知名的股票价格指数，历史最悠久的股票指数是美国的标准普尔指数和道琼斯指数。1987 年 10 月 19 日，纽约股票市场爆发了历史上最大的一次崩盘事件，道琼斯工业指数一天之内跌幅达 22.6%，这一天被美国金融界称为"黑色星期一"。为了控制价格暴涨暴跌，美国发明了"熔断机制"（Circuit Breaker）。熔断原指电流超载时要熔断保险丝，保证用电安全的措施。在股票市场上的熔断机制，就是当市场价格波动过大的时候暂停交易，保证整个市场系统的安全。具体规定是：如果标准普尔 500 指数在 1 个交易日内下跌幅度达到 7% 时，所有证券市场交易均将暂停 15 分钟；重新交易后如果下跌幅度超过 13%，再暂停交易 15 分钟；如果下跌达到 20%，全天交易结束。美股在 1997 年 10 月 27 日触发过一次熔断。从美国股市的历史来看，熔断绝对是"罕见"的金融现象。美国是全球最成熟的金融市场，资本市场相对稳定。

直到 2020 年 3 月，美股牛市已经持续了 10 年，处于历史的高估值位，但也一直面临着回调压力。此时，新冠疫情和地缘政治风险两只"黑天鹅"同时飞起，巨大的不确定性迅速反映在金融市场上，导致市场看空情绪弥漫。此外，沙特突然宣布增加原油供给，全球石油价格暴跌，直接引发了全球股灾，美国股价指数大跌。

距上一次熔断 23 年后的 2020 年 3 月 9 日至 19 日，投资者见证了美股两周内四次熔断。3 月 9 日 21 点 34 分，美股史上第二次熔断；2020 年 3 月 12 日 21 点 35 分，美股史上第三次熔断；2020 年 3 月 16 日 21 点 30 分，美股史上第四次熔断；2020 年 3 月 19 日 00 点 56 分，美股史上第五次熔断。特别是 3 月 12 日标普 500 指数跌幅扩大到 7% 触发熔断后，同时引发全球股市跌声一片，泰国、菲律宾、韩国、巴基斯坦、印尼、巴西、加拿大、墨西哥、斯里兰卡、哥伦比亚 10 国也都发生了熔断事件，堪称是全球股市"熔断日"。

3. 股票价格指数的编制要求

股票价格指数一般具有客观性、准确性、代表性和敏感性的特征。为此，在编制过程中应符合下列要求：

（1）正确选择若干种股票作为计算对象。选择的计算对象称作样本，这些样本股票必须带有典型性、普遍性或具有一定的影响力，才能使计算结果具有较高的代表性。因此，选择样本时，必须综合考虑其行业分布、市场影响力、股票等级、适当数量等因素。

（2）要采用科学的计算方法。对于股票价格指数的计算，其计算方法应具有高度的适应性，能对不断变化的股市行情做出相应的调整或修正，使股价指数有较高的敏感性。

（3）要有科学的计算依据和手段，其计算口径必须一致。一般情况下是以交易所的收盘价为计算依据，但随着计算频率的增加，指数计算间隔的时间越来越短，计算依据就需要与计算时间间隔相适应。同时，随着科学技术的发展，计算手段也需要不断地完善和提高，才能使股价指数更准确、更客观地反映股市行情。

（4）确定好计算股价指数的基期。基期应该有较好的代表性和均衡性，要能够代表正常情况下的股票市场的均衡价格水平。基期定得合适，指数才具有可比性。

4. 股价指数的编制方法

股价指数是报告期股价与某一基期相比较的相对变化数，编制时首先假定某一时点为基期，基期值为100，然后用报告期股价与基期股价相比较而得出，其计算方法主要有以下几种：

（1）简单算术平均法。该方法即在计算出样本股个别价格指数的基础上加总求其算术平均数。其计算公式为

$$I = \frac{1}{N}\sum_{i=1}^{n}\frac{p_{1i}}{p_{0i}}\times100\% \qquad （2-1）$$

式中　I——股价指数；

p_{0i}——基期第 i 种股票价格（$i=1$，2，$\cdots$，n）；

p_{1i}——报告期第 i 种股票价格（$i=1$，2，$\cdots$，n）；

N——股票样本数。

> **例2-1** 表2-1列出了五种股票交易资料。
>
> **表2-1　五种股票交易资料表**
>
> | 项目 种类 | 股价（元） | | 交易量（股） | |
> |:---:|:---:|:---:|:---:|:---:|
> | | 基期 P_0 | 报告期 P_1 | 基期 Q_0 | 报告期 Q_1 |
> | A | 4 | 6 | 800 | 1 200 |
> | B | 7 | 9 | 500 | 800 |
> | C | 11 | 16 | 1 500 | 1 000 |
> | D | 15 | 18 | 400 | 500 |
> | E | 17 | 22 | 2 000 | 2 200 |

根据表 2-1 可知，五种样本股所确定的股价指数为

$$I = \frac{1}{5} \times \left(\frac{6}{4} + \frac{9}{7} + \frac{16}{11} + \frac{18}{15} + \frac{22}{17} \right) \times 100\% \approx 134.69\%$$

说明报告期的股价比基期增长了 34.69 点。

（2）综合平均法。该方法即分别将基期和报告期的股价加总以后，用报告期股价总额除以基期股价总额。其计算公式为

$$I = \frac{\sum\limits_{i=1}^{n} p_{1i}}{\sum\limits_{i=1}^{n} p_{0i}} \times 100\% \tag{2-2}$$

例 2-2　仍以表 2-1 为例，五种样本股的综合平均股价指数为

$$I = \frac{6+9+16+18+22}{4+7+11+15+17} \times 100\% \approx 131.48\%$$

说明报告期的股价比基期增长了 31.48 点。

从简单算术平均法和综合平均法计算股价指数来看，二者都未考虑各种样本股票因发行量和交易量的不同，而对整个股市股价的影响不同等因素，因此，计算出来的指数也不够准确。为了使股价指数的计算更为准确，则需要引进一个权数，这个权数可以是发行量、流通量或成交量。

（3）加权平均法。该方法即以样本股票的发行量、流通量或交易量为权数加权平均计算股价指数。按权数采用时期不同确定的两种计算公式为

$$拉氏\ I = \frac{\sum\limits_{i=1}^{n} p_{1i} q_{0i}}{\sum\limits_{i=1}^{n} p_{0i} q_{0i}} \times 100\% \qquad\qquad 派氏\ I = \frac{\sum\limits_{i=1}^{n} p_{1i} q_{1i}}{\sum\limits_{i=1}^{n} p_{0i} q_{1i}} \times 100\% \tag{2-3}$$

式中　q_{0i}——基期第 i 种股票的发行量、流通量或交易量；

q_{1i}——报告期第 i 种股票的发行量、流通量或交易量。

拉氏公式的权数可以固定不变且长期使用，但当样本股票的股本结构发生变动或样本更换时，其计算结果会与实际情况有较大出入；派氏公式需同时采集报告期的价格和数量资料才能计算，但当样本更换或股本结构变动时，可以通过调整而使计算结果免受影响，并维持股价指数的连续性和可比性。因此，在实践中派氏公式应用更广。

例 2-3　仍接上例，按照以报告期为权数计算的股价指数为

$$I = \frac{6 \times 1\,200 + 9 \times 800 + 16 \times 1\,000 + 18 \times 500 + 22 \times 2\,200}{4 \times 1\,200 + 7 \times 800 + 11 \times 1\,000 + 15 \times 500 + 17 \times 2\,200} \times 100\% \approx 132.43\%$$

说明报告期的股价比基期增长了 32.43 点。

四、世界上著名的股票价格指数

1. 道琼斯工业股价平均指数

道琼斯工业股价平均指数（简称道琼斯工业指数）是世界上历史最为悠久、最享有盛誉和最有影响力的股票指数，被认为是反映美国政治、经济和社会状况最灵敏的指标。它是在1884年由道琼斯公司的创始人查尔斯·道开始编制的，并由《华尔街日报》进行公布。道琼斯工业指数以1928年10月1日为基期，基期指数为100点。该指数的编制方法原为简单算术平均法，由于这一方法的不足，从1928年起采用除数修正的简单平均法，使平均数能连续、真实地反映股价变动情况。

2. 标准普尔500指数

标准普尔500指数是在1957年由美国最大的证券研究机构标准普尔公司编制的。最初的成分股由425种工业股票、15种铁路股票和60种公用事业股票组成。从1976年7月1日开始，其成分股改由400种工业股票、20种运输业股票、40种公用事业股票和40种金融业股票共计500只股票组成。该指数以1941—1943年为基期，基期指数定为10，采用加权平均法进行计算，以股票上市量为权数，按基期进行加权计算。标准普尔500指数具有采样面广、代表性强、精确度高、连续性好等特点，被普遍认为是一种理想的股票指数期货合约的标的。500种样本股票的市价总额占纽约证券交易所所有上市股票市价总额的80%～90%。

3. 纳斯达克综合指数

纳斯达克综合指数全称是全美证券交易商自动报价系统，是反映纳斯达克证券市场行情变化的股票价格平均指数。1971年2月8日纳斯达克股市建立，为2 400只优质的场外交易（OTC）股票提供实时的买卖报价，是全世界第一个采用电子交易的股市。其基本指数点为100。纳斯达克的上市公司涵盖所有新技术行业，包括软件和计算机、电信、生物技术、零售和批发贸易等，主要由美国的数百家发展最快的先进技术、电信和生物公司组成，包括微软、英特尔、美国在线、雅虎等知名的高科技公司，因而成为美国"新经济"的代名词。纳斯达克综合指数包括5 200多家公司，是全球最大的证券交易市场之一，且在55个国家和地区设有26万多个计算机销售终端。凭借如此广泛的基础，它已成为最有影响力的证券市场指数之一。

4. 金融时报证券交易所指数

金融时报证券交易所指数（也称富时指数）是英国最具权威的股价指数，原由《金融时报》编制和公布，现由富时集团编制。该指数包括三种指标：①金融时报工业股票指数，又被称为30种股票指数，包括30种英国最优良的工业股票价格，该指数是反映伦敦证券市场股票行情的重要指标；②100种股票交易指数，又被称为PT-100指数，包括100家具有代表性的大公司股票，通过伦敦证券市场自动报价计算机系统可随时得出股票市价，并且每分钟计算一次，能够迅速反映股市行情的每一次变动；③综合精算股票指数，该指数从伦敦股市中选出700只股票，能够全面反映整个英国股票市场的行情。

5. 纽约证券交易所股票价格指数

纽约证券交易所股票价格指数是由纽约证券交易所编制的，在美国是颇有影响的股价指数之一。它以在纽约证券交易所上市的所有股票为计算对象，包括工业、金融业、公用事业、运输业四个分类指数，其计算方法和调整方法与标准普尔500指数相同，所不同的只是基期的确定时间和基期值。该指数的基期为 1965 年 12 月 31 日，基期指数值为 50，1966 年开始计算公布。其特点是以全体上市股票作为样本股，这种做法的优点是能比较全面、准确地反映某一时点股价的总体变动情况，能广泛地考虑行业分布，兼顾公司的不同规模和实力，因而具有广泛的代表性。

6．日经平均股价指数

日经平均股价指数是由日本经济新闻社编制并公布的反映日本股票市场价格变动的股票价格平均数。该指数从 1950 年 9 月开始编制，按计算对象的采样数目不同分为两种：①日经 225 指数，其所选样本均为在东京证券交易所第一市场上市的股票，样本选定后原则上不再更改；②日经 500 指数，从 1982 年 1 月 4 日开始编制，该指数样本不是固定的，每年 4 月会根据前三个结算年度各股份有限公司的经营状况、股票成交量、市价总值等情况为基本条件更换样本股，样本总数始终为 500 种股票，其代表性相对更为广泛，因而能比较全面、真实地反映日本股市行情的变化。

五、我国主要的股票价格指数

1．上海证券交易所的股票价格指数

上证系列指数共包括四类 59 个指数，四大类分别是综合指数类、样本指数类、分类指数类和其他指数类，具体指数主要有以下几种：

（1）上证综合指数。上证综合指数于 1991 年 7 月 15 日起编制并公布，以 1990 年 12 月 19 日为基期，基期指数定为 100 点，以上交所全部上市股票为样本，以股票发行量为权数，按派氏加权平均法计算。

（2）上证 180 指数。上证 180 指数是上交所对原上证 30 指数进行调整和更名而成的，其样本股是在整个沪市 A 股中抽取最具市场代表性的 180 种股票，以原上证 30 指数 2002 年 6 月 28 日收盘点数 3 299.06 为基值，自 2002 年 7 月 1 日起正式发布。2019 年 12 月 16 日上证 180 指数更换股票，中国船舶和华创阳安等 18 只股票被调入指数，海信电器、西水股份等 18 只股票被调出指数。上证 180 指数的编制目的在于建立一个反映上海证券市场的概貌和运行状况，具有可操作性和投资性，能够作为投资评价尺度及金融衍生产品基础的基准指数。

（3）上证 50 指数。上证 50 指数是根据科学、客观的方法，从上证 180 指数样本股中挑选规模大、流动性好的最具代表性的 50 只股票组成样本股，以 2003 年 12 月 31 日为基日，基点为 1 000 点，自 2004 年 1 月 2 日起正式发布。2019 年 12 月 16 日上证 50 指数更换 4 只股票，上海机场、山东黄金等被调入指数，宝钢股份、南方航空等被调出指数。上证 50 指数的编制目的是综合反映上交所上市股票中最具市场影响力的一批优质大盘企业的整体状况。

（4）上证 380 指数。上证 380 指数由沪市 A 股中剔除上证 180 指数成分股后，选出规模适中、成长性好、盈利能力强的 380 只股票组成，以 2003 年 12 月 31 日为基日，以 1 000 点为基点。2019 年 12 月 16 日上证 380 指数更换 38 只股票，首创股份、厦门象屿等被调入指数，新疆天业、东睦股份等被调出指数。上证 380 指数的编制目的是综合反映沪市一批新兴蓝筹公司的股票价格表现。

2．深圳证券交易所的股票价格指数

深证系列指数包括三类股价指数：成分指数、综合指数、分类指数。

（1）深证成分指数。深证成分指数是深圳证券交易所编制的一种成分指数，从1995年1月3日开始编制，简称深成指。深成指基点为1 000点，以1994年7月20日为基期。2015年5月20日，深交所对深成指正式实施样本股扩容。扩容后，指数样本数量从原有的40只扩大到500只，从深交所上市的所有股票中抽取具有市场代表性的500家上市公司的股票作为计算对象，并以流通股为权数计算得出的加权股价指数，综合反映深交所上市A、B股的股价走势。

（2）深证综合指数。该指数于1991年4月4日开始编制和发布，以在深交所主板、中小板、创业板上市的全部股票为样本股，以1991年4月2日为基期，基期指数定为100，以样本股发行股数为权数进行加权逐日连锁计算，反映了在深交所上市的所有股票价格的综合变动情况以及市场总体走势。

（3）深证100指数。深证100指数于2003年初发布，以2002年12月31日为基日，基点为1 000点，由深交所上市股票中市值规模最大、成交最活跃的100家A股上市公司组成，不仅包含了深市主板中的蓝筹价值型企业，还不断吸纳更多来自中小板和创业板的成长型优质企业，从而更好地体现深市多层次、高成长、创新型等特征，逐步发展成为中国资本市场"传统行业龙头企业＋新兴成长行业领军企业"的组合。

（4）中小板综合指数。中小板综合指数于2005年12月1日发布，以在深交所中小企业板上市的全部股票为样本股，以样本股可流通股本数为权数进行加权逐日连锁计算。

（5）创业板综合指数。创业板综合指数于2010年8月20日发布，以在深交所创业板上市的全部股票为样本股，以样本股可流通股本数为权数进行加权逐日连锁计算。

3．中证指数有限公司的股票价格指数

中证指数有限公司成立于2005年8月25日，是由上交所和深交所共同出资发起设立的一家专业从事证券指数及指数衍生产品开发服务的公司，目前已成为国内规模最大、产品最多、服务最全、最具市场影响力的专业指数服务公司。

（1）沪深300指数。沪深300指数是上交所和深交所于2005年4月8日联合发布的，反映A股市场整体走势的指数。

（2）中证规模指数。中证规模指数包括中证100指数、中证200指数、中证500指数、中证700指数、中证800指数和中证流通指数。

4．香港和台湾地区的股票价格指数

（1）香港恒生指数。香港恒生指数由中国香港恒生银行编制，于1969年11月24日发布，基期为1964年7月31日，基期值为100，从中国香港上市公司中挑选出33家有代表性且经济实力雄厚的大公司的股票组成，成分股市值占香港所有上市股票市值的70%。1985年推出四个分类指数，即将所有成分股划分为金融业股票、公用事业股票、地产业股票和工商业股票四类。2006年2月恒生指数首次将H股纳入成分股，成分股样本数增加到38只，其中包括5只H股。2007年2月9日调整为以50只股票为样本股（H股与非H股比例不固定），以其发行量为权重的加权平均指数。该指数是我国香港股市历史最为悠久、影响最大的股价指数。

（2）台湾证券交易所发行量加权股价指数。由我国台湾证券交易所自行编制的以发行量为权重的加权股价指数，是台湾地区最具有代表性的股价指数，被视为台湾经济走向的晴雨表。此外，中国台湾证券交易所还与英国金融时报指数合作编制台湾指数系列，包括台湾50指数、台湾中型100指数、台湾发达指数、台湾高股息指数、台湾资讯科技指数等。

知识拓展　沪深 300 指数的编制

沪深 300 指数由沪深 A 股中规模大、流动性好的最具代表性的 300 只股票组成，于 2005 年 4 月 8 日正式发布，以综合反映沪深 A 股市场的整体表现。

沪深 300 指数的编制方法如下：

1）选样标准。选取规模大、流动性好的股票作为样本股，具体包括：上市时间超过一个季度，除非该股票自上市以来日均 A 股总市值在全部沪深 A 股（非创业板股票）中排在前 30 位；上市时间超过 3 年（创业板股票）。

2）选样方法。对样本空间股票在最近 1 年（新股为上市第四个交易日以来）的 A 股日均成交金额由高到低排名，剔除排名后 50% 的股票；然后对剩余股票按照最近 1 年 A 股日均总市值由高到低排名，选取排名在前 300 名的股票作为样本股。

3）计算方法。沪深 300 指数以调整股本为权数，采用派许加权综合价格指数公式进行计算。

4）基日与基点。沪深 300 指数以 2004 年 12 月 31 日为基日，基点为 1 000 点。

5）定期调整。指数的样本股原则上每半年调整一次，调整实施时间分别是每年 6 月和 12 月的第二个星期五的下一交易日。每次调整的比例不超过 10%。样本调整设置缓冲区，沪深 300 指数老样本日均成交金额在样本空间中排名前 60% 的，则参与下一步日均总市值的排名。排名在 240 名内的候选新样本优先选入，排名在 360 名之前的老样本优先保留。

沪深 300 指数样本覆盖了沪深市场 70% 左右的市值，具有良好的市场代表性和可投资性。

单元四　股票收益与风险

一、股票的投资收益

众所周知，在证券市场投资品种的选择方面，往往具有高风险、高收益和低风险、低收益的特点，即收益和风险是正相关并紧密匹配的。对于股票投资者来说，高收益和高风险是并存的。

1. 股票收益的构成

股票投资收益是指投资者从购入股票开始到出售股票为止整个持有期间的收入，由股息、资本利得和资本增值收益组成。

（1）股息。股息是指股票持有者依据股票从公司分取的赢利。获取股息红利，是股东投资于上市公司的基本目的，也是上市公司对股民的主要回报。股息有现金红利和股票红利两种形式。在熊市阶段，投资者往往希望得到现金红利，因为股价在不断下跌。而在牛市阶段，投资者又希望得到红股，因为股价在持续上涨。

（2）资本利得。资本利得是指通过股票买入价与卖出价之间的差额所获取的收入，又称资本损益。当卖出价大于买入价时为资本收益，即资本利得为正；当卖出价小于买入价时为资本损失，即资本利得为负。

（3）资本增值收益。资本增值收益又可称为公积金转增股本，是指上市公司在使用资本公积进行转增时送股，但送股的资金不是来自当年的可分配利润，而是公司提取的公积金。上市公司在实施转增时必须使用资本公积的股本溢价部分，而这部分的来源往往依靠上市公司实施首发融资或再融资等方式才能获得。

2. 股票收益率的计算方法

计算股票的收益有以下三种类型：股利收益率、持有期收益率、股份变动后持有期收益率。

（1）股利收益率。股利收益率是股份公司以现金派发股利与本期股票价格的比率。表明以现行价格购买股票的预期收益。其计算公式为

$$股利收益率 = \frac{年现金股利}{本期股票价格} \times 100\% \tag{2-4}$$

式中，本期股票价格指证券市场上的该股票的当日收盘价，年现金股利指上一年每一股票获得的股利。

股利收益率可用于计算已得的股利收益率，也可用于预测未来可能的股利收益率。如果打算投资某一只股票，可用实际已发的现金股息与当前的市场价格计算，得出预计的股利收益率，对做出投资决策有一定的指导作用。

> **例2-4**　某投资者以20元/股买入某公司股票，持有1年获得现金股利1.50元，计算股利收益率。
>
> $$股利收益率 = \frac{1.50}{20} \times 100\% = 7.5\%$$

（2）持有期收益率。持有期收益率是指投资者买入股票持有一定时期后又卖出该股票，在投资者持有该股票期间的收益率。其计算公式为

$$持有期收益率 = \frac{现金股利 + （卖出价 - 买入价）}{买入价} \times 100\% \tag{2-5}$$

持有期收益率是投资者最关心的，是反映投资者在一定持有期内所获得的全部股息和资本利得收入的总和。当与债券收益率和银行利率做比较时，必须将其化为年收益率。

> **例2-5**　某投资者以20元/股买入某公司股票，持有1年获得现金股利1.50元，在分得现金股利2个月后，将股票以22.2元市价出售，计算持有期收益率。
>
> $$持有期收益率 = \frac{1.5 + （22.2 - 20）}{20} \times 100\% = 18.5\%$$

（3）股份变动后持有期收益率。股份变动后持有期收益率是投资者买入股票后，上市公司给持有股票者送股、配股、增发，导致股票市场价格和投资者持股数量发生变化。其计算公式为

$$股份变动后持有期收益率 = \frac{调整后资本利得 + 调整后现金股利}{调整后的买入价} \times 100\% \tag{2-6}$$

股份变动后持有期收益率可以帮助投资者及时了解投资收益率的变化，有利于及时调整投资策略。

例2-6　某投资者以20元/股买入某公司股票，持有1年获得现金股息1.80元后，某上市公司以1:2的比例拆股。拆股决定公布后，公司股票市价涨到22元/股，拆股后市价为11元/股，如果投资者此时以市价出售，计算股份变动后持有期的收益率。

$$股份变动后持有期收益率 = \frac{(11-10)+0.9}{10} \times 100\% = 19\%$$

股票有风险，
投资需谨慎

二、股票的投资风险

投资者在追求投资收益的同时，也必然同时面对投资风险。所谓风险，一般的理解是指遭受各种损失的可能性。股票投资的风险则是指实际获得的收益低于预期收益的可能性。投资风险包括系统风险和非系统风险，系统风险主要包括利率风险、汇率风险、购买力风险、市场风险和宏观经济风险；非系统风险一般包括经营风险、筹资风险、流动性风险和操作风险。

1. 股票投资的系统风险

（1）利率风险。利率是经济运行过程中的一个重要经济杠杆，它会经常发生变动，从而给股票市场带来明显的影响。一般来说，银行利率上升，股票价格会下跌，反之亦然。其主要原因有两方面：第一，人们持有金融资产的基本目的是获取收益，在收益率相同时，他们乐于选择安全性高的金融工具。在通常情况下，银行储蓄存款的安全性要远远高于股票投资，所以，一旦银行存款利率上升，资金就会从证券市场流出，转向银行存款，从而使证券投资需求下降，股票价格下跌，投资收益率因此减少。第二，银行贷款利率上升后，信贷市场银根紧缩，企业资金流动不畅，利息成本提高，生产发展与盈利能力都会随之削弱，企业财务状况恶化，造成股票市场价格下跌。

（2）汇率风险。汇率与股票投资风险的关系主要体现在两方面：一是本国货币升值有利于以进口原材料为主从事生产经营的企业，不利于产品主要面向出口的企业，因此，投资者看好前者，看淡后者，从而引发股票价格的涨落；而本国货币贬值的效应正好相反。二是对于货币可以自由兑换的国家来说，汇率变动也可能引起资本的输出与输入，从而影响国内货币资金和证券市场供求状况。

（3）购买力风险。购买力风险又称通货膨胀风险。通货膨胀对股票价格有两种截然不同的影响，在通胀之初，固定资产账面价值因通货膨胀而水涨船高，物价上涨不但使企业存货能高价售出，而且可以使企业从以往低价购入的原材料上获利，名义资产增值与名义盈利增加自然会使公司、企业股票的市场价格上涨。同时，预感到通胀可能加剧的人们为保值也会抢购股票，刺激股价短暂上扬。然而，当通货膨胀持续上升一段时期以后，它便会使股票价格走势逆转，并给投资者带来负效益，公司资产虚假增值显露出来，新的生产成本因原材料等价格上升而提高，企业利润相应减少，投资者开始抛售股票，转而寻找其他金融资产保值的方式，所有这些都将使股票市场需求萎缩，供大于求，股票价格自然也会显著下降。严重的通货膨胀还会使投资者持有的股票贬值，抛售股票得到的货币收入的实际购买力下降。

（4）市场风险。市场风险是股票持有者所面临的所有风险中最难解决的一种，它给持股人带来的后果有时是灾难性的。在股票市场上，行情瞬息万变，并且很难预测行情变化的方向和幅度。一些收入正在节节上升的公司，其股票价格却下降了，这种情况我们经常可以看到；还有一些公司，经营状况不错，收入也很稳定，它们的股票却在很短的时间内上下剧烈波动。出现这些反常现象的原因，主要是投资者对股票的一般看法或对某些种类或某一组股票的看法发生变化。投资者对股票的看法（主要是对股票收益的预期）发生变化所引起的大多数普通股票收益的易变性，称为市场风险。

（5）宏观经济风险。宏观经济风险主要是由于宏观经济因素的变化、经济政策变化、经济的周期性波动以及国际经济因素的变化给股票投资者可能带来的意外收益或损失。

2. 股票投资的非系统风险

（1）经营风险。经营风险是指由于公司的外部经营环境和条件以及内部经营管理方面的问题造成公司收入的变动而引起的股票投资者收益的不确定性。经营风险可进一步分为外部经营环境风险与内部经营管理风险。企业原材料价格上升、竞争对手降价销售都可归为外部经营环境风险。由于企业经营管理能力差、技术水平落后和竞争能力下降等原因导致企业盈利能力的下降，进而影响股价的风险，可归纳为内部经营风险。就不同企业而言，由于经营环境各不相同，所以外部经营风险有较大差异，但其内部经营风险一般来讲是相似的，主要是由管理当局决策错误或管理能力差所造成的。

（2）筹资风险。筹资风险是指由于筹资结构不当，或者由于负债比例过高，而使公司出现严重财务危机，致使公司股票价格有较大幅度的下跌，使投资蒙受损失的风险。公司债权与股权比例是否适度和有效，直接影响公司的长远生存和发展，如果处理不当将会使公司背上沉重的利息负担而大大减少税后收益，或者由于无法支付到期债务而破产。不过完全不举债的公司筹资结构也不是最好的，因为在扩张时期，由于债务资本的成本低于权益资本的成本，适当利用债权融资的公司将获得比完全通过股市筹资的公司更强的扩张能力。

（3）流动性风险。流动性风险是指由于将资产变成现金方面的潜在困难而造成的投资者收益的不确定性。一种股票在不做出大的价格让步的情况下卖出的困难越大，则拥有该种股票的流动性风险越大。在流通市场上交易的各种股票当中，流动性风险差异很大。有些股票极易脱手，市场可在与前一交易相同的价格水平上吸收大批量的该种股票交易，这类股票，投资者可轻而易举地卖出，在价格上不引起任何波动；而另一些股票在投资者急着要将它们变现时却很难脱手，除非在价格上做出很大牺牲。

（4）操作风险。操作风险是指由于不完善或有问题的内部操作过程、人员、系统或外部事件而导致的直接或间接损失的风险。

操作风险的基本特征有：操作风险成因具有明显的内生性；操作风险具有较强的人为性；操作风险与预期收益具有明显的不对称性；操作风险具有广泛存在性；操作风险具有与其他风险很强的关联性；操作风险的表现形式具有很强的个体特性或独特性；操作风险具有高频率低损失和高损失低频率的特点；操作风险具有不可预测性和特发性；操作风险的管理责任具有共担性。

职业提示 ▸▸

健全资本市场功能，提高直接融资比重

党的二十大报告提出："健全资本市场功能，提高直接融资比重。"资本市场是现代金融体系的重要组成部分，是关键的要素和资源市场。2012 年至 2021 年的 10 年间，伴随着经济高速发展，我国股票市场快速扩容，市场规模升至全球第二，投融资功能显著增强，股票市场总市值从 23 万亿元升至 92 万亿元，规模增长近 300%，A 股总数从 2 472 只增至 4 685 只。在股票主板之外，新三板、创业板、科创板的推出和北交所的设立，扩大了市场对中小企业融资服务的覆盖面，在支持创新型中小企业再融资方面起到了积极作用。

健全资本市场功能最重要的是进一步发挥资本市场要素资源配置功能，坚持金融服务实体经济的宗旨，完善适应不同类型、不同发展阶段企业差异化融资需求的多层次资本市场体系，拓宽服务的覆盖面，提高配置效率和服务质量。

复习思考题

一、单项选择题

1. 下列不属于股票特征的是（　　）。

   A. 收益性　　　　　　B. 流动性　　　　　　C. 风险性　　　　　　D. 期限性

2. B股是指（　　）。

   A. 境外上市外资股　　　　　　　　　B. 中国香港上市外资股

   C. 纽约上市外资股　　　　　　　　　D. 境内上市外资股

3. 优先认股权属于（　　）类股东的权利。

   A. 普通股股东　　　　　　　　　　　B. 参与优先股股东

   C. 累积优先股股东　　　　　　　　　D. 可赎回优先股股东

4. 优先股的"优先"主要体现在（　　）。

   A. 优先股股息高于普通股股利　　　　B. 优先参与企业经营

   C. 优先分配公司盈利和剩余资产　　　D. 优先认购新发行股票

5. 优先股股息的多少取决于（　　）。

   A. 公司的经营状况　　　　　　　　　B. 公司的盈利水平

   C. 固定的股息率　　　　　　　　　　D. 公司的股票价格

6. 股票实质上代表了股东对股份公司的（　　）。

   A. 产权　　　　　　　B. 所有权　　　　　　C. 物权　　　　　　D. 债券

7. 记名股票和无记名股票的差别在于（　　）。

   A. 股东权利　　　　　B. 股东义务　　　　　C. 出资方式　　　　D. 记载方式

8. 关于股票，下列表述正确的是（　　）。

   A. 股票是一种虚拟资本　　　　　　　B. 股票属于物权证券

   C. 股票属于债权证券　　　　　　　　D. 股票是设权证券

9. 以货币形式支付的股息称为（　　）。

   A. 现金股息　　　　　B. 股票股息　　　　　C. 财产股息　　　　D. 负债股息

10. 以下不属于系统风险的是（　　）。

   A. 政策风险　　　　　B. 购买力风险　　　　C. 利率风险　　　　D. 经营风险

二、多项选择题

1. （　　）是我国按投资主体的性质不同划分的股票种类。

   A. 国家股　　　　　　B. 法人股　　　　　　C. 优先股　　　　　D. 外资股

2. （　　）是优先股股票的特征。

    A. 股息固定　　　　　　　　　　B. 股息分配优先

    C. 剩余资产分配优先　　　　　　D. 经营决策表决权

3.（　　　　）是有面额股票的特点。

    A. 面额是股票发行价格的底线　　B. 发行或转让价格灵活

    C. 便于股票分割　　　　　　　　D. 面额为股票发行价格提供依据

4. 下列属于境外上市外资股的有（　　　　）。

    A. B 股　　　　　　B. H 股　　　　　　C. S 股　　　　　　D. N 股

5. 股票的未来收益包括（　　　　）。

    A. 股息收入　　　　　　　　　　B. 资本利得

    C. 红利　　　　　　　　　　　　D. 公司的剩余资产

6. 股权是一种综合权利，股东依法享有的权利包括（　　　　）。

    A. 资产收益权　　　　　　　　　B. 对公司财产有直接支配处理权

    C. 重大决策权　　　　　　　　　D. 选择管理者

7. 股票的性质包括（　　　　）。

    A. 有价证券　　　　　　　　　　B. 虚拟证券

    C. 证权证券　　　　　　　　　　D. 要式证券

8. 优先股的"优先"体现在（　　　　）。

    A. 对公司的盈利分配权　　　　　B. 参与公司的经营管理

    C. 对公司的剩余财产分配权　　　D. 优先认股权

9. 境外上市外资股不包括（　　　　）。

    A. H 股　　　　　　B. S 股　　　　　　C. A 股　　　　　　D. B 股

10. 股票具有的特征包括（　　　　）。

    A. 收益性　　　　B. 流动性　　　　C. 参与性　　　　D. 永久性

三、简答题

1. 什么是股票？它有哪些特征？

2. 简述普通股与优先股的联系与区别。

3. 简述记名股票与无记名股票的联系与区别。

4. 简述有面额股票与无面额股票的联系与区别。

5. 说明 A 股、B 股、H 股和 N 股的差异。

四、论述题

试述系统风险与非系统风险的区别。

能 力 训 练

证券咨询情景模拟

实训目的：

明确股票的分类，以及不同类别的相关含义和规则，能正确、清楚地为投资者解答相关问题。

实训场景：

模拟证券公司营业部。

学生角色：

客户、客户经理。

基本情景：

在实训室模拟证券公司营业部。

情景内容：

一位想了解 B 股投资的客户张先生走进证券公司营业大厅，向接待的客户经理进行咨询。

情景设计：

大堂经理：您好，请问有什么可以帮到您的？

客户：哦，我想咨询一下关于 B 股投资的内容。

大堂经理：我们有专业的客户经理为您服务，请您随我来好吗？（将客户引至客户经理处，大堂经理先向客户经理介绍客户，后向客户介绍客户经理。）

客户经理：您好，您想咨询股票哪些方面的内容呢？

客户：我从没有做过 B 股投资，想知道什么是 B 股？

……

规则与要求：

根据上述情景，补全对话，轮流扮演客户经理解答客户提出的有关股票类别方面的知识。

实训评价：

评 价 标 准	自我评价（40%）	教师评价（60%）
基础知识运用（专业性）（50%）		
语言表达能力与应变能力（20%）		
礼仪（职业性）（10%）		
团队合作（10%）		
参与活动态度（10%）		
总分		

module 3

模块三

证券投资工具——债券

学习目标

知识目标

掌握债券的基本概念；掌握债券的特征以及股票和债券的区别；理解政府债券、金融债券、公司债券、企业债券的含义、特征、类型；了解国际债券的特征和基本类型。

能力目标

能够辨识各种债券的类型及优劣；能够针对债券的概念、类型、特征等基本问题提供咨询服务。

素质目标

通过债券相关知识的学习，树立正确的投资理念，增强职业道德观念、诚信观念和自觉防范职业风险的意识。

案例导读

居民也能购买地方债了

2018 年 11 月 10 日，中国人民银行、财政部和银保监会联合发布《关于在全国银行间债券市场开展地方政府债券柜台业务的通知》（以下简称《通知》）。《通知》明确经发行人认可的已发行地方政府债券和发行对象包括柜台业务投资者的新发行地方政府债券可在银行间债券市场开展柜台业务，同时对定向承销方式发行的地方政府债券开展柜台业务的方式进行了规范。《通知》发布后，地方政府债券成为继记账式国债、政策性银行债券和国家开发银行债券后又一类可开展银行间债券市场柜台业务的品种，为中小投资者提供了更多投资选择，有利于提高居民财产性收入。

随后各省纷纷通过试点银行向个人及中小投资者发售地方政府债券。从相关银行发布的公告可以看到，商业银行柜台发售的地方债认购起点为 100 元，可以通过营业网点、网上银行、手机银行购买，投资者既可以持有到期也可以变现，收益率也比定期存款高。

地方政府债券规模庞大，全部由银行购买则难以消化，如果能够让个人投资者参与其中，既可以保障地方债的发行，也能够满足居民多样化的投资需求。同时，地方政府债券收益稳健，变现灵活，比较适合稳健型的投资者。很多地区的地方债销售受到了投资者的强烈热捧，如 19 浙江债 04 和 19 宁波债 03 共计 14 亿元额度，一经发售便于当天销售一空。尽管地方政府债券比企业债券风险低，其安全性始终还是弱于国债的，依然有违约风险。而就其收益性而言，地方债的发行利率也偏低，低于银行理财产品的平均预期收益率。另外，购买地方债的门槛和条件也是相对较高的。《全国银行间债券市场柜台业务管理办法》（中国人民银行公告〔2016〕第 2 号）明确规定，个人投资者投资地方债需要满足的条件为：年收入不低于 50 万元，名下金融资产不少于 300 万元，且具有 2 年以上的证券投资经验。

提出疑问：

1. 什么是债券？什么是地方政府债券？

2. 作为投资工具，债券与银行存款有什么区别？

3. 案例中提到的地方政府债券，我们能不能将其理解为稳赚不赔，收益也比银行利息略高的债券投资？

4. 债券有哪些种类？哪种类型的债券更适合居民投资？

债券是政府或公司筹措资金的重要手段，代表着一种债权债务关系。对债券投资者来说，债券的安全性，即还本付息的可靠性是在进行投资分析时首先要考虑的问题。不同种类的债券其安全性是不同的，信用评级是反映债券还本付息可靠程度的参考依据。在债券市场上，同种债券因期限不同而具有不同的收益率，并形成了利率期限结构，收益率曲线对债券投资者和筹资者的决策有一定的帮助。

进入学习

单元一　债券的基本概念

一、债券的概念和性质

1. 债券的概念

债券是发行者依照法定程序发行，并约定在一定期限内还本付息的一种有价证券，是表明投资者与筹资者债权债务关系成立的书面债务凭证。

进一步来讲，债券发行人是借入资金的经济主体，投资者是借出资金的经济主体，发行人需要在一定时期还本付息，债券反映发行者和投资者之间的债权债务关系。

债券与股票的大不同——债券的基本概念

2. 债券的性质

（1）债券属于有价证券。首先，债券反映和代表一定的价值。债券本身有一定的面值，通常它是债券投资者投入资金的量化表现；同时，持有债券可按期取得利息，利息也是债券投资者收益的量化表现。其次，债券与其代表的权利联系在一起，拥有债券也就拥有了债券所代表的权利，转让债券即将债券代表的权利也一并转移。

（2）债券是一种虚拟资本。尽管债券有面值，代表了一定的财产价值，但它也只是一种虚拟资本，而非真实资本。因为债券的本质是证明债权债务关系的证书，在债权债务关系建立时所投入的资金已被债务人占用。因此，债券是实际运用的真实资本的证书。债券的流动并不代表着它所代表的实际资本也同样流动，债券独立于实际资本之外。

（3）债券是债权凭证。债券代表债券投资者的权利，这种权利不是直接支配财产，也不以资产所有权表现，而是一种债权。拥有债券的人是债权人，债权人不同于财产所有人，除了按期取得本息外，债权人不能对债务人做其他干预。

二、债券的基本要素

债券主要由面值、还本和付息期限、票面利率、发行人名称等要素组成。

1. 面值

债券发行要注明面值，即票面价值。面值大小不等，但一般都是整数，如百元、千元、万元等。面值的大小，根据债券发行者的需要、债券的种类及债券发行的对象来确定。不论债券的发行价格如何变化，已注明的面值是始终不变的，它和债券的票面利率共同构成了未来确定不变的现金回流量。对于在国外发行的债券，除了面值，还要注明币种，一般选择国际硬通货或所在国货币。

2. 还本和付息期限

债券的特点是要按发行时的规定，期满归还本金并支付利息。债券上写明的还本付息期限，就是发行单位在发行时认定这笔借款在多长时间内偿还本金和利息。按期限归还本金不受外在因素，如市场变化、物价水平、社会经济状况，以及其他利率、汇率的影响。债券还本期限有长有短，短期债券的还本期限为 1 个月或数月或 1 年，中期债券的还本期限一般为 3～5 年，长期债券的还本期限为十几年至几十年不等。

3. 票面利率

债券的票面利率是指债券票面所载明的利率，是每年应付的利息额与债券面值的比率。例如，某种债券票面利率为 10%，即表示每认购 100 元债券，每年可得到 10 元的利息。一般来讲，债券的票面利率水平是由债券的期限、债券的信用级别、利息的支付方式以及投资者的接受程度等因素决定的。通常期限长的债券，票面利率高些；期限短的债券，票面利率低些。信用级别高的债券，可以相应降低票面利率；信用级别低的债券，则要相应提高票面利率。这是因为期限长或信用级别低的债券投资风险较大。

4. 发行人名称

这一要素指明了该债券的债务主体，一方面明确的债券发行人应履行对债权人偿还本息的义务，另一方面也为债权人到期追索本息提供了依据。

此外，部分债券还有分期偿还的特征，在债券的票面上或发行公告中载明分期偿还的时间表。还有的债券附有一定的选择权，即发行合同中表明债券发行人或持有人具有某种选择的权利。

三、债券的特征

债券的特征表现在以下四个方面：

1. 偿还性

债权人在一定条件下，有请求债券发行单位偿还债券本金的权利。债券发行单位在发行债券时，都明确规定了债券本金的偿还期和偿还方法。在符合上述要求的条件下，债权人就有权请求债券发行单位偿还债券本金，债券发行单位不得任意拖延，也不得违背债权人的利益随时偿还。

2. 安全性

债券与其他有价证券相比，安全性较高。这是由于债券的利率是固定的，不受银行利率变动的影响，筹资人必须按预定的期限和利率向投资人支付利息，直到期满为止。而且债券本金的偿还和利息的支付有法律保障，很多国家的商业法、公司法、财政法、信托法等都有确保债券还本付息的明确规定。许多公司债券还有担保，因此投资风险是比较低的。

3. 流动性

债券具有较强的变现能力。这是由于债券是一种有价证券，期满后即可得到本金和利息。同时，投资人购买债券后，并不一定一直持有到期，当其需用现金时，既可以到证券交易市场上将债券卖出，也可以到银行等金融机构将债券作为抵押品而取得一笔抵押贷款。

4. 收益性

债券的收益性体现在债券可以获得固定的、高于储蓄存款利率的利息，还可以通过在证券交易市场上进行买卖，获得比一直持有到偿还期更高的收益。

债券的安全性、流动性、收益性之间具有互逆性。如果某种债券的风险小，变现能力强，人们必然会争相购买，于是该种债券价格上涨，收益减少；反之，如果某种债券的风险较大，流动性较差，则该种债券的价格相对较低，收益率较高。

四、债券的分类

债券的种类划分比较繁杂，大致有以下几种分类方法（见表3-1）。

债券种类知多少

表 3-1 债券的分类

分类依据	债券类型
发行主体	政府债券、金融债券、企业债券
债券形式	实物债券、凭证式债券、记账式债券
付息方式	零息债券、附息债券、息票累积债券
利率是否变动	固定利率债券、浮动利率债券
偿还期限	长期债券、中期债券、短期债券
募集方式	公募债券、私募债券
担保性质	无担保债券、有担保债券

1. 按发行主体不同，可分为政府债券、金融债券和企业债券

（1）政府债券。政府债券主要包括中央政府债券和地方政府债券。中央政府债券又称国债，是指国家或中央政府为筹措财政资金，凭其信誉按照一定程序向投资者出具的、承诺在一定时期支付利息和到期偿还本金的一种格式化的债权债务凭证。国家发行国债，是为了弥补国家财政赤字，或是为一些耗资巨大的建设项目以及某些特殊经济政策，甚至为战争筹措资金。由于国债以国家的税收作为还本付息的保证，因此国债的风险小、流动性强，但利率也比其他债券低。

地方政府债券是政府债券体系的重要组成部分，是指地方政府依据借贷原则，按照有关法律的规定，为满足地方经济与社会公共事业发展等公共支出的需要，在承担还本付息责任的基础上，向社会公众发行的债权债务凭证。地方政府借债一般用于交通、通信、住宅、教育、医院和污水处理系统等地方性公共设施的建设。同中央政府发行的国债一样，地方政府债券一般也是以当地政府的税收能力作为还本付息的保证。

（2）金融债券。金融债券是指银行及非银行金融机构依照法定程序发行并约定在一定期限内还本付息的有价证券。银行、保险公司、证券公司、信托投资公司以及资产管理公司等金融机构，在资金来源不足时也常常采取发行债券的形式筹集资金。金融债券在到期之前一般不能提前兑换，只能在市场上转让，从而保证了所筹集资金的稳定性。

（3）企业债券。企业债券是企业依照法定程序发行，约定在一定期限还本付息的有价证券。企业发行债券是为了满足经营需要。由于企业经营状况不同，信用级别不同，所发行的企业债券的风险也不同。总体来讲，企业债券比政府债券和金融债券风险要大，但其利率通常也高于国债和地方政府债券。这里所讲的企业债券包括公司债券。

2. 按照债券形式不同，可分为实物债券、凭证式债券和记账式债券

（1）实物债券。实物债券以实物券的形式记录债权，面值不等，不记名，不挂失，可上市流通。发行期内，投资者可直接在销售债券机构的柜台购买。

（2）凭证式债券。凭证式债券可记名、挂失，以"凭证式债券收款凭证"记录债权，不能上市流通，从购买之日起计息。在持有期内，持券人如遇特殊情况需要提取现金，可以到购买网点按提前兑现档次计算兑现，经办机构按兑付本金的一定比例收取手续费。

（3）记账式债券。记账式债券以记账的形式记录债权，通过证券交易所的交易系统发行和交易，可以记名、挂失。投资者进行记账式债券买卖，必须在证券交易所设立账户。由于记账式债券的发行和交易均无纸化，因此效率高，成本低，交易安全。

3. 按付息方式不同，可分为零息债券、附息债券和息票累积债券

（1）零息债券。零息债券是指债券发行者以低于票面的价格发行，在债券到期时以票面金额偿还的债券。例如，投资者以80元的发行价格认购了面值为100元的5年期的贴息债券，那么，在5年到期后，投资者可兑付到100元的现金，其中20元的差价即为债券的利息。

（2）附息债券。附息债券是指平价发行，分期计息也分期支付利息的债券。债券上附有息票，息票上标有利息额、支付利息的期限和债券号码等内容。投资者可从债券上剪下息票，并凭息票领取利息。附息债券的利息支付方式一般应在偿还期内按期付息，如每半年或一年付息一次。

（3）息票累积债券。与付息债券相似，息票累积债券也规定了票面利率，但债券持有人必须在债券到期时一次性取得本息额，而不能在存续期内领取利息。

4. 按利率是否变动，可分为固定利率债券和浮动利率债券

（1）固定利率债券。固定利率债券是指在发行时规定利率在整个偿还期内不变的债券。固定利率债券不考虑市场变化因素，发行成本和投资收益可以事先预计，不确定性较小，但债券发行人和投资者仍须承担市场利率波动的风险。

（2）浮动利率债券。浮动利率债券是指发行时规定债券利率随市场利率定期浮动的债券，其票面利率是随市场利率或通货膨胀率的变动而相应变动的。浮动利率债券往往是中长期债券，它的种类也较多。浮动利率债券可以避免债券的实际收益率与市场收益率之间出现重大差异，使发行人的成本以及投资者的收益与市场变动趋势相一致。

5. 按偿还期限不同，可分为长期债券、中期债券和短期债券

一般来说，偿还期限在10年以上的为长期债券；偿还期限在1年以下的为短期债券；期限在1年以上（包括1年）、10年以下（包括10年）的为中期债券。我国国债的期限划分与上述标准相同。但我国短期企业债券的偿还期限在1年以内，偿还期限在1年以上、5年以下的为中期企业债券，偿还期限在5年以上的为长期企业债券。

6. 按募集方式不同，可分为公募债券和私募债券

（1）公募债券。公募债券是指按法定手续，经证券主管机构批准在市场上公开发行的债券。它的发行人一般有较高的信誉，发行时要上市公开发售，并允许在二级市场流通转让。

（2）私募债券。私募债券是指以特定的少数投资者为对象发行的债券。私募债券发行手续简单，一般不到证券管理机关注册，不公开上市交易，也不能流通转让。

7. 按担保性质不同，可分为无担保债券和有担保债券

（1）无担保债券。无担保债券也称信用债券，是指不提供任何形式的担保，仅凭筹资人信用发行的债券。国债以国家税收作为还款保证，某些企业债券因企业的资信良好，愿意以它的经营效益作为还款保证，而无须用其他形式的财产来作为还款保证，这些都属于无担保债券。

（2）有担保债券。有担保债券是指以抵押、质押或保证等形式作为担保而发行的债券。因担保形式不同，有担保债券又可分为抵押债券、质押债券、保证债券等多种形式。

知识拓展　债券与股票的异同点

1. 债券与股票的相同点

（1）债券和股票都是有价证券。首先，在证券投资中，证券发行者以发行股票和债券等方式从社会筹集资金，证券购买者以购进股票和债券等方式让渡资金，证券市场将两者联系起来，使投资得以实现。其次，债券与股票都是虚拟资本，本身都没有价值，但又都是真实资本的代表。此外，持有股票或债券都有可能获取一定的收益，并能行使各自的流通转让。

（2）债券和股票都是直接融资工具。经济主体在社会经济活动中必然会产生对资金的需求，从资金的融通角度来看，与从银行贷款相比，债券和股票都是筹资人在证券市场上向资金供给者直接发行的有价证券，属于直接融资工具。

2. 债券和股票的区别

（1）权利不同。公司发行的债券所表示的只是对公司的一种债权，而股票所表示的则是对公司的所有权，权属关系不同就决定了债券持有者无权过问公司的经营管理，而股票持有者则有权直接或间接地参与公司的经营管理。

（2）目的不同。发行债券筹集的资金属于公司的负债，有偿还的义务；发行股票筹集的资金属于公司的资本，是股份公司创立和增加资本的需要。

（3）主体不同。作为筹资手段，无论是国家、地方政府还是企业，都可以发行债券，而股票则只有股份公司才可以发行。

（4）期限不同。债券在期满时债券发行人必须支付本息，是一种有期证券；而股票是无须偿还的，股东不能从股份公司抽回本金，所以股票是无期证券，但投资者可以通过市场转让收回投资资金。

（5）收益不同。债券在购买之前，利率已定，到期就可以获得利息，而不管发行债券的公司经营获利与否；股票一般在购买之前不定股息率，股息收入随股份公司的盈利情况变动而变动，盈利多就多得，盈利少就少得。

（6）风险不同。股票的投资风险比债券大很多，主要表现在：①债券利息是固定支出，属于费用范围；而股票股息红利是公司利润的一部分，是在支付了债券利息和纳税之后才支付。②如果公司破产，清理资产有余额偿还时，债券偿付在前，股票偿付在后。③债券在二级市场上因其利率固定、期限固定，市场价格稳定；而股票受宏观因素和微观因素的影响大，市场价格波动大。

单元二　政府债券

一、政府债券的含义、性质及特征

1. 政府债券的含义

政府债券是指国家为了筹措资金而向投资者出具的，承诺在一定时期支付利息和到期还本的债权债务凭证。依其发行主体不同，政府债券又可分为中央政府债券和地方政府债券。政府债券无须抵押品，它以中央政府的信用作为发行担保。

2. 政府债券的性质

（1）政府债券是一种有价证券，具有债券的一般性质。政府债券本身有面额，投资者投资于政府债券可以获得利息，因此，政府债券具备了有价证券的一般特征。

（2）政府债券最初仅仅是政府弥补财政赤字的手段，后发展为扩大公共事业开支的工具，且随着金融市场的发展，其逐渐具备了金融商品和信用工具的职能，成为国家实施货币宏观经济政策、进行宏观调控的重要工具。

（3）政府债券是证券市场上最主要、最大量的投资对象。很多机构投资者，包括商业银行和非银行金融机构都经常持有政府债券，既作为获利的工具，也作为保持本身资产流动性的手段。中小投资者，特别是较为稳健的投资者也会将政府债券作为主要投资对象。

3. 政府债券的特征

（1）安全性高。政府是国家权利的象征和代表，拥有征税权和其他财权，因此政府债券的还本有可靠保证。在各类债券中，国债的信用等级是最高的，投资者购买政府债券是一种比较安全的投资选择。

（2）流通性强。政府债券是一国政府的债务，它的发行量一般都非常大。同时，由于政府债券的信誉高，其竞争力就比较强，市场属性好，供求两旺。所以，许多国家政府债券的二级市场十分发达，一般不仅允许在证券交易所挂牌上市交易，还允许在场外市场进行买卖，变现能力强，不受市场风险和企业经营风险的影响。

（3）收益稳定。政府债券的付息由政府保证，其信用度最高、风险最小，因此对于投资者来说，投资政府债券的收益是比较稳定的。此外，假如投资者认购政府债券后到二级市场上转让，因政府债券的本息大多数固定且有保障，所以其转让价格一般不会像股票那样容易出现大的波动，转让方也能得到相对稳定的收益。

（4）替代性强。政府债券一般发行量大，期限品种多，因此替代性强。

（5）免税待遇。政府债券是政府自己的债务，为了鼓励人们投资政府债券，大多数国家规定对于购买政府债券所获得的收益，可以享受税收上的免税或优惠待遇，这是其他收益证券所不具备的特征。比如，我国的《个人所得税法》中规定，个人的利息股息、红利所得应缴纳个人所得税，但国债和国家发行的金融债券利息，可免缴个人所得税。

二、政府债券的类型

政府债券的发行量大、流动性强，是债券市场上最主要的投资工具。它按发行主体级别可分为中央政府债券、地方政府债券和政府机构债券。

1. 中央政府债券

中央政府债券也称国债，是政府以国家信用为后盾来筹集资金的一种方式，其还款来源为中央政府税收，所筹集资金一般用于弥补财政赤字或进行公共建设。我国国债品种包括普通国债和其他类型的国债。其中，普通国债包括记账式国债、储蓄国债（凭证式）、储蓄国债（电子式）。三种普通国债的比较如表3-2所示。

表 3-2 三种普通国债的比较

比 较 方 面	记账式国债	储蓄国债（凭证式）	储蓄国债（电子式）
种类	记账式债券	凭证式债券	记账式债券
发行对象	机构和个人	仅限个人	仅限个人
发行方式	通过证券公司营业部购买，计算机记账，无纸化发行	银行各个机构网点发售，使用纸质记账凭证	银行各个机构网点或网上银行发售，计算机记账，无纸化发行
发行利率	按国债承购包销团成员投标确定的，可能高于或低于凭证式国债	财政部参照同期银行存款利率及市场供求关系等因素确定	财政部参照同期银行存款利率及市场供求关系等因素确定
流通方式	可以上市流通	可提前兑现，不可以上市流通	可提前兑付，不可以上市流通
还本付息方式	利息按年支付，自动划到账户，可自由支配	到期一次还本付息	常见为按年付息，也有利随本清的品种

除了普通国债以外，我国政府根据国民经济需要还不定期地发行一些其他类型的国债，包括国家建设债券、财政债券、特种债券、保值债券、特别债券、基本建设债券等，除财政债券和特种债券以外，大部分都已停发。

2. 地方政府债券

地方政府债券是地方政府为了发展地方经济，兴办地方事业，如交通运输、文教科研、卫生设施、地方福利等而发行的债券。地方政府债券的还款来源主要是地方税收。

我国地方政府债券根据资金用途以及偿还资金来源的不同，通常分为一般债券（普通债券）和专项债券（收入债券）。一般债券通常是为没有收益的公益项目发行的，以一般公共预算收入还本付息的政府债券。专项债券则是为有一定收益的公益项目发行的，以公益性项目对应的政府性基金或专项收入还本付息的政府债券。

3. 政府机构债券

政府机构债券是政府所属的公共事业机构、公共团体机构或公营企业所发行的债券。发行政府机构债券所筹集的资金主要用于发展各机构或公营企业的事业，主要以所建项目的收入作为还款来源，因此其风险要略大于国债和地方政府债券。政府机构证券又可进一步分为政府支持债券和政府支持机构债券。

> **案例链接**
>
> **国债发行利国利民**
>
> 2021年是中国国债恢复发行40周年。如今的中国国债发行品种日趋丰富，结构不断优化、规模发展壮大，发挥着利国利民的重要作用。
>
> 国债发行利国利民
>
> **"利国"——筹集财政资金，助力国家经济发展**
>
> 在中华民族伟大复兴的重要历史时期，发行国债所筹集的资金在补齐国民经济短板、推动经济高质量发展等方面起着至关重要的作用。2020年，中国发行1万亿元抗疫特别国债，通过特殊转移支付直达基层，直接惠企利民，在推进疫情防控、维护经济稳定、保障基本民生等方面发挥着积极的作用。
>
> **"利民"——收益高风险低，深受投资者青睐**
>
> 对投资者而言，国债与其他投资产品相比，具有很多优势：国债信用等级高，安全性好；

发行利率固定，利息免税，收益稳定；认购起点低，认购前无风险测评，认购业务办理方便；网上银行、手机银行等认购渠道不断拓展，国债认购日益便利，为日益增长的家庭财富和社会资本提供了低风险的投资渠道。

单元三　金融债券

一、金融债券的含义及特征

1. 金融债券的含义

金融债券是指银行及非银行金融机构依照法定程序发行并约定在一定期限内还本付息的有价证券。金融机构发行金融债券，有利于对资产和负债进行科学管理，实现资产和负债的最佳组合。

金融债券在到期之前一般不能提前兑换，只能在市场上转让，从而保证了所筹集资金的稳定性。金融债券的资信通常高于其他非金融机构债券，违约风险相对较小，具有较高的安全性。所以，金融债券的利率通常低于一般的企业债券，但高于风险更小的国债和银行储蓄存款利率。

2. 金融债券的特征

发行金融债券和吸收存款是银行等金融机构扩大信贷资金来源的手段。理解金融债券的特征，可以从它与存款的比较来认识。

（1）专用性。在资金运用方面，发行金融债券筹集的资金，一般情况下是专款专用，即用于定向的特别贷款；而通过吸收存款所得的资金，通常用于一般性贷款。

（2）集中性。在筹资权利方面，发行金融债券是集中的，它具有间断性，并且有一定的规模限额。

（3）利率较高。在筹资成本方面，金融债券一般利率较高，相对来讲成本较大；而相同期限的存款利率往往比金融债券低，成本较小。

（4）流动性。在流通转让方面，金融债券不能提前兑取，但它作为一种债券，一般不记名，不挂失，可以抵押，可以在证券市场上流通转让。

（5）盈利性。由于金融债券的流动性要低于银行存款（持有人不能到期以前要求银行兑现，只能在市场上出售），因此一般来说，金融债券的盈利性要高于同期银行存款，否则，人们便会去存款，而不是购买金融债券。

（6）资金用途。发行金融债券所筹集的资金一般情况下都是定向使用的，而一般银行存款所筹集的资金无使用方向的限制。

二、金融债券的类型

1. 政策性金融债券

政策性金融债券又称政策性银行债券，是我国政策性银行（国家开发银行、中国农业发展银行、中国进出口银行）为筹集信贷资金，经国务院批准由中国人民银行用计划派购的方式，向邮政储汇局、国有商业银行、区域性商业银行、城市商业银行（城市合作银行）、农村信用社等金融机构发行的金融债券。

2．商业银行债券

商业银行债券包括商业银行金融债券和商业银行次级债券。

商业银行金融债券是由商业银行在全国银行间债券市场发行的，按约定还本付息的，无特定目的的债券。该种债券的本金和利息清偿顺序等同于商业银行的一般负债，但是优先于商业银行长期次级债务、二级资本工具、混合资本债券、其他一级资本工具以及股权资本。

商业银行次级债券则指商业银行发行的，本金和利息清偿顺序列于商业银行其他负债之后、先于商业银行股权资本的债券。由于次级债券可计入银行附属资本，并且相对于发行股票补充资本的方式来说，发行次级债的程序相对简单、周期短，是一种快捷、可持续的补充资本金的方式。

> **案例链接**
>
> ### 广发银行成功发行小微企业专项金融债券
>
> 2021年11月12日，广发银行面向全国银行间债券市场全体成员发行小型微型企业贷款专项金融债券300亿元，用于发放小微企业贷款，加大对小微企业信贷的支持力度，助力小微企业业务稳健发展。该金融债券期限3年，面值100元，票面利率3.03%，最小认购金额1 000万元，且必须是人民币500万元的整数倍，发行人信用等级AAA，债券信用等级AAA。
>
> 近年来，我国政府采取多项重大措施改善小微企业融资渠道。2017～2019年连续三年，银监会（银保监会）发布《关于做好2017年小微企业金融服务工作的通知》《关于2018年推动银行业小微企业金融服务高质量发展的通知》《关于2019年进一步提升小微企业金融服务质效的通知》，要求切实增加银行信贷在小微企业融资总量中的比重，为小微企业融资提供便利和优惠，有效降低其融资成本。
>
> 广发银行以此次发行金融债券为契机，切实融入国家发展大局，在服务实体经济、深化金融改革、发展普惠金融等方面积极履行社会责任，响应国家政策，进一步加大对小微企业的信贷支持，确保资金供给质量，保障小微企业的资金需求。
>
> （资料来源：中国债券信息网 广发银行股份有限公司2021年
> 小型微型企业贷款专项金融债券发行公告）

3．证券公司债券

证券公司债券包括证券公司普通债券、证券公司短期融资券和证券公司次级债。

证券公司普通债券是证券公司依法发行的，以一定期限内还本付息为前提的有价证券。我国证监会于2015年1月15日发布并开始实施的《公司债券发行与交易管理办法》中将证券公司发行普通债券的相关规定纳入公司债券进行规范，自此，证券公司普通债券在类别上属于公司债券的一种。

证券公司短期融资券是证券公司以短期融资为目的，在银行间债券市场发行的，约定在一定期限内还本付息的金融债券。

证券公司次级债是证券公司向机构投资者发行的，或者向股东或机构投资者定向借入的，清偿顺序在普通债之后的债券或债务。

除此之外，金融债券根据发行主体的不同还包括保险公司债券、财务公司债券、金融租赁公司债券等。

单元四　企业债券、公司债券

一、企业债券、公司债券概述

1. 企业债券、公司债券的含义

我国企业债券有广义和狭义之分。广义上的企业债券包括公司债券、狭义的企业债券以及非金融企业债务融资工具。之所以有广义和狭义之分，与企业债券的历史发展过程有关。随着我国经济的发展、国有体制改革以及经济主体的丰富，企业债券含义逐渐丰富、剥离，故而重新界定。后文中所提到的企业债券均指狭义的企业债券。

公司债券是指公司依照法定程序发行、约定在一定期限还本付息的有价证券。2015年之前，我国公司债券发行主体限于沪深证券交易所上市公司及发行境外上市外资股的境内股份有限公司；2015年1月15日，中国证监会发布《公司债券发行与交易管理办法》，将公司债券发行主体扩大至所有公司制法人。由于公司主要以自身的经营利润作为还本付息的保证，因此公司债券的风险与发行公司本身的经营状况直接相关。与国债和地方政府债券相比，公司债券具有较大风险，其利率通常也更高。

企业债券是指企业按照法定程序发行的，约定在一定期限内还本付息的有价证券。其发行主体可以是股份有限公司、有限责任公司，也可以是尚未改制为现代公司制度的企业法人，但不包括上市公司。其监督管理部门由国家发展改革委更改为中国证监会，与公司债券相同，实现了债券市场的统一监管。

> **知识拓展**　企业债券、公司债券的发展
>
> 　　20世纪90年代中后期，国有经济启动公司制改革，从而使越来越多的企业具备了发行企业债券的资格。2007年8月14日，中国证监会颁布实施《公司债券发行试点办法》，界定公司债券的发行主体为上市公司，而申请审核机构为中国证监会，不再是国家发改委。自此，公司债券从企业债券中分离出来，成为新的债券品种。长江电力股份有限公司于2007年9月24日开始发行第一只公司债券。2008年，国家发改委发布了《关于推进企业债券市场发展、简化发行核准程序有关事项的通知》，明确表示不再受理上市公司发行企业债券的申请。狭义的企业债券也随之界定了范围，从此公司债券和企业债券在我国被划为两种完全独立的债券类型。
>
> 　　2015年1月15日，证监会发布并实施《公司债券发行与交易管理办法》，扩大了发行主体的范围，丰富了债券发行的方式，增加了债券交易场所，简化了发行审核流程，大大促进了公司债券的发展。
>
> 　　之后，发改委推出各种创新的企业债券品种，包括立足项目的项目收益债券、具有国家战略性和发展指导意义的各种专项债券，如城市地下综合管廊建设专项债券、养老产业专项债券等以及力促节能低碳的绿色债券等。

2. 企业债券、公司债券的特征

企业债券、公司债券除了具有一般债券的特性外，与其他债券相比还具有以下特征：

（1）风险性。公司债券的还款来源是公司的经济利润，如果公司经营不善，就会使投资者

面临利息损失甚至是本金损失的风险。

（2）收益性。公司债券虽具有较高风险，但其收益率也较高，正是这一原因吸引了许多投资者。

（3）契约性。公司债券代表一种债权债务的责任契约关系，它规定债券发行人在既定的时间内必须支付利息，在约定的日期内必须偿还本金，从而明确债务双方的权利、义务和责任。

（4）优先性。债券持有者是公司的债权人，不是股东，无权参与公司的经营管理决策，但有权按期取得利息，并且利息分配顺序优先于股东。如果公司因经营不善而破产，在清理资产时，债券持有者也可优先于股东收回本金。

（5）选择权。对于部分公司债券来说，发行者与持有者之间可以相互给予一定的选择权。如在可转换债券中，发行者给予持有者将债券兑换成本公司股票的选择权；在可提前赎回的公司债券中，持有者给予发行者在到期日以前偿还本金的选择权。获得该种选择权的当事人必须向对方支付一定的费用。

3. 企业债券与公司债券的区别

企业债券与公司债券的区别如表 3-3 所示。

表 3-3 企业债券与公司债券的区别

名　　称	企 业 债 券	公 司 债 券
发行主体	股份有限公司、有限责任公司、尚未公司制改革的企业法人，不包括上市公司	所有公司制法人，包括上市公司
资金用途	一般用于固定资产投资、重大技术改造等政策性相关项目	根据公司自身需求
定价方式	存在利率限制，不高于同期存款利率的 40%	市场询价确定
担保要求	较多担保方式	一般无担保

这里值得说明的是，自 2020 年 3 月 1 日起施行的修订后的《中华人民共和国证券法》规定，企业债券及公开发行的公司债券的发行监管制度均由核准制改为注册制。

二、企业债券的类型

我国企业债券（狭义）类型越来越丰富，按照发行人的不同，业界习惯将其划分为平台债、产业债和集合债券。

1. 平台债

平台债又称城投债，是指以隶属于地方政府的企业作为融资平台而发行的，由地方政府提供隐性担保的，筹集资金用于地方基础设施建设的债券。

2. 产业债

产业债是与城投债相对而言的，其发行主体为一般生产经营性企业，一般为大中型国企或民企，筹集资金投向其生产经营领域的，政策性较弱的债券。

3. 集合债券

集合债券是指多个发行人为联合发行主体，按照"统一组织，统一担保，分别负债，集合发行"的原则共同发行的企业债券。

三、公司债券的类型

我国的公司债券可以做如下分类：

1. 按担保抵押情况分为信用公司债券、不动产抵押公司债券、保证公司债券

（1）信用公司债券。这种债券不需要实物抵押，只需要信用抵押，也不用担保单位，只凭发行者的信誉作为担保。一般而言，只有那些信誉卓著的大公司，才有资格发行信用公司债券。发行这种债券时，为了保护投资者的利益，可附加某些限制性条款，如公司债券不得随意增加，债券未清偿之前股东的分红要有限制。信用公司债券一般期限较短，但利率较高。中联重科债券是我国沪深两市发行的第一只无担保公司债券。

（2）不动产抵押公司债券。它是指公司以其不动产（如房屋、土地、铁路等）做抵押而发行的债券，是抵押证券的一种。若发债公司破产，抵押债券的持有人可获得所抵押财产的所有权，并且可依照法定程序行使其留置权，拍卖抵押物以资补偿。

（3）保证公司债券。它是指由第三方作为还本付息担保人的一种公司债。担保人一般为公司的主管部门或银行。在实践中，保证行为常见于母子公司，即由母公司对子公司发行的公司债予以保证。

2. 按内含选择权不同分为可转换公司债券、附认股权证公司债券和可交换公司债券

（1）可转换公司债券。它是指发行人依照法定程序发行，在一定期限内可依据约定的条件转换成公司股票的公司债券。这种债券享受转换特权，在转换前是公司债券形式，转换后相当于增发了股票。可转换债券兼有债权和股权的双重性质。

案例链接

浙江正裕工业股份有限公司的可转换债券

浙江正裕工业股份有限公司发行的可转换公司债券如表3-4所示。

表3-4   浙江正裕工业股份有限公司可转换公司债券基本信息

债券名称	正裕转债	债券代码	113561
发行日期	2019年12月31日	债券发行人	浙江正裕工业股份有限公司
债券总份额	2.9亿元	债券承销商	广发证券股份有限公司
单位面值	100元人民币/张	上市地点	上海证券交易所
债券类型	可转换公司债	债权期限	6年
可转换公司债券存续的起止日期	2019年12月31日—2025年12月30日	可转换公司债券转股期的起止日期	2020年7月7日—2025年12月30日

（2）附认股权证公司债券。它是指公司发行的一种附有认购该公司股票权利的债券，其购买者可以按预先规定的条件在公司发行股票时享受优先购买权。附认股权证公司债券与可转换公司债券不同，前者在行使认股权之后，债券形态依然存在；而后者在行使转换权之后，债券形态即消失。另外，按照附认股权和债券本身能否分开，还可将附认股权证公司债券划分为可分离型和非分离型，前者是指债券与认股权可以分开，可独立转让；后者是指不能把认股权从

债券上分离，认股权不能成为独立买卖的对象。

（3）可交换公司债券。它是指上市公司股东依照法律程序发行的，在一定期限内可按照约定的条件将其交换成股东所持股份的公司债券。

单元五 国际债券

一、国际债券的含义及特征

1.国际债券的含义

作为国际市场上常见的一种投资手段和集资工具，国际债券是各国借款人在国际资本市场发行的各种货币面值的债券，发行人与投资者分别属于不同国家。国际债券一般都在有影响的国际金融市场上发行，如美国纽约债券市场、中国上海/深圳/香港债券市场、英国伦敦债券市场、德国法兰克福债券市场、瑞士苏黎世债券市场、日本东京债券市场等。

2.国际债券的特征

（1）资金来源的广泛性。国际债券是在国际证券市场上筹资，发行对象为众多国家的投资者，因此，其资金来源比国内债券要广泛得多，通过发行国际债券，可以使发行人灵活和充分地为其建设项目和其他需要提供资金。

（2）计价货币的通用性。国际债券在国际市场上发行，其计价货币往往是国际通用货币，包括美元、欧元、英镑、人民币、日元等，发行人筹集到的资金是可以通用的自由外汇资金。

（3）发行规模的巨额性。发行国际债券的规模一般都比较大，这是因为发行这种债券的目的之一就是要利用国际证券市场资金来源的广泛性和充足性。

（4）汇率变化的风险性。发行国际债券筹集到的资金是外国货币，汇率一旦发生波动，发行人和投资者都有可能蒙受额外损失或获取额外收益，因此，国际债券很重要的一部分风险是汇率风险。

（5）国家主权的保障性。在国际债券市场上筹集资金，可以得到一个主权国家政府最终付款的承诺保证，若得到这样的承诺保证，各个国际债券市场都愿意向该主权国家开放，这也使得国际债券市场具有较高的安全性。

二、国际债券的类型

按发行市场和计值货币的关系划分，国际债券可以分为外国债券与欧洲债券。

1.外国债券

所谓外国债券，是指某一国的发行人（包括政府、企业、银行等法人）在另一国债券市场上发行的，以市场所在国的货币标明面值的债券。如在"一带一路"的倡导下，2019年8月1日，意大利存款和贷款股份有限公司在中国发行的首单人民币债券就是外国债券。

按照债券发行的所在国和发行币种划分，常见的外国债券包括扬基债券、武士债券、龙债券、猛犬债券、熊猫债券等。

（1）扬基债券。扬基债券是指美国以外的政府、金融机构、工商企业和国际组织在美国债券市场上发行的，以美元为计值货币的外国债券。其特点是期限长、数量大。扬基债券的期限通常为 5～7 年，一些信誉好的大型机构发行的扬基债券期限甚至达 20～25 年。

（2）武士债券。武士债券是指日本以外的政府、金融机构、工商企业和国际组织在日本债券市场上发行的，以日元为计值货币的外国债券。武士债券一般都是无担保发行，典型期限为 3～10 年，一般在东京证券交易所交易。

（3）龙债券。龙债券是指以非日元的亚洲国家或地区货币发行的外国债券。龙债券是东亚经济崛起的产物，从 1992 年起迅速发展，在新加坡等地挂牌上市，其典型期限一般为 3～8 年。龙债券对发行人的资信要求较高，投资人包括官方机构、中央银行、基金管理人及个人投资者等。

（4）猛犬债券。猛犬债券是指英国以外的政府、工商企业等在伦敦发行的英镑债券。其发行方式分为公募和私募两种，前者由伦敦市场的银行组织包销，后者则由管理集团包销。猛犬债券的期限为 5～40 年，债券的利率多参照相同期限的金边债券利率而定。

（5）熊猫债券。熊猫债券是指国际多边金融机构在华发行的人民币债券。中国境内允许境外机构发行人民币债券，对于促进我国债券市场乃至金融市场的健康发展起着重要的作用。

2. 欧洲债券

欧洲债券是借款人在其本国之外的资本市场上发行的以第三国的货币为面值的国际债券。其特点是债券发行人、债券发行市场、债券面值三者分别属于三个不同的国家。如中国银行在伦敦发行的美元债券就属于欧洲债券。欧洲债券实际指的是"离岸金融市场债券"或"境外金融市场债券"。

欧洲债券最初主要以美元为计值货币，发行地以欧洲为主。20 世纪 70 年代后，随着美元汇率波动幅度增大，以欧元、瑞士法郎和日元为计值货币的欧洲债券的比重逐渐增加；同时，发行地开始突破欧洲地域限制，在亚太、北美以及拉丁美洲等地发行的欧洲债券日渐增多，发展迅速。

欧洲债券之所以对投资者和发行者有如此巨大的吸引力，既归功于欧洲债券市场低廉的发行费用，又得益于欧洲债券市场灵活的运作机制。欧洲债券筹集的资金数额大、期限长、手续简便，不记名并可以保存在国外，且其安全性和收益率都很高。

> **知识拓展**　个人投资者进行债券投资时应注意的问题
>
> **1. 认清中国债券市场是高度机构化的市场**
>
> 目前国内的三大债券市场是银行柜台债券市场、银行间债券市场和交易所债券市场，从交易规模来看，银行间债券市场所占比例为 95%，其他两个债券市场只占 5%。因此，中国债券市场是一个高度机构化的市场。银行间债券市场是依托于中央结算公司的，包括商业银行、农村信用联社、保险公司、证券公司等金融机构进行债券买卖和回购的市场。银行间债券市场是个人投资者无法参与的，银行柜台市场成交不活跃，所以都跟个人投资者的关联程度不大。
>
> **2. 重点关注交易所债券市场**
>
> 交易所债券市场既可以开展债券大宗交易，同时也是普通投资者可以方便参与债券交易的主要场所，交易的安全性和成交效率都很高。因此，交易所债券市场是一般债券投资者应该重点关注的市场。交易所债券市场可以交易记账式国债、企业债、可转债、

公司债和债券回购。投资者只要在证券公司营业部开立 A 股账户或证券投资基金账户即可参与交易所债券市场的债券发行和交易。在交易所债券市场里，不仅可以获得债券原本的利息收益，还有机会获得价差。

商业银行柜台债券交易的主要品种是凭证式国债和电子储蓄国债，虽然银行柜台债券市场成交不活跃，但也可提前变现，只是会有一些利息方面的损失，本金不会损失。

3. 投资者风险承受力应与债券的风险收益特征相匹配

在购买债券之前，投资者要仔细研究影响债券价格的主要因素，如市场利率、债券的供求关系、经济发展状况、财政收支状况、货币政策、汇率等。同时也要分析每种债券收益率，掌握其基本信息，如基础利率、发行人的类型、信用度、税收负担，债券的预期流动性、到期期限和提前赎回等其他条款。

4. 正确认识债券投资的风险因素

债券和银行存款、股票一样具有安全性、流动性和收益性的特征，但它们在发行主体、收益稳定性、保本能力、经济利益关系、风险性等方面有着明显的不同。任何一种债券投资都存在着利率风险、再投资风险、流动性风险、经营风险、购买力风险、汇率风险和赎回风险等。

职业提示 ►

深化金融体制改革，简化优化债券发行监管

党的二十大报告提出，深化金融体制改革，依法将各类金融活动全部纳入监管。2023 年 3 月 10 日，十四届全国人大一次会议表决通过了关于国务院机构改革方案的决定。改革方案提出，将证监会由国务院直属事业单位调整为国务院直属机构，划入国家发展改革委的企业债券发行审核职责，由证监会统一负责公司（企业）债券发行审核工作。这一变动改变了债券多头管理的格局，简化优化了债券发行监管，推动了我国债券市场的规范发展。

复习思考题

一、单项选择题

1. 债券的（   ）是借入资金的经济主体。
    A. 信用评级机构   B. 投资人   C. 借款人   D. 发行人

2. 债券与股票在发行主体上有很大的区别，股票的发行主体必须是（   ）。
    A. 亏损企业   B. 盈利企业   C. 有限责任公司   D. 股份有限公司

3. 银行或非银行金融机构依照法定程序发行并约定在一定时期内还本付息的有价证券称为（   ）。
    A. 凭证式债券   B. 记账式债券   C. 金融债券   D. 国际债券

4. 以低于债券票面价格发行的债券是（   ）。
    A．贴现债券   B．附息债券   C．公募债券   D．公司债券

5. 按照付息方式的不同，债券可分为零息债券、附息债券和（   ）。
    A．浮动利率债券   B．凭证式债券   C．记账式债券   D．息票累积债券

6. 按债券的形式不同，可将其分为凭证式债券、记账式债券和（   ）。
    A．企业债券   B．金融债券   C．国债   D．实物债券

7. 下列符合商业银行次级债特征的是（   ）。
    A．可以计入银行附属资本   B．清偿顺序列于银行其他债务之前
    C．发行程序复杂   D．发行周期长

8. 我国将国际多边金融机构在华发行的人民币债券命名为（   ）。
    A．龙债券   B．熊猫债券   C．长城债券   D．猛犬债券

9. 按发行市场和计值货币的关系划分，国际债券可以分为外国债券和（   ）。
    A．美元债券   B．瑞士债券   C．日元债券   D．欧洲债券

10. （   ）是以美元以外的政府、金融机构、工商企业和国际组织在美国债券市场上发行的，以美元为计值货币的外国债券。
    A．扬基债券   B．武士债券   C．龙债券   D．欧洲债券

二、多项选择题

1. 下列属于债券特征的有（   ）。
    A．偿还性   B．流动性   C．收益性   D．风险性

2. 下列金融机构可以为筹措资金发行金融债券的有（   ）。
    A．资产管理公司   B．银行   C．证券公司   D．保险公司

3. 公司债券的特征包括（   ）。
    A．风险大   B．收益率高   C．优先求偿权   D．信用高

4. 国际债券的特征包括（   ）。
    A．资金来源广泛   B．发行规模较大
    C．汇率风险显著   D．只能使用发行地的货币

5. 国债的特征包括（   ）。
    A．安全性高   B．流动性强   C．收益率高   D．免税待遇

6. 下列债券属于外国债券的有（   ）。
    A．扬基债券   B．武士债券   C．龙债券   D．欧洲债券

7. 我国公司债券与企业债券的不同之处包括（   ）。
    A．发行主体   B．监管机构   C．资金用途   D．担保方式

8. 我国对外发行的国际债券包括（   ）。
    A．政府债券   B．金融债券   C．企业债券   D．熊猫债券

9. 欧洲债券指债券的（   ）要素均属于不同国家。
    A．债券发行人   B．债券监管机构
    C．债券发行市场   D．债券面值币种

10. 我国发行的企业债券按发行主体不同，可以分为（   ）。
    A．城投债   B．产业债   C．集合债券   D．专项债券

三、简答题

1. 债券的含义是什么？它有哪些基本要素？

2. 债券和股票有哪些异同点？

3. 比较我国三种普通国债 [记账式国债、储蓄国债（凭证式）、储蓄国债（电子式）] 的异同。

四、论述题

试述我国企业债券（狭义）与公司债券的异同。

───────────── 能 力 训 练 ─────────────

公司债券调研

实训任务：

选择近期的两家不同公司的债券发行报告、募集说明书、付息公告等债券发行相关的公开报告，查阅关键信息。

实训要求：

将两个公司债券进行比较分析，包括两家公司的基本状况、债券的期限、利率、发行规模等。选择一个你认为更好的公司债券，并说明理由。

实训提示：

登录上海证券交易所、深圳证券交易所、中国债券信息网等网站查找相关资料。

实训评价：

评 价 标 准	自我评价（40%）	教师评价（60%）
言行得当（20%）		
内容全面（20%）		
结构合理（20%）		
表达清晰（20%）		
结论恰当（20%）		
总分		

module 4

模块四

证券投资工具—— 证券投资基金

学习目标

知识目标

掌握证券投资基金的含义和特征；掌握基金与股票、债券的区别；熟悉证券投资基金类型与特点；熟悉我国证券投资基金的运作关系及基金市场参与主体；熟悉基金的收益及收益分配。

能力目标

能熟练把不同投资风格的投资者与不同类型的基金相对应；能熟练为基金投资者推荐合适的基金产品；能熟练为基金投资者解答关于基金风险、收益、申购（认购）赎回、交易等相关问题。

素质目标

通过了解股票投资及股票市场与基金投资的关系，增强服务意识，培养团结协作、遵纪守法、廉洁奉公、爱岗敬业、吃苦耐劳的良好职业道德。

案例导读

巴菲特的建议：投资于基金产品而非股票

2008年5月3日，在伯克希尔股东大会上蒂莫西·费里斯问："巴菲特先生，芒格先生，假设你们只有30来岁，没有什么其他经济来源，只能靠一份全日制的工作来谋生，根本无法每天进行投资，假设你们都已经有些积蓄足够维持你们一年半的生活开支，那么你们攒的第一个100万美元将会如何投资？请告诉我们具体投资的资产种类和配置比例。"

这人是一个典型的业余投资者，有钱无闲，拐着弯想让股神推荐股票。

巴菲特哈哈一笑回答："我会把所有的钱都投资到一只成本费率低的追踪标准普尔500指数的指数基金，然后继续努力工作……把所有的钱都投资到像先锋500指数基金那样的成本费率低的指数基金上。"

请注意，巴菲特没有建议业余投资者自己做股票，而是建议买基金。

大多数业余投资者不适合自己做股票，更好的投资方式是买基金。原因很简单，"业余的搞不过专业的"。

做股票看起来很简单，但想赚钱而且持续地赚钱就非常不简单。就像下围棋一样，把棋子落在棋盘上很简单，但要赢棋而且持续地赢棋就太难了。大部分人不懂围棋，每个月有空才下几次，最多研究过几次棋谱，和那些天天下棋、天天研究的专业棋手比赛，有可能赢吗？

在不同的时间把资金放在不同的股票上，就如同在不同的时间下围棋时把棋子放在不同的位置上。围棋的棋盘是固定不变的，规则是固定不变的，而证券市场这个大棋盘却在不断变化，甚至规则也在不断变化。在这个难度更高、更复杂的比赛中，大部分业余选手又如何能够战胜专业选手呢？

对于大部分人来说，自己做饭没有饭店做得好，自己做衣服没有服装公司做得好，同样，自己做股票往往没有基金公司做得好。

一是时间、精力不够。我们大部分业余投资者，白天上班，晚上可能要加班，回家还要做饭、看孩子，有多少时间和精力研究投资呢？

二是专业能力不足。像教育孩子一样，将孩子送到学校交由老师教育，自然比家长自己教育的效果要好很多。即使孩子家长是文盲，学校老师也可以把小孩子培养成大学生。投资也是一样，即使你是股盲甚至基盲，基金公司也可以让你赚上好几倍。

三是资金实力差别太大。只有几万元、几十万元单枪匹马做股票的股民，与花几千万元买券商研究报告的基金公司比，资金差距的悬殊程度比业余棋手和国家队专业棋手的实力差别更大。

提出疑问：

1. 巴菲特为什么建议投资于基金产品而非股票？
2. 什么是证券投资基金？基金的特点是什么？

进入学习

证券投资基金是当今世界上一种重要的投资方式，发展十分迅速。证券投资基金19世纪始创于英国，20世纪发展于美国，后来很快在日本、德国、法国等国家得到普及。证券投资基金在全世界范围内的长足发展，已经使其成为继股票、债券之后又一个非常重要的投资工具。

单元一 **证券投资基金的含义和特征**

一、证券投资基金的含义

证券投资基金简称基金，是一种利益共享、风险共担的集合投资方式，它是通过发行投资基金单位，集中投资者的资金，由投资基金托管人托管，由投资基金管理人对资金进行统一管理和运用，从事股票、债券等金融工具的投资，并将投资收益按基金投资者的投资比例进行分配的一种间接投资方式。证券投资基金含义的解读如图4-1所示。

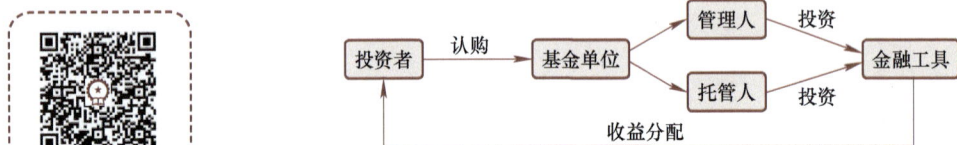

为什么巴菲特建议买基金而不是股票？——证券投资基金含义及特点

图 4-1　证券投资基金含义的解读

基金的称谓在不同的国家和地区有所区别（见表4-1），美国称之为"共同基金"，欧洲一些国家称之为"集合投资基金"或"集合投资计划"，英国和我国香港地区称之为"单位信托基金"，日本、韩国和我国台湾地区称之为"证券投资信托基金"，我国大陆地区称之为"证券投资基金"或"公募基金"。还有一些国家或地区称之为"互助基金""互惠基金""投资基金"，或直接称之为"基金"。

表 4-1　不同国家和地区基金的不同称谓

基金的不同称谓	称谓对应的国家和地区
共同基金	美国
集合投资基金、集合投资计划	欧洲一些国家
证券投资信托基金	日本、韩国和我国台湾地区
单位信托基金	英国和我国香港地区
证券投资基金、公募基金	我国大陆地区

二、证券投资基金的特征

证券投资基金作为一种独具特色的、集诸多优点于一身的投资方式，主要具有以下几个方面的特征：

1. 集合理财、专业管理

基金将众多投资者的资金集中起来，委托基金管理人进行共同投资，表现出一种集合理财的特点。通过汇集众多投资者的资金，积少成多，有利于发挥资金的规模优势，降低投资成本。基金由基金管理人进行投资管理和运作，基金管理人一般拥有大量的专业投资研究人员和强大的信息网络，能够更好地对证券市场进行全方位的动态跟踪与深入分析。中小投资者通过将资金交给基金管理人管理，也能享受到专业化的投资管理服务。

2．组合投资、分散风险

为降低投资风险，一些国家的法律规定基金管理人必须以组合投资的方式进行基金的投资运作，从而使"组合投资、分散风险"成为基金的一大特色。中小投资者由于资金量小，一般无法通过购买数量众多的股票分散投资风险。基金通常会购买几十种甚至上百种股票，投资者购买基金就相当于用很少的资金购买了一篮子股票，可以充分享受到组合投资、分散风险的好处。

3．利益共享、风险共担

证券投资基金实行"利益共享、风险共担"的原则。基金投资者是基金的所有者，基金投资收益扣除其所承担费用后的盈余全部归基金投资者所有，并依据各投资者所持有的基金份额比例进行分配。为基金提供服务的基金托管人、基金管理人只能按规定收取一定比例的托管费、管理费，并不参与基金收益的分配。

4．严格监管、信息透明

为切实保护投资者的利益，增强投资者对基金投资的信心，各国（或地区）基金监管机构都对基金业实行严格的监管，对各种有损于投资者利益的行为进行严厉的打击，并强制基金进行及时、准确、充分的信息披露。

5．独立托管、保障安全

基金资产独立于基金管理人、基金托管人的公司自有资产。基金管理人负责基金的投资运营操作，本身并不参与基金财产的保管，基金财产由基金托管人独立负责保管，二者相互制约、相互监督，形成相互制衡的关系，这为保护基金持有人的利益提供了制度保障。

案例链接

这届年轻人，都去买基金了？

随着当代年轻人理财意识的增强，越来越多的人选择基金这种入门级别比较低、收益中等的理财方式，买基金已经成为时下一股热潮。2020年我国公募基金突破了20亿元规模，整体表现大幅超越指数，基金市场一片大红。基金因近年来显现出的赚钱效应飞入"寻常百姓家"，尤其深得90后年轻人的喜爱。对于新基民来说，基金不仅是理财产品，也像是一种社交工具，成为当代年轻人茶余饭后的聊天话题。Mob研究院发布的《2020中国基民图鉴》显示，2020年上半年中国移动互联网基民规模突破8 000万人，新增基民数量突破2 000万人，34岁及以下的占比62.4%，其中不乏许多第一次接触投资理财的年轻人。

而随着市场风格的转换，加之外围的影响，2021年春节过后，基金产品普遍下跌，基金市场连续大跌。2月27日，#当代年轻人买基金现状#出现在热搜榜上，在话题内网友们"热烈"吐槽近期基金的凶猛大跌。基金很快就用自己的方式告诉年轻人它的游戏规则——"投资基金拥有高回报的同时也伴随着高风险"。

新进场的基民大多数没有系统学习过投资知识，很多投资者在购买基金的时既不研究产品也不研究市场，通过在网络上看短期排名来选择基金，喜欢跟风买爆款基金。新基民投机性投资的行为，反映了年轻人着急赚钱，但投资教育不足的现状。

> 基金具有集合理财、专业管理、组合投资、分散风险的优势和特点。近年来，我国基金业初步形成了多元竞争格局，基金管理公司的竞争力不断提升，基金规模不断扩大，给投资者提供了一个很好的进入证券市场、分享我国经济增长的方式。但是，基金给投资者带来的高额回报也使一些投资者忽视了基金背后的投资风险，甚至有很多投资者将预防性储蓄也投资到高风险的资本市场中，这就给基金市场的健康稳定发展带来了很大的隐忧。因此，基金投资者一定要树立正确的理财观念，了解基金，了解自己，了解市场，了解历史，做一个理智的基金投资者。

三、证券投资基金与股票、债券的区别

证券投资基金本身属于有价证券的范畴，它所发行的凭证与股票、债券一起构成有价证券的三大品种。但基金与股票、债券所反映的关系是不同的，由此带来的收益和风险也是不同的。基金与股票、债券的区别体现在以下几个方面（见表4-2）：

表4-2　基金与股票、债券的区别

区别方面	股　票	债　券	基　金
反映的经济关系	所有权关系，一种所有权凭证，投资者购买股票后即为公司的股东	债权债务关系，一种债权凭证，投资者购买债券后即为公司的债权人	信托关系，一种受益凭证，投资者购买基金份额后即为基金的受益人
所筹资金的投向	直接投资工具，筹集的资金主要投向实业领域	直接投资工具，筹集的资金主要投向实业领域	间接投资工具，所筹集的资金主要投向有价证券等金融工具
投资收益与风险	高风险、高收益	低风险、低收益	风险相对适中、收益相对稳健

1. 发行的主体不同，反映的经济关系不同

证券投资基金是由基金发起人按契约形式发起的基金，证券持有人与发起人之间是契约关系。按公司形式发起的基金，通常组成基金公司，并由发起人（大股东）组成董事会，决定基金的发起、设立、中止以及选择管理人和托管人等事项，证券持有人成为公司股东的一员，但都不参与基金的运作。发起人与管理人、托管人之间是一种信托契约关系。与基金不同，股票是股份公司发行的，持有人是股份公司的股东，有权参与公司管理，是一种所有权关系；而债券是由政府、银行和企业发行的，体现的是债权债务关系。

2. 运行机制不同，投资人的经营管理权不同

通过股票筹集的资金，完全由股份公司运用，股票持有人有权参与公司管理；通过债券筹集的资金，完全由债务人自主支配；而基金的运行机制则有所不同，不论哪种类型的基金，投资人和发起人都不直接从事基金的运营，而是委托管理人进行运营。

3. 筹集资金的投资方向不同

股票、债券是一种融资工具，投资面向实业；而基金是一种信托工具，投资面向其他证券。如果说股票、债券是一次投资范畴，基金则属于再投资或二次投资的范围。

4. 收益风险水平不同

一般情况下，股票的风险大于基金。对于中小投资者而言，由于受可支配资产总量的限制，只能直接投资于少数几只股票，当其所投资的股票因股市下跌或企业财务状况恶化，本金有可

能化为乌有；而基金的基本原则是组合投资、分散风险，把资金按不同比例分别投于不同期限、不同种类的有价证券，把风险降至最低程度。债券在一般情况下，本金能够得到保证，收益相对固定，风险比股票和基金要小得多。

5．收益情况不同

基金和股票的收益是不确定的，而债券的收益是确定的。多数情况下，基金的收益率要高于债券。

6．投资回收方式不同

债券投资是有一定期限的，期满后收回本金。股票投资是无限期的，除非公司破产、进入清算，投资者不得从公司收回投资，若要收回，只能在证券交易市场上按市场价格变现。基金投资则要视所持有的基金形态不同而有所区别：封闭式基金有一定的期限，期满后，投资者可按持有的份额分得相应的剩余资产，在封闭期内还可以在交易市场上变现；开放式基金一般没有期限，但投资者可随时向基金管理人要求赎回。

7．存续的时间不同

每一种基金都规定有一定的存续时间，期满即终止，这一点类似于债券投资。基金不同于债券之处在于，基金经持有人大会或基金公司董事会决定可以提前终止，也可以期满再延续。封闭式基金在存续期间内不得随意增减基金份额，持有人只能通过证券交易所买卖证券，这一点类似于股票投资；开放式基金可以随时增减，持有人可以按基金的资产净值要求申购或赎回其持有的基金单位或份额。

四、证券投资基金当事人及其构成

在证券投资基金的运作中，涉及多个当事人，主要包括基金发起人、基金投资人、基金管理人、基金托管人、证券投资基金销售机构或基金交易机构、律师事务所和会计师事务所等中介机构。

1．基金当事人之间的关系

（1）持有人与管理人之间的关系。基金持有人与基金管理人之间的关系是通过信托关系而形成的所有者与经营者之间的关系。前者是基金资产的所有者，后者是基金资产的经营者；前者可以是自然人，也可以是法人或其他社会团体，后者则是由职业投资专家组成的专业经营者。

（2）持有人与托管人之间的关系。基金持有人和基金托管人的关系是委托与受托的关系。基金发起人代表基金持有人把基金资产委托给基金托管人保管。对持有人而言，基金资产委托专门的机构保管，尤其是公开募集的基金持有人比较分散，以其单个力量无法有效保护资产的安全，而基金托管人的介入有利于保证基金资产的安全。反映在不同的基金类型上：封闭式基金由发起人代表基金持有人委托托管人；开放式基金由管理人以设立人的身份代表持有人委托托管人。

（3）管理人与托管人之间的关系。管理人与托管人的关系主要因各国的法律法规和基金类型的不同而存在差异。在国外，有的基金由托管人担任受托人角色，托管人与管理人形成委托与受托的关系；有的基金由管理人担任受托人的角色，管理人与托管人形成委托与受托的关系。在我国，管理人和托管人是平行受托关系，即基金管理人和基金托管人受基金持有人的委托，分别履行基金管理和基金托管的职责。

在业务运作关系上，基金管理人和基金托管人都是为基金提供服务的专业性机构，同时，二者之间具有互相监督的关系。基金管理人运作基金资产，但不实际持有基金资产；基金托管人保管基金资产，依据基金管理人的指令进行清算交割，并监督基金管理人的投资运作是否合法合规。基金管理人和基金托管人均对基金持有人负责。二者的权利和义务在基金契约或基金章程中有明确规定，任何一方有违规之处，对方都有权监督并及时制止，甚至请求更换违规方。这种相互制衡的运行机制，有利于保证基金财产的安全和基金运作的高效。

综上，基金主要当事人之间的关系如图4-2所示。

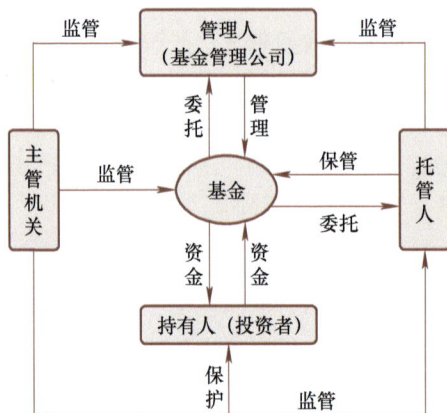

图4-2　基金主要当事人之间的关系

2. 基金管理人的资格条件及职责

（1）基金管理人的资格条件。基金管理人是基金资产的管理和运作者，基金收益的好坏取决于基金管理人管理运作基金资产的水平，因此必须对基金管理人的任职资格做出严格限定，才能保护投资者的利益，只有具备一定条件的机构才能担任基金管理人。各个国家或地区对基金管理人的任职资格有不同的规定，一般而言，申请成为基金管理人的机构要依照本国或本地区的有关证券投资信托法规，经政府有关主管部门审核批准后，方可取得基金管理人的资格，审核内容包括：基金管理公司是否具有一定的资本实力及良好的信誉，是否具备经营和运作基金的硬件条件（如固定的场所和必要的设施等）、专门的人才及明确的基金管理计划等。

我国法规对基金管理人的资格条件也进行了严格的限定。我国《证券投资基金法》规定，基金管理人由依法设立的公司或者合伙企业担任。公开募集基金的基金管理人，由基金管理公司或者经国务院证券监督管理机构按照规定核准的其他机构担任。设立管理公开募集基金的基金管理公司，应当具备下列条件，并经国务院证券监督管理机构批准：

1）有符合我国《证券投资基金法》和《公司法》规定的章程。

2）注册资本不低于1亿元人民币，且必须为实缴货币资本。

3）主要股东应当具有经营金融业务或者管理金融机构的良好业绩、良好的财务状况和社会信誉，资产规模达到国务院规定的标准，最近3年没有违法记录。

4）取得基金从业资格的人员达到法定人数。

5）董事、监事、高级管理人员具备相应的任职条件。

6）有符合要求的营业场所、安全防范设施和与基金管理业务有关的其他设施。

7）有良好的内部治理结构、完善的内部稽核监控制度、风险控制制度。

8）法律、行政法规规定的和经国务院批准的国务院证券监督管理机构规定的其他条件。

（2）基金管理人的职责。基金管理人受基金持有人的委托运作和管理基金，按照诚实信用原则，依据国家法律法规和基金契约的规定履行自身的职责。一般来说，证券投资基金管理人的主要职责有：投资并管理基金资产、按规定披露基金信息、向基金持有人支付收益等。

我国《证券投资基金法》规定，公开募集基金的基金管理人应当履行下列职责：

1）依法募集资金，办理基金份额的发售和登记事宜。

2）办理基金备案手续。

3）对所管理的不同基金财产分别管理、分别记账，进行证券投资。

4）按照基金合同的约定确定基金收益分配方案，及时向基金份额持有人分配收益。

5）进行基金会计核算并编制基金财务会计报告。

6）编制中期和年度基金报告。

7）计算并公告基金资产净值，确定基金份额申购、赎回价格。

8）办理与基金财产管理业务活动有关的信息披露事项。

9）按照规定召集基金份额持有人大会。

10）保存基金财产管理业务活动的记录、账册、报表和其他相关资料。

11）以基金管理人名义，代表基金份额持有人利益行使诉讼权利或者实施其他法律行为。

12）国务院证券监督管理机构规定的其他职责。

3．基金托管人的资格条件及职责

（1）基金托管人的资格条件。基金托管人是指按照法律法规的规定，承担基金资产保管等职责的专业机构。为了保障广大投资者的利益，防止基金资产被挤占、挪用等，证券投资基金一般都要由专门机构即基金托管人来保管基金资产。

各主要国家和地区的法律法规都对基金托管人的资格有严格的要求。从基金资产的安全性和基金托管人的独立性出发，一般都规定基金托管人必须是由独立于基金管理人并具有一定实力的商业银行、保险公司或信托投资公司等金融机构担任。

我国《证券投资基金法》规定，基金托管人由依法设立的商业银行或者其他金融机构担任。商业银行担任基金托管人的，由国务院证券监督管理机构会同国务院银行业监督管理机构核准；其他金融机构担任基金托管人的，由国务院证券监督管理机构核准。担任基金托管人，应当具备下列条件：

1）净资产和风险控制指标符合有关规定。

2）设有专门的基金托管部门。

3）取得基金从业资格的专职人员达到法定人数。

4）有安全保管基金财产的条件。

5）有安全高效的清算、交割系统。

6）有符合要求的营业场所、安全防范设施和与基金托管业务有关的其他设施。

7）有完善的内部稽核监控制度和风险控制制度。

8）法律、行政法规规定的和经国务院批准的国务院证券监督管理机构、国务院银行业监督管理机构规定的其他条件。

（2）基金托管人的职责。通常来讲，基金托管人承担的主要职责有：资产保管，执行基金的投资指令并办理基金名下的资金往来，复核、审查管理人计算的基金净资产，监督基金管理人的行为是否符合基金契约的规定等。

我国《证券投资基金法》规定，基金托管人应当履行下列职责：

1）安全保管基金财产。

2）按照规定开设基金财产的资金账户和证券账户。

3）对所托管的不同基金财产分别设置账户，确保基金财产的完整与独立。

4）保存基金托管业务活动的记录、账册、报表和其他相关资料。

5）按照基金合同的约定，根据基金管理人的投资指令，及时办理清算、交割事宜。

6）办理与基金托管业务活动有关的信息披露事项。

7）对基金财务会计报告、中期和年度基金报告出具意见。

8）复核、审查基金管理人计算的基金资产净值和基金份额申购、赎回价格。

9）按照规定召集基金份额持有人大会。

10）按照规定监督基金管理人的投资运作。

11）国务院证券监督管理机构规定的其他职责。

4. 基金持有人的权利和义务

基金持有人是基金单位或份额的持有者。作为基金的受益人，基金持有人享有基金资产的对应权益。一般来说，基金的资产由基金托管人保管，基金的权益则属于基金持有人，持有人还要承担基金投资的亏损。

我国《证券投资基金法》规定，基金份额持有人享有下列权利：

1）分享基金财产收益。

2）参与分配清算后的剩余基金财产。

3）依法转让或者申请赎回其持有的基金份额。

4）按照规定要求召开基金份额持有人大会或者召集基金份额持有人大会。

5）对基金份额持有人大会审议事项行使表决权。

6）对基金管理人、基金托管人、基金服务机构损害其合法权益的行为依法提起诉讼。

7）基金合同约定的其他权利。

与此同时，基金持有人还应当履行下列义务：遵守基金合同；交纳基金认购款项及规定的费用；承担基金亏损或者终止的有限责任；不从事任何有损基金及其他基金持有人利益的活动等。

单元二 证券投资基金种类

基金在世界范围经过近百年的发展，其种类较为繁杂，按照不同的分类方法可将基金分为不同的种类。随着基金数量、品种的不断增多，投资者需要在众多的基金中选择适合自己风险收益偏好的基金。合理的基金分类有助于投资者加深对各种基金的认识及对风险收益特征的把握，有助于投资者做出正确的投资选择与比较。对基金管理公司而言，基金业绩的比较应该在同一类别中进行才公平合理。对基金研究评价机构而言，基金的分类则是进行基金评级的基础。对监管部门而言，明确基金的类别特征，将有利于针对不同基金的特点实施更有效的分类监管。

由于基金市场的不同参与者对基金关注的角度不同，对基金进行分类的依据和结果也不相同。我国《证券投资基金运作管理办法》将我国基金类别分为股票基金、债券基金、混合基金、货币市场基金等基本类型，具体如图4-3所示。

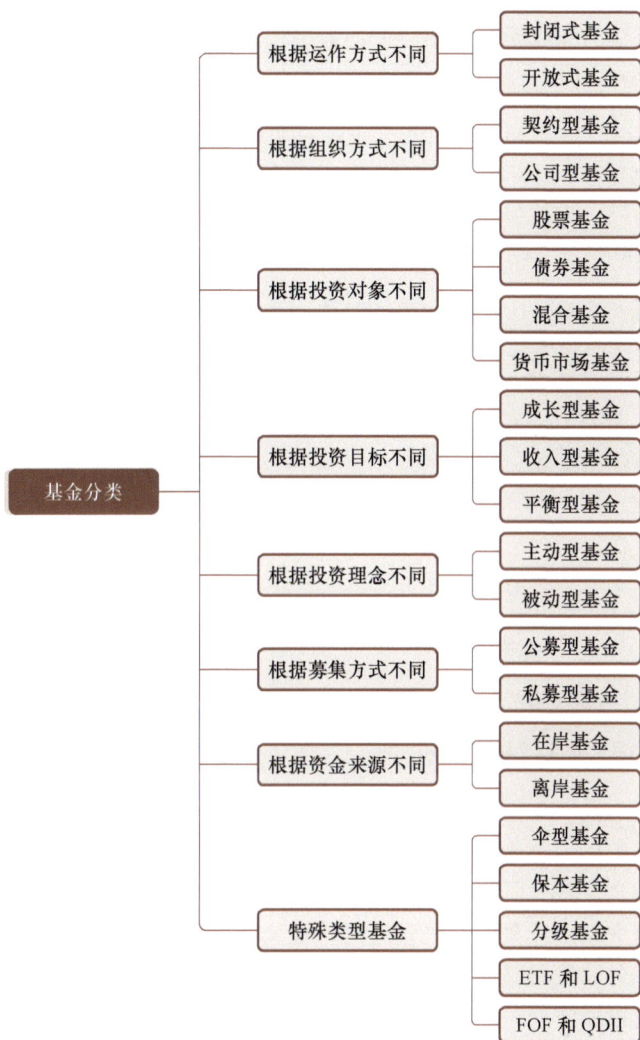

```
                              ┌─ 根据运作方式不同 ─┬─ 封闭式基金
                              │                    └─ 开放式基金
                              │
                              ├─ 根据组织方式不同 ─┬─ 契约型基金
                              │                    └─ 公司型基金
                              │
                              │                    ┌─ 股票基金
                              ├─ 根据投资对象不同 ─┼─ 债券基金
                              │                    ├─ 混合基金
                              │                    └─ 货币市场基金
                              │
                              │                    ┌─ 成长型基金
              基金分类 ───────┼─ 根据投资目标不同 ─┼─ 收入型基金
                              │                    └─ 平衡型基金
                              │
                              ├─ 根据投资理念不同 ─┬─ 主动型基金
                              │                    └─ 被动型基金
                              │
                              ├─ 根据募集方式不同 ─┬─ 公募型基金
                              │                    └─ 私募型基金
                              │
                              ├─ 根据资金来源不同 ─┬─ 在岸基金
                              │                    └─ 离岸基金
                              │
                              │                    ┌─ 伞型基金
                              │                    ├─ 保本基金
                              └─ 特殊类型基金 ─────┼─ 分级基金
                                                   ├─ ETF 和 LOF
                                                   └─ FOF 和 QDII
```

图 4-3 基金类型图

一、封闭式基金和开放式基金

根据基金设定后能否追加或赎回投资份额，可分为封闭式基金和开放式基金。

1. 封闭式基金

封闭式基金是相对于开放式基金而言的，指基金资本总额及发行份数在未发行之前就已确定，在发行期满后将基金封闭，总量不再增减的投资基金，因此也称为固定式基金。封闭式基金投资者在其封闭期间内不能追加认购或赎回，但可以在证券交易所等二级市场上交易。

2．开放式基金

开放式基金是指基金的资本总额及持有份数不是固定不变的，可以随时根据市场供求状况发行新份额或被投资人赎回的投资基金。但追加购买或赎回的价格不同于原始发行价，而是以基金当时的净资产价值为基础加以确定。开放式基金的买卖是通过基金管理公司及经证监会认定的具有基金销售资格的商业银行、证券公司等机构实现的。

3．封闭式基金与开放式基金的区别

（1）基金规模的可变性不同。封闭式基金均有明确的存续期限（我国规定不得少于5年），在此期限内已发行的基金单位不能被赎回，此类基金规模是固定不变的。而开放式基金所发行的基金单位是可赎回的，而且投资者在基金的存续期间内也可随意申购基金单位，因此基金的资金总额每日都在不断地变化。

（2）基金单位的买卖方式不同。当封闭式基金发起设立时，投资者可以向基金管理公司或销售机构认购；当封闭式基金上市交易时，投资者又可委托证券商在证券交易所按市价买卖。而投资者投资于开放式基金时，则可以随时向基金管理公司或销售机构申购或赎回。封闭式基金的交易流程如图4-4所示，开放式基金的交易流程如图4-5所示。

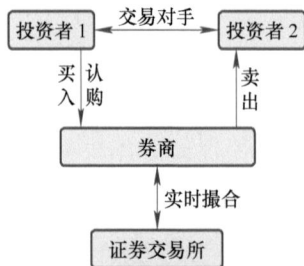

图4-4　封闭式基金交易流程图　　　　图4-5　开放式基金交易流程图

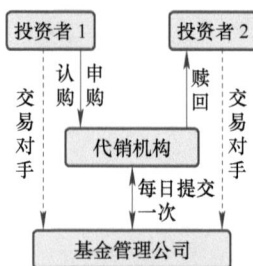

（3）基金单位的买卖价格形成方式不同。封闭式基金在交易所上市，其买卖价格受市场供求关系影响较大。当市场供小于求时，基金单位买卖价格可能高于每份基金单位资产净值；当市场供大于求时，基金价格则可能低于每份基金单位资产净值。而开放式基金的买卖价格是以基金单位的资产净值为基础计算的，可直接反映基金单位资产净值的高低。在基金的买卖费用方面，买卖封闭式基金的费用要高于开放式基金。

（4）基金的投资策略不同。由于封闭式基金不能随时被赎回，其募集到的资金可全部用于投资，这样基金管理公司便可据以制定长期的投资策略，取得长期经营绩效。而开放式基金则必须保留一部分现金，以便投资者随时赎回，而不能尽数地用于长期投资，一般投资于变现能力强的资产。

二、契约型基金和公司型基金

根据基金的组织形式不同，可分为契约型基金和公司型基金。

1．契约型基金

契约型基金又称信托型基金，是依据信托契约，通过发行受益凭证组建的基金，该基金涉及基金管理人、基金托管人及投资者三方当事人。三方关系如图4-6所示。基金管理人是基金的设定人，负责设计特定类型的基金，发行受益凭证（或基金单位），以及所筹资金的具体投资运作，有基金信托资产运用的管理权。基金托管人是基金资产的名义持有人或保管人，有信托资产的保管权，依据基金设立时的信托契约和基金管理人的指示调配、分配、处分和保管基金资产，负责基金受益凭证的购回、清算、交割和过户等工作，监督基金管理人按契约履行职责以保证其投资活动的公正与合法。投资者是基金的受益人，凭所认购的受益凭证实际持有基金资产，投资者有权按信托契约的规定参加持有人会议，参与决定信托基金管理及发展的方针政策等重要事项，有权从基金分配中获得收益，并享有于基金运作期满后要求基金管理人返还剩余资产的权利。

2．公司型基金

公司型基金是依据公司法，通过组建基金投资管理公司，投资者认购公司股票的形式设立的基金。投资者为公司股东。基金通常只是资金的载体，其资金动用由专门的投资管理公司执行。投资管理公司本质上是一种服务机构，为投资者提供专业化的投资管理服务，所以投资管理公司是基金投资的主体。基金的资产存放于托管人处，托管人为基金资产设立独立账户，分别保管，定期检查。各方关系如图4-7所示。公司股票的募集和销售由创办投资管理公司的机构承担，也可委托专门的承销机构充当承销人。公司型基金的产权配置表现为基金的所有权转归投资管理公司名下，投资管理公司基于自己的授权，有权向基金管理人发出运用基金的指示，并监督基金的运作；投资者转让资金所有权后，获取投资管理公司的股权，可从基金中分配股利，并于基金运作期满后分配基金剩余资产，在基金运作期间行使表决权。

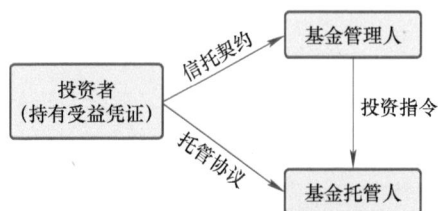

图4-6　契约型基金三方关系　　　　图4-7　公司型基金各方关系

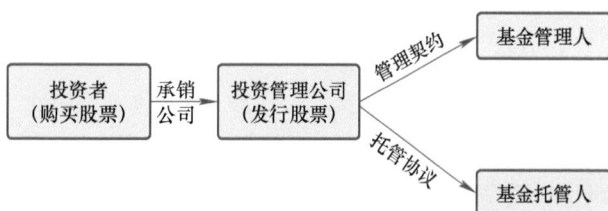

3．公司型基金与契约型基金的区别

（1）公司型基金必须由具有独立法人资格的基金公司发起并发行基金股份；契约型基金则无须单独组成具有法人资格的机构来发起基金，由现有的金融机构发起即可。

（2）公司型基金的管理依据是公司章程，像一般的股份公司一样，除非依据公司法到了破产、清算阶段，否则公司一般都具有永久性；契约型基金则是依照基金契约组建的，信托法是契约型基金设立的依据。

（3）公司型基金发行股票，投资者为公司股东，可以参加股东大会，行使表决权；契约型基金则发行受益凭证，购买受益凭证的持有者，只享有受益权，不具有股东资格，因此也不具有表决权。

（4）公司型基金由于具有法人资格，在资金运用状况良好、业务开展顺利，且需要扩大公司规模、增加资产时，可以向银行借款；契约型基金凭借基金契约经营基金财产，依据基金契约建立、运作，契约期满，基金的运营即告终止。

三、股票基金、债券基金、混合基金和货币市场基金

根据基金的投资对象不同，可分为股票基金、债券基金、混合基金和货币市场基金。

1. 股票基金

股票基金是专项基金中最常见的一种，其投资对象是股票，包括优先股和普通股。股票基金的投资目标以追求资本成长为主，但其必须面对股票价格波动的风险。我国现行法规规定，80% 以上的基金资产投资于股票的，为股票基金。由于股票基金规模较大，比较容易通过投资组合分散风险，因此在通常情况下，股票基金是中小投资者的首选投资对象。

2. 债券基金

债券基金是基金市场的重要组成部分，其规模仅次于股票基金。在我国，80% 以上的基金资产投资于债券的为债券基金。由于债券是一种获利稳定、风险较小且具有一定期限结构的有价证券，因而债券基金可以获得稳定收益，风险也较小，可见债券基金基本上属于收益型基金。债券基金通常分为 A、B 两类，甚至 A、B、C 三类，各类基金的申购费率有所不同。A 类为申购时收取前端申购费用，无赎回费；B 类为赎回时收取后端申购费用，无赎回费；而 C 类申购赎回均没有费用，但是会收取销售服务费用，按天从基金资产中计提。

3. 混合基金

混合基金是指同时投资于股票和债券的证券投资基金。根据资产配置比例不同，混合基金又分为偏股型基金、偏债型基金、股债平衡型基金和灵活配置型基金，各自的风险收益差异很大。偏股型基金资产配置是股票 50% ～ 70%，债券 20% ～ 40%；偏债型基金中债券的配置比例较高，股票的配置比例则相对较低；股债平衡型基金中股票与债券的配置比例均为40% ～ 60%；灵活配置型基金中股票、债券的配置比例会根据市场状况进行调整。混合基金的风险低于股票基金，预期收益则要高于债券基金。它为投资者提供了一种在不同资产类别之间进行分散投资的工具，比较适合较为保守的投资者。

4. 货币市场基金

货币市场基金是指在货币市场上从事短期有价证券投资的一种证券投资基金。它的投资对象主要有国库券、银行可转让存单、商业票据、银行承兑汇票等。由于短期证券的收益较为稳定，而且兑现方便，因此，货币市场基金具有收益稳定、流动性强、风险小、资本安全性高等特点。许多国外证券投资者都是从货币市场基金开始投资于基金的。

四、成长型基金、收入型基金和平衡型基金

根据投资目标不同，可分为成长型基金、收入型基金和平衡型基金。

1. 成长型基金

成长型基金追求资产的长期增值，而不是资产在短期内的最大增值，主要投资于具有良好增长潜力的股票，如高科技股票等。所谓成长类股票，是指企业发行的具有良好前景的股票，其价格预期上涨速度要快于一般公司的股票或股价综合指数。发行这类股票的公司往往由于有新产品、新管理层，或整个产业类型趋于兴旺，并把其收入用于再投资，因此其资本增长速度一般快于国民经济和同行业的增长速度。成长型基金管理人购买这种股票并适时卖出，即可以从中获取利益。由于成长型股票价格波动大，损失投资本金的风险也比较高，因此成长型基金被认为是风险较高的基金类型。

2. 收入型基金

收入型基金追求的目标是在稳定的前提下，取得最大的当前收入，而不强调资本的长期利益和成长。该类基金的管理人通常选择能够带来现金利息的投资对象，其投资组合主要包括利息较高的债券、优先股和普通股。投资于这些类型的证券，投资收益较为稳定，但长期增长的潜力小，而且当市场利率波动较大的时候，收益稳定证券的价格容易大幅震荡，基金净值会因此受到影响。

3. 平衡型基金

平衡型基金的投资目标是既要获得当期收入，又要求基金资产长期增值。该类基金的管理人会把资金分散投资于股票和债券，分散于高成长股票与收益型股票，以保证资金的安全性和盈利性。其投资策略是将资产分别投资于两种或者多种不同特性的证券上，在以取得收入为目的的债券、优先股、收益股和以资本增值为目的的高成长股之间进行平衡。平衡型基金的风险比较低，但成长潜力也受到了限制。

五、主动型基金和被动型基金

主动型基金是指力图超越基准组合表现的基金；被动型基金则不主动寻求取得超越市场的表现，而是试图复制指数的表现，并且一般选取特定的指数作为跟踪的对象，因此通常又被称为指数基金。相比较而言，主动型基金比被动型基金的风险更大，但取得的收益也可能更大。

被动型基金的管理人在选择不同股票或债券的投资组合时，往往参照股价计算的方法，不断地将那些对证券指数影响较大的股票或债券作为选择对象，从而使基金的收益随股价指数同步波动，基金的收益同股票市场的平均收益基本持平。因此，该类基金具有一定的稳定性。

六、在岸基金和离岸基金

在岸基金是指在本国募集资金并将募集资金投资于本国证券市场的基金。其主要特征是基金的投资者、管理人、托管人、其他当事人以及基金的投资市场均在本国境内，基金运作必须遵守本国基金相关法律法规的约束，本国监管部门对此类基金监管比较容易。

离岸基金是指一国的证券投资基金组织在他国募集资金并将募集资金投资于本国或第三国证券市场的基金。其主要特征是基金的投资者、托管人、管理人、其他当事人及基金的投资市场在两个或两个以上的国家或地区，基金运作涉及两个或两个以上国家或地区的基金相关法律法规，监管部门对此类基金监管难度相对较大。

七、其他基金

1. 交易型开放式指数基金

交易型开放式指数基金又称交易所交易基金（Exchange Traded Fund，ETF），是一种在交易所上市交易、基金份额可变的开放式基金。ETF结合了开放式基金和封闭式基金的特点，即基金份额既可以在交易所二级市场进行买卖，也可以场外进行申购和赎回。ETF具有三大特点：

（1）被动操作的指数基金。ETF是以某一选定的指数所包含的成分证券为投资对象，依据构成指数的证券种类和比例，采取完全复制或抽样复制，进行被动投资的指数基金。ETF不但具有传统指数基金的全部特色，而且是更为纯粹的指数基金。

（2）独特的实物申购、赎回机制。投资者向基金管理公司申购 ETF，需要拿这只 ETF 指定的一篮子股票来换取；赎回时得到的不是现金，而是相应的一篮子股票；如果想变现，需要再卖出这些股票。ETF 有"最小申购、赎回份额"的规定，只有机构投资者才有实力参与 ETF 一级市场的实物申购、赎回。

（3）实行一级市场与二级市场并存的交易制度。在一级市场上，机构投资者（基金份额通常要求在 30 万份以上）在交易时间内以 ETF 指定的一篮子股票换取份额（申购）、以份额换取股票（赎回）；在二级市场上，ETF 与普通股票一样在市场挂牌交易，无论机构投资者还是中小投资者，均可按市场价格进行 ETF 份额的交易。一级市场的存在使二级市场交易价格不可能偏离基金份额净值很多，否则两个市场的差价会引发套利交易。套利交易会最终使套利机会消失，使二级市场价格恢复到基金份额净值附近。因此，正常情况下，ETF 二级市场交易价格与基金份额净值总是比较接近。

2. 上市型开放式基金

上市型开放式基金（Listed Open-ended Fund，LOF）是一种既可以在场外市场进行基金份额的申购和赎回，又可以在交易所进行基金份额交易和基金份额申购或赎回，并通过份额转托管机制将场外市场与场内市场有机联系在一起的基金运作方式。LOF 既可以是指数型基金，也可以是主动型基金，申购和赎回均以现金进行，对申购和赎回没有规模上的限制，可以在交易所申购、赎回，也可在代销网点进行。

3. QDII 基金

QDII 基金是在一国境内设立，经该国有关部门批准从事境外证券市场的股票、债券等有价证券投资的基金。它为国内投资者参与国际市场投资提供了便利。

分级基金是指通过事先约定基金的风险收益分配，将基础份额分为预期风险收益不同的子份额，并可将其中部分或全部上市交易的结构化证券投资基金。

4. 基金中的基金

基金中的基金（Fund of Funds，FOF）是专门投资于其他证券投资基金的基金，它是一种结合了基金产品创新和销售渠道创新的基金品种。FOF 产品由专业投资团队运作，利用投资咨询人的基金投资评价体系和成熟的基金投资流程，选出具有持续稳定赢利能力的基金长期持有。

单元三　证券投资基金运作

基金的运作包括基金的市场营销、基金的募集、基金的投资管理、基金资产的托管、基金份额的登记、基金的估值与会计核算、基金的信息披露以及其他基金运作活动在内的所有相关环节。从基金管理人的角度看，可以分为基金的市场营销、基金的投资管理与基金的后台管理三大部分。基金的市场营销主要涉及基金份额的募集与客户服务，基金的投资管理体现了基金管理人的服务价值，而包括基金份额的注册登记、基金资产的估值、会计核算、信息披露等在内的后台管理服务则对保障基金的安全运作起着重要的作用。证券投资基金运作关系如图 4-8 所示。

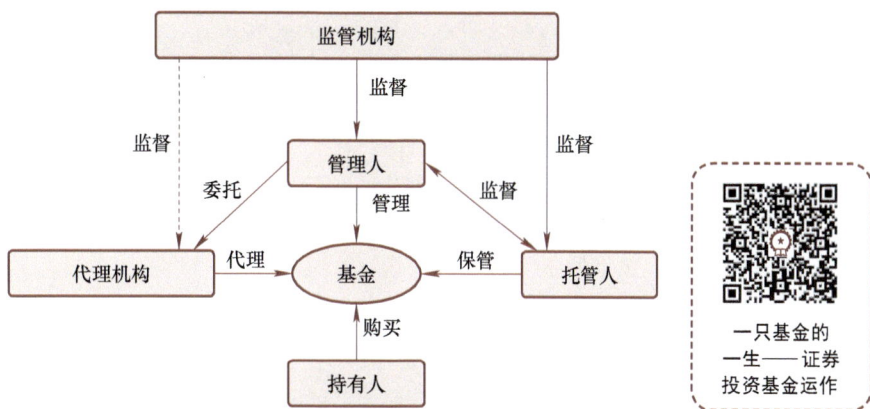

图 4-8 证券投资基金运作关系

一、基金的设立、发行与交易

1. 基金的设立、募集

基金的设立、募集是证券投资基金投资的起点。基金募集是指基金管理公司根据有关规定向中国证监会提交募集申请文件、发售基金份额、募集基金的行为。依照 2015 年修订的《证券投资基金法》相关规定，基金发起人设立或募集基金，应当经国务院证券监督管理机构注册。基金募集申请经注册后，方可发售基金份额。基金份额的发售，由基金管理人或者其委托的基金销售机构办理。基金管理人应当在基金份额发售的 3 日前公布招募说明书、基金合同及其他有关文件。

基金管理人应当自收到准予注册文件之日起 6 个月内进行基金募集。超过 6 个月开始募集，原注册的事项未发生实质性变化的，应当报国务院证券监督管理机构备案；发生实质性变化的，应当向国务院证券监督管理机构重新提交注册申请。基金募集不得超过国务院证券监督管理机构准予注册的基金募集期限。基金募集期限自基金份额发售之日起计算。

封闭式基金自批准之日起，3 个月内募集的资金超过该基金批准规模的 80%，基金方可成立。开放式基金自批准之日起 3 个月内净销售额超过 2 亿元的，该基金方可成立。否则，基金不能成立。

对基金募集所进行的宣传推介活动，应当符合有关法律、行政法规的规定，不得有下列行为：

（1）虚假记载、误导性陈述或者重大遗漏。

（2）对证券投资业绩进行预测。

（3）违规承诺收益或者承担损失。

（4）诋毁其他基金管理人、基金托管人或者基金销售机构。

（5）法律、行政法规和国务院证券监督管理机构规定禁止的其他行为。

2. 基金发行与交易

基金发行可以采用上网发行方式，即通过与证券交易所系统联网的各地证券营业部向广大的社会公众发售；也可以采用网下发行方式，即通过经批准的银行或证券营业网点向社会公众发售。

基金的上市是针对封闭式基金而言，封闭式基金成立后，基金管理人可以向中国证监会及证券交易所提出基金上市申请。获得批准后，基金就可以在证券交易所挂牌上市，基金的投资人若想卖出或买入基金，可以通过证券经纪商在证券交易所进行。

基金份额上市交易，应当符合下列条件：

（1）基金的募集符合《证券投资基金法》规定。

（2）基金合同期限为 5 年以上。

（3）基金募集金额不低于 2 亿元人民币。

（4）基金份额持有人不少于 1 000 人。

（5）基金份额上市交易规则规定的其他条件。

与封闭式基金不同，开放式基金不允许上市交易，即不许投资者彼此之间买卖基金份额。如果投资者想买卖开放式基金（也称申购和赎回），不是通过证券交易所，而是在其他符合国家有关规定的场所进行，交易对象应为基金管理人或其代理机构。

知识拓展 都是"买买买"，申购和认购有什么不同？

都是买买买，申购和认购有什么不同？

投资者在购买基金的时候经常会听到认购和申购两个词，很多投资者经常将两者混为一谈，虽然认购、申购都是申请购买基金单位的行为，但是买入的时间、价格、费率有所差异。申购和认购到底有什么区别？对于我们投资者来说，认购基金和申购基金，要怎样选择呢？

一、基金认购与申购的概念

一只普通的开放式基金的诞生，会经历三个阶段：募集期、封闭期、存续期。募集期是指基金份额发售之日到基金成立为止，按规定不能超过 3 个月，具体以基金公司公告为准；封闭期是指为实现基金平稳运行，在基金合同生效后设立的一个特殊时段，期间投资者不能申购和赎回基金份额，按规定不超过 3 个月，具体以基金公司公告为准；封闭期结束后，基金进入日常交易期即为存续期，此时开放正常申购和赎回。

基金认购：指投资者在开放式基金募集期间、基金尚未成立时购买基金份额的行为。

基金申购：指投资者到基金管理公司或选定的基金代销机构开设基金账户，按照规定的程序申请购买基金份额的行为。

二、基金认购与申购的区别

1. 购买时间不同

基金申购是在基金合同生效后购买，而基金认购是在基金募集期间购买，在募集期内产生的利息等基金成立时自动转换为投资者的基金份额，即利息收入增加了投资者的认购份额。

2. 购买价格不同

基金认购的价格是基金单位价格，通常为 1 元；而申购通常遵循"未知价"原则，即申购价格按申请当日收市后的基金份额净值为基准进行计算，净值可能高于 1 元，也可能低于 1 元。

3. 交易方式上的不同

基金认购之后，投资者的认购申请一经受理不允许撤销，投资者需要等到基金封闭期结束之后，才能进行赎回操作；而基金申购，一般在下一个交易日，投资者即可进行卖出操作。

4. 交易费用不同

基金认购和基金申购通常会有不同档次的费率。即使在相同的购买金额情况下，认购费率和申购费率也可能有一定差异。

三、新基金和老基金的选择

对于应该选择认购新基金还是申购老基金的问题，可以通过以下几个方面去考虑：

1. 投资周期

认购新基金要经过募集期、建仓期之后才能正式开始有收益，通常时间比较长；而对于已经进入正常操作时期的基金，申购之后很快就可以确认基金份额，从而开始获得基金的收益，周期短。

2. 投资风险

对于已经成立的正常运作的基金，有一定的历史业绩，对于投资者来说是一项很重要的参考指标，而新成立的基金就没有这项指标可供参考。同时，基金认购之后存在较久的封闭期，这会增加投资者持有基金的不确定性风险。

3. 相关费用

基金在认购期间，上市公司为了尽快募集到资金，会进行认购费率打折操作，导致其认购费率一般要低于基金申购费率。并且通常情况下，认购时的基金净值是最低的，同样的认购金额可以买到更多的份额，相对成长空间较大。

二、基金的运作管理

基金的运作管理通常包括基金的投资范围、投资方向、风险控制等方面，下面以我国证券投资基金为例加以介绍。

1. 基金财产的投资方向管理

依照我国《证券投资基金法》中的相关规定，基金财产应当用于上市交易的股票、债券，以及国务院证券监督管理机构规定的其他证券及其衍生品种。

基金财产不得用于下列投资或活动：

（1）承销证券。

（2）违反规定向他人贷款或者提供担保。

（3）从事承担无限责任的投资。

（4）买卖其他基金份额，但是国务院证券监督管理机构另有规定的除外。

（5）向基金管理人、基金托管人出资。

（6）从事内幕交易、操纵证券交易价格及其他不正当的证券交易活动。

（7）法律、行政法规和国务院证券监督管理机构规定禁止的其他活动。

2. 基金财产的风险控制管理

依照我国 2014 年发布的《公开募集证券投资基金运作管理办法》中的相关规定，基金管理人运用基金财产进行证券投资，不得有下列情形：

（1）一只基金持有一家上市公司的证券，其市值超过基金资产净值的 10%。

（2）同一基金管理人管理的全部基金持有一家公司发行的证券，超过该证券的10%。

（3）基金财产参与股票发行申购，单只基金所申报的金额超过该基金的总资产，单只基金所申报的股票数量超过拟发行股票公司本次发行股票的总量。

（4）一只基金持有其他基金（不含货币市场基金），其市值超过基金资产净值的10%，但基金中基金除外。

（5）基金中基金持有其他单只基金，其市值超过基金资产净值的20%，或者投资于其他基金中基金。

（6）基金总资产超过基金净资产的140%。

（7）违反基金合同关于投资范围、投资策略和投资比例等约定。

（8）中国证监会规定禁止的其他情形。

完全按照有关指数的构成比例进行证券投资的基金品种可以不受前款第（1）项、第（2）项规定的比例限制。

3. 投资组合与基金类别的界定

依照《公开募集证券投资基金运作管理办法》中的相关规定，基金合同和基金招募说明书应当按照下列规定载明基金的类别：

（1）80%以上的基金资产投资于股票的，为股票基金。

（2）80%以上的基金资产投资于债券的，为债券基金。

（3）仅投资于货币市场工具的，为货币市场基金。

（4）80%以上的基金资产投资于其他基金份额的，为基金中基金。

（5）投资于股票、债券、货币市场工具或其他基金份额，并且股票投资、债券投资、基金投资的比例不符合第（1）项、第（2）项、第（4）项规定的，为混合基金。

（6）中国证监会规定的其他基金类别。

基金名称显示投资方向的，应当有80%以上的非现金基金资产属于投资方向确定的内容。

三、基金的收益及收益分配

基金收益包括基金投资所得红利、股息、债券利息、买卖证券价差、存款利息以及其他收入。因运用基金资产带来的成本或费用的节约应计入收益。基金净收益为基金收益扣除按照国家有关规定可以在基金收益中扣除的费用等项目后的余额。

《公开募集证券投资基金运作管理办法》的第三十八条对基金收益分配方式提出规定："基金收益分配应当采用现金方式，但中国证监会规定的特殊基金品种除外。开放式基金的基金份额持有人可以事先选择将所获分配的现金收益，按照基金合同有关基金份额申购的约定转为基金份额；基金份额持有人事先未做出选择的，基金管理人应当支付现金。"也就是说，封闭式基金只能采取现金分红，而开放式基金可以采用现金分红，也可以采用红利再投资，但默认方式为现金分红。

收益分配比例依照《公开募集证券投资基金运作管理办法》规定：封闭式基金的收益分配，每年不得少于一次，封闭式基金年度收益分配比例不得低于基金年度可供分配利润的90%。开放式基金的收益分配，由基金合同约定。

知识拓展 基金分红选择现金分红好，还是红利再投资好？

投资者在购买基金进行投资理财时，收益来源会有两个，一个是基金的分红，另一个是基金的净值增长。目前基金分红的方式有两种，分别为现金分红和红利再投资。其中红利再投资是货币基金默认的分红方式，分红的资金直接用于增加持有份额；而现金分红是非货币基金的默认分红方式，其分红的资金将发放至投资者活期账户或者银行账户中。两种分红方式各有特点，也各有利弊，不同的投资者应根据自身的投资目的选择不同的方式。

红利再投资与现金分红两种方式有何异同？

现金分红是将收益以现金的方式分配给投资者。基金在实施现金分红之后，投资者持有的基金份额不变，但净值会有所减少。对于投资者来说，总资产并没有增加或减少，只不过是把部分的基金资产换成了现金而已，相当于将持有的部分基金份额赎回。其区别在于使用分红的方式不需要赎回费用，并且基金分红是不需要缴税的。

红利再投资实际上也是将基金份额赎回变成了现金，但是与现金分红的区别是又自动将这笔现金重新投入了这只基金，而不是将现金直接转给投资者；而且因为是红利再投资，这个再投资的交易是不需要申购费的。

两种分红方式的区别在于：

（1）未来收益不同。现金分红落袋为安，未来只有这些单利；而红利再投资则会进入市场产生复利或亏损。

（2）风险不同。现金分红意味着落袋为安后无须承担风险；红利再投资则再进入投资市场，需要承担基金亏损的风险。

（3）费用不同。选择现金分红后，进行再投资需要支付申购费；而红利再投资一般不收申购费。

投资基金应选择现金分红还是红利再投资？

基金分红实际上就是将我们持有基金资金中的一部分以现金的方式反馈给投资者，投资者分红之后账户总资产都是没有变化的，并不会给投资者带来额外的收益。基金红利再投资与现金分红没有绝对的好坏，投资者应根据市场行情和自身投资规划来进行选择。

（1）市场行情。基金是长期投资工具，当投资者看好后市或对所持产品后续表现有信心时，可选择红利再投资的分红方式，因为分红的资金可以免申购费转换成基金份额，再投资份额还可分享市场上涨收益。若投资者对后市市场表现持谨慎态度，则可以选择现金分红的方式落袋为安。

（2）自身投资规划。如果投资某只基金是出于短期投资的目的，在一段时间之后这笔资金有其他用途，比较合适的方式就是选择现金分红，分得的现金不仅可以落袋为安，还可以进行其他品种的再投资。如果投资者长期看好某基金，红利再投资则可以更好地累积份额，在长期的投资中发挥资金"复利"的效果。

职业提示 ▶▶

以人民为中心

党的二十大报告强调，"坚持以人民为中心的发展思想"。作为普惠金融工具，公募基金通过连接资产端和客户端，汇集广大投资者资金进行投资，既服务于实体经济，助力优秀企业成长，又使广大投资者也能分享中国式现代化建设的发展成果。这既是由公募基金本身的制度机制所决定的功能定位，也是新时代实现中国式现代化伟大进程中公募基金所肩负的使命和责任。

公募基金产品是有效连接实体经济和公众投资者的抓手，发挥着桥梁纽带作用。为此，要继续在产品布局上探索创新。一方面，积极围绕国家重大战略发展方向布局产品，把握经济结构转型升级、高质量发展带来的时代机遇；另一方面，积极开发适配个人养老金长期投资的基金产品，服务多层次、多支柱的养老保险体系建设；加大解决方案类产品研发力度，探索研发中低波动创新基金产品，着力打造让老百姓看得透、弄得懂、易操作的基金产品线，满足多元化、多层次的理财需求。

复习思考题

一、单项选择题

1. 由社会大众汇集分散的资金，委托给专门的投资机构从事约定领域的投资或分散组合投资，这样一种利益共享、风险共担的集合投资方式，称为（   ）。

    A. 银行储蓄   B. 购买股票

    C. 购买债券   D. 证券投资基金

2. 基金的资本总额及持有份数不是固定不变的，而是可以随时根据市场供求情况发行新份额或被投资人赎回的投资基金，是指（   ）。

    A. 开放式基金   B. 封闭式基金   C. 契约型基金   D. 公司型基金

3. 基金的资本总额及持有份数在发行前已确定，在发行完毕后规模固定不变的投资基金，是指（   ）。

    A. 开放式基金   B. 封闭式基金   C. 契约型基金   D. 公司型基金

4. 依据信托契约通过发行受益凭证组建的基金，称为（   ）。

    A. 开放式基金   B. 封闭式基金   C. 契约型基金   D. 公司型基金

5. 依据公司法通过组建基金投资管理公司，投资者认购公司股票的形式设立的基金，称为（   ）。

    A. 开放式基金   B. 封闭式基金   C. 契约型基金   D. 公司型基金

6. 把追求资本的长期成长作为其投资目的的投资基金，称为（   ）。

    A. 成长型基金   B. 收入型基金   C. 平衡型基金   D. 开放式基金

7. 以能为投资者带来高水平的当期收入为目的的投资基金，称为（   ）。

    A. 成长型基金   B. 收入型基金   C. 平衡型基金   D. 封闭式基金

8. 资金来源于国外，并投资于全世界各主要证券市场的投资基金，称为（　　）。
    A. 国际投资基金
    B. 海外投资基金
    C. 国内投资基金
    D. 地区性投资基金

9. 把投资基金分为开放式基金和封闭式基金，其划分标志是（　　）。
    A. 根据基金是否可以赎回
    B. 根据其组织形式不同
    C. 根据投资风险与收益不同
    D. 根据投资对象不同

10. 把投资基金分为契约型投资基金和公司型投资基金，其划分标志是（　　）。
    A. 根据基金是否可以赎回
    B. 根据其组织形式不同
    C. 根据投资风险与收益不同
    D. 根据投资对象不同

二、多项选择题

1. 依据我国《证券投资基金法》的相关规定，基金资产不得投资以下（　　）等项目。
    A. 上市交易的股票
    B. 向他人贷款
    C. 承销证券
    D. 上市交易的债券

2. （　　）属于投资基金的主要特征。
    A. 集体投资
    B. 集体经营
    C. 共同受益
    D. 分散风险

3. 投资基金显著的优点及作用有（　　）。
    A. 集合投资
    B. 毫无风险
    C. 能以最低费用享受专家服务
    D. 投资基金收益凭证流动性大

4. 下列关于开放式基金描述正确的有（　　）。
    A. 交易价格以基金资产净值为基础计算
    B. 交易价格由资金供求关系决定
    C. 主要通过证券交易所交易
    D. 必须保留一部分备付金

5. （　　）是按投资对象不同分类的。
    A. 股票基金
    B. 债券基金
    C. 货币市场基金
    D. 期货基金

6. 以下关于契约型基金的表述正确的有（　　）。
    A. 基金持有人大会是基金最高权力机构
    B. 基金董事会是基金的最高权力机构
    C. 基金依据基金契约或合同而设立
    D. 基金依据托管协议而设立

7. 证券投资基金收益包括（　　）。
    A. 基金管理费
    B. 基金买卖股票差价收入
    C. 基金买卖债券差价收入
    D. 基金存款利息

8. 基金持有人享有基金（　　）等法定权益。
    A. 资产所有权
    B. 资产管理权
    C. 剩余资产分配权
    D. 资产保管权

9. 以下关于封闭式基金和开放式基金说法正确的有（　　）。
    A. 封闭式基金一般有固定的存续期限

B. 开放式基金一般没有固定的存续期限

C. 封闭式基金投资人少

D. 开放式基金投资人多

10. 按照组织形式的不同，证券投资基金可以划分为（　　　　）。

A. 私募基金　　　　　　　　　　B. 公募基金

C. 契约型基金　　　　　　　　　D. 公司型基金

三、简答题

1. 什么是证券投资基金？它有哪些主要特征？

2. 简述公司型基金与契约型基金的区别。

3. 简述开放式基金与封闭式基金的区别。

四、论述题

试述证券投资基金与股票、债券的联系和区别。

能 力 训 练

寻找适合自己的基金

实训目的：

通过了解证券投资基金的类型，掌握各类基金的特点，最终能为不同投资风格的投资者选择恰当的基金种类。

实训步骤：

1. 登录南方基金管理股份有限公司网站进行个人风险测评。

2. 根据测试结果说明自己能够投资的基金类型。

3. 登录天天基金网，在产品库中挑选适合自己的基金产品，说明选择这只基金（组合）的理由。

4. 总结不同类型基金特点及适合何种风险承受能力的投资者。

实训评价：

评 价 标 准	自我评价（40%）	教师评价（60%）
言行得当（20%）		
内容全面（20%）		
结构合理（20%）		
表达清晰（20%）		
结论恰当（20%）		
总分		

module 5

模块五

证券投资工具——金融衍生工具

知识目标

掌握金融期货和期权的概念、种类、特征及其基本功能；掌握股指期货的特征和交易策略；掌握可转换债券的概念、特征和要素；了解我国金融衍生工具发展的基本状况。

能力目标

能够掌握金融期货的基本操作技能；能熟练利用金融期货来对冲风险。

素质目标

通过了解金融衍生工具的应用和风险控制，增强自身的职业道德观念、诚信观念和自觉防范职业风险意识。

案例导读

期货套期保值助力企业稳健经营

　　5月27日，某建材公司与期货风险管理公司签订合作套保协议，委托期货风险管理公司设计并实施建材公司的铜套期保值方案。协议规定，双合作套保的数量是 3 000 吨铜，建材公司要支付风险外包成本 $P\%$=3.5%，回购价格为 6 个月后当地铜的现货价格。假设当日当地铜现货市场价格是 46 100 元/吨，则建材公司支付给期货风险管理公司的铜协议价格就是 47 713.5 元/吨。建材企业相当于以此价格购买了 6 个月后的铜。协议签署后，套保保值方案由期货风险管理公司全权负责。在此后的 6 个月时间里，无论铜价如何变化都与建材公司无关，6 个月后，期货风险管理公司将以长江有色金属市场当天铜现货市场平均价格向建材企业购回该批铜。简单说就是建材公司以协议价格向期货风险管理公司购买了 6 个月后的铜，6 个月后期货风险管理公司以现货价格向建材企业回购。如果 6 个月后，价格上涨了，则风险就转移给期货风险管理公司，实现了套期保值的目的。

　　提出疑问：

　　1. 什么是期货？其主要特征有哪些？

　　2. 什么是期权？其主要特征有哪些？

　　3. 什么是套期保值？在金融衍生品交易中，还有哪些交易策略？

　　4. 如何有效利用金融衍生工具规避投资风险？又如何有效控制衍生工具的投资风险呢？

进入学习

　　自 20 世纪初，以转嫁风险和规避监管为目的的金融创新活动风起云涌，致使金融工具的种类和复杂程度大大加深，一系列金融衍生工具应运而生，这也大大满足了各商业银行、投资银行和大型跨国公司在很小代价下锁定收益、转嫁金融风险的需求。就此而论，金融衍生工具是随生产力水平发展而产生的，其满足经济活动需要的必然产物。

　　金融衍生工具又称金融衍生品，其英文（Derivatives）原意是派生物、衍生物。金融衍生工具通常是指从原生资产（Underlying Asserts）派生出来的金融工具。国际上金融衍生产品种类繁多，活跃的金融创新活动接连不断地推出新的衍生品。

　　金融衍生工具根据其形态差异可以分为远期、期货、期权和掉期四大类；根据原生资产不同可分为与股票相关、与利率相关、与汇率相关和与商品相关四大类；根据交易方法不同可分为场内交易和场外交易两大类。

单元一　金　融　期　货

期货的前世今生——期货的概念及特征

一、金融期货的概念及特征

1. 金融期货的概念

　　金融期货是指以金融工具作为标的物的期货合约。金融期货交易是指交易者在特定的交易所通过公开竞价方式成交，承诺在未来特定日期或期间内，以事先约定的价格买入或卖出特定数量的某种金融商品的交易方式。金融期货交易具有期货交易的一般特征，但与商品期货相比，其合约标的物不是实物商品，而是金融商品，如外汇、债券、股票指数等。

2. 金融期货的特征

（1）金融期货合约的标准化。这一特征主要表现在以下四个方面：①标准化的合同面额和合同数量；②标准化的交割时间；③实行涨跌停限制，规定价格最大和最小的变化幅度；④标准化的合同标的物。

（2）交易所组织交易。期货交易所直接介入每一笔期货交易，充当期货买卖双方的相对方，即买方的卖方和卖方的买方。

（3）保证金制度。保证金是履约保证，保证金比率因期货合约和交易所不同而有所区别，但一般都低于100%，因此，期货交易是一种"以小博大"的杠杆投资工具。

保证金主要包括两类：初始保证金和维持保证金。初始保证金是在新开仓时买卖双方按照合约规定都必须缴纳的保证金，一般用现金方式，也可用有价证券。初始保证金等于交易金额乘以保证金比率（一般为 0.5% ~ 5%）。维持保证金是投资者保证金账户中所允许的最低保证金。交易所每天对结算会员期货仓位按收市价逐日结算，以确定其期货价值，并将每日盈亏计入保证金账户，当保证金账户低于最低要求时，投资者就会被要求在24小时内追加现金到初始保证金水平，否则其期货头寸就会被强制平仓。这部分新交的保证金被称为追加保证金。

（4）合约对买卖双方强制执行。合约到期时，买卖双方必须按合同规定进行实物交割。不过，实践中一般都是在合约到期前通过数额相等、方向相反的交易抵消了。

二、金融期货的产生与发展

基础性金融工具的价格主要以汇率、利率等形式表现。金融市场上纷繁复杂的各种金融工具，共同构成了金融风险的源泉。各类金融机构在创新金融工具的同时，也产生了规避金融风险的客观要求。20世纪70年代初，外汇市场上固定汇率制的崩溃，使金融风险空前增大，直接诱发了金融期货的产生。

1972年5月，美国的芝加哥商业交易所（CME）设立国际货币市场分部，推出了外汇期货交易。其他国家和地区的交易所竞相仿效，纷纷推出各自的外汇期货合约，大大丰富了外汇期货的交易品种，并引发了其他金融期货品种的创新。通货膨胀的加剧，使得固定利率金融工具出现负利率，利率风险大大增加。1975年10月，美国芝加哥期货交易所推出了第一张利率期货合约——美国政府国民抵押贷款协会（GNMA）的抵押凭证期货交易。1982年2月，美国堪萨斯期货交易所（KCBT）开办价值线综合指数期货交易，标志着金融期货三大类别的结构初步形成。

金融期货远不如商品期货的历史悠久，但其发展速度却比商品期货要快得多。目前，在世界各大金融期货市场，交易活跃的金融期货合约有数十种之多。金融期货交易占整个期货市场交易量的80%以上。在许多重要的金融市场上，金融期货交易量甚至超过了其基础金融工具的交易量。随着全球金融市场的发展，金融期货日益呈现国际化趋势，世界主要金融期货市场的互动性增强，竞争也日趋激烈。

2010年4月16日，中国金融期货交易所（简称中金所）推出沪深300股指期货，它是以沪深300指数作为标的物的期货品种。上证50股指期货与中证500股指期货于2015年4月推出。

三、金融期货的主要品种

1. 股票指数期货

股票指数期货简称股指期货，主要指以股票市场的价格指数作为其交易标的物的期货合约。它是目前金融期货市场最热门、发展最快的期货交易品种。由于股票指数是根据股票市场上有代表性的股票加权平均计算出来的，代表市场总体价格水平的指标，因此购买股票指数期货可使投资者享受高度多元化的好处，又免于实际购买指数中的一揽子股票的负担。

2. 利率期货

利率期货是以利率为标的物的期货合约，主要针对市场上债务资产的利率波动而设计，按期限的不同又可分为短期利率期货和长期利率期货，前者包括以国库券、定期存单、欧洲货币存款等短期信用工具的利率为标的的期货；后者主要是以中长期债券利率为标的的期货。

3. 外汇期货

外汇期货是以汇率为标的物的期货合约，又称货币期货，是适应各国从事对外贸易和金融业务需要而产生的，借以规避汇率风险。目前国际上外汇期货合约交易所涉及的货币主要有英镑、美元、欧元、日元、瑞士法郎、加拿大元、澳大利亚元和新加坡元等。

四、金融期货的主要交易制度

金融期货交易有一定的交易规则，这些规则是期货交易正常进行的制度保证，也是期货市场运行机制的外在体现。

1. 集中交易制度

金融期货在期货交易所或证券交易所进行集中交易。期货交易所是专门进行期货合约买卖的场所，是期货市场的核心。期货交易所为期货交易提供交易场所和必要的交易设施，制订标准化的期货合约，为期货交易制定规章制度和交易规则，监督交易过程，控制市场风险，保证各项制度和规则的实施，提供期货交易的信息，承担着组织、监督期货交易的重要职能。

期货交易制度有哪些？这六点要知晓——期货交易制度

2. 标准化的期货合约和对冲机制

期货合约是由交易所设计、经主管机构批准后向市场公布的标准化合约。期货合约对基础金融工具的品种、交易单位、最小变动价位、每日限价、合约月份、交易时间、最后交易日、交割日、交割地点、交割方式等都做了统一规定，除某些合约品种赋予卖方一定的交割选择权外，唯一的变量是基础金融工具的交易价格。交易价格是在期货交易所以公开竞价的方式产生的。

期货合约设计成标准化合约的目的是便于交易双方在合约到期前分别做一笔相反的交易进行对冲，从而避免实物交割。标准化的合约和对冲机制使期货交易对套期保值者和投机者产生强大的吸引力，他们利用期货交易达到为自己的现货商品保值或从中获利的目的。实际上绝大多数的期货合约并不进行实物交割，通常在到期日之前即已平仓。

3. 保证金制度及其杠杆作用

为了控制期货交易的风险和提高效率，期货交易所的会员经纪公司必须向交易所或结算所缴纳结算保证金，而期货交易双方在成交后都要通过经纪人向交易所或结算所缴纳一定数量的保证金。设立保证金的主要目的是当交易者出现亏损时能及时制止，防止出现不能偿付的现象。

期货交易的保证金是买卖双方履行其在期货合约中应承担义务的财力担保，起履约保证作用。保证金制度使每一笔期货交易都有与其所面临的风险相适应的资金作为财力保证，并能及时处理交易中发生的盈亏。这一制度为期货合约的履行提供了安全可靠的保障。

保证金的水平由交易所或结算所制定，一般初始保证金的比率为期货合约价值的 $5\% \sim 10\%$，但也有低至 1%，或高达 18% 的情况。由于期货交易的保证金比率很低，因此有高度的杠杆作用，使套期保值者能用少量的资金为价值量很大的现货资产找到回避价格风险的手段，也为投机者提供了用少量资金获取盈利的机会，这也是期货市场具有吸引力的重要原因。

4. 结算所和无负债结算制度

结算所是期货交易的专门结算机构，通常附属于交易所，但又以独立的公司形式组建。结算所通常也采取会员制，所有的期货交易都必须通过结算会员由结算机构进行，而不是由交易双方直接交收清算。结算所的职责是确定并公布每日结算价及最后结算价，负责收取和管理保证金，负责对成交的期货合约进行逐日清算，对结算所会员的保证金账户进行调整和平衡，监督管理到期合约的实物交割以及公布交易数据等有关信息。

结算所实行无负债的每日结算制度，又称逐日盯市制度，即以每种期货合约在交易日收盘前最后 1 分钟或几分钟的平均成交价作为当日结算价，与每笔交易成交时的价格进行对照，计算每个结算会员账户的浮动盈亏，进行随市清算。逐日盯市制度以 1 个交易日为最长的结算周期，对所有账户的交易头寸按不同到期日分别计算，并要求所有的交易盈亏都能及时结算，从而能及时调整保证金账户，控制市场风险。

案例链接

> **玉米期货的操作**
>
> 小王在玉米每吨 2 000 元时，预估玉米价格要下跌，于是在期货市场上与买家签订了一手合约，约定在半年内，小王可以随时卖给他 10 吨标准玉米，价格是 2 000 元/吨，合约价值为 2 000×10=20 000（元），按 10% 保证金算，小王应支付 2 000 元的履约保证金。这就是以 2 000 元的价格做空一手玉米。
>
> 买家为什么要同小王签订合约呢？因为他看涨玉米价格。签订合约时，小王手中并不一定有玉米。
>
> 若玉米价格下跌了，例如跌到 1 800 元/吨时，小王按 1 800 元/吨买了 10 吨玉米，以 2 000 元/吨卖给了买家，合约履行完毕，小王赚了：（2 000-1 800）×10=2 000（元）。
>
> 实际操作时，小王只需在 2 000 点卖出一手玉米，在 1 800 点买平就可以了。
>
> 相反，如果在半年内玉米价上涨，小王没有机会买到低价玉米平仓，就会被迫买高价玉米平仓，合约到期必须平仓，小王就会亏损，而同小王签订合约的买家就赚了。
>
> 例如玉米价格涨到 2 200 元/吨时，小王按 2 200 元/吨买了 10 吨玉米，以 2 000 元/吨卖给了买家，合约履行完毕，小王亏了：（2 200-2 000）×10=2 000（元）。
>
> 实际操作时，小王只需在 2 200 点买入一手玉米，在 2 000 点买平就可以了。

5. 限仓制度

限仓制度是交易所为了防止市场风险过度集中和防范操纵市场的行为，而对交易者持仓数量加以限制的制度。根据不同的目的，限仓可以采取根据保证金数量规定持仓限额、对会员的持仓量限制和对客户的持仓量限制等几种形式。通常，限仓制度还实行近期月份严于远期月份、对套期保值者与投机者区别对待、对机构与散户区别对待、总量限仓与比例限仓相结合、相反方向头寸不可抵消等原则。

6. 大户报告制度

大户报告制度是交易所建立限仓制度后，当会员或客户的持仓量达到交易所规定的数量时，必须向交易所申报有关开户、交易、资金来源、交易动机等情况，以便交易所审查大户是否有过度投机和操纵市场的行为，并判断大户的交易风险状况的风险控制制度。通常，交易所规定的大户报告限额小于限仓限额，所以大户报告制度是限仓制度的一道屏障，可以防止大户操纵市场的违规行为。对于有操纵市场嫌疑的会员或客户，交易所有权随时限制其建立新的头寸或要求其平仓。如果会员或客户不在交易所规定的时间内自行平仓，交易所有权对其强行平仓。

五、金融期货的经济功能

金融期货市场有多方面的经济功能，其中最基本的功能是规避风险和价格发现。

1. 规避风险

投资者通过购买相关的金融期货合约，在金融期货市场上建立与其现货市场相反的头寸，并根据市场的不同情况采取在期货合约到期前对冲平仓或到期履约交割的方式，实现其规避风险的目的。

从整个金融期货市场看，其规避风险功能之所以能够实现，主要有以下三个原因：

（1）众多的实物金融商品持有者面临着不同的风险，可以通过达成对各自有利的交易来控制市场的总体风险。例如，进口商担心外汇汇率上升，而出口商担心外汇汇率下跌，他们通过进行反向的外汇期货交易，即可实现风险的对冲。

（2）金融商品的期货价格与现货价格一般呈同方向变动。投资者在金融期货市场建立了与金融现货市场相反的头寸之后，金融商品的价格发生变动时，则必然在一个市场获利，而在另一个市场受损，其盈亏可全部或部分抵消，从而达到规避风险的目的。

（3）金融期货市场通过规范化的场内交易，集中了众多愿意承担风险而获利的投机者。他们通过频繁、迅速的买卖对冲，转移了实物金融商品持有者的价格风险，从而使金融期货市场的规避风险功能得以实现。

2. 价格发现

金融期货市场的价格发现功能是指金融期货市场能够提供各种金融商品的有效价格信息，帮助投资者确定交易价格。

在金融期货市场上，各种金融期货合约都有着众多的买者和卖者，他们能充分表达自己的愿望，所有的期货交易都是通过竞争的方式达成，从而使期货市场成为一个公开的自由竞争的市场，能够在相当程度上反映出投资者对金融商品价格走势的预期和金融商品的供求状况。因此，某一金融期货合约的成交价格，可以综合地反映金融市场各种因素对合约标的商品的影响程度，有公开、透明的特征。

六、股票指数期货

股市投资者在股票市场上面临的风险可分为两种：一种是股市的整体风险，又称为系统风险，即所有或大多数股票的价格一起波动的风险；另一种是个股风险，又称为非系统风险，即持有单个股票所面临的市场价格波动风险。通过投资组合，即同时购买多种风险不同的股票，可以较好地规避非系统风险，但不能有效地规避整个股市下跌所带来的系统风险。

进入 20 世纪 70 年代之后，西方国家股票市场波动日益加剧，投资者规避股市系统风险的要求也越来越迫切。由于股票指数基本上能代表整个市场股票价格变动的趋势和幅度，人们开始尝试着将股票指数改造成一种可交易的期货合约，并利用它对所有股票进行套期保值，规避系统风险。于是，1982 年 2 月 24 日，美国堪萨斯期货交易所率先推出价值线综合指数期货合约，正式开始股票指数期货这一新品种的交易。因具有比具体股票买卖成本低、抗风险性强等优点，这种新型的金融期货一经推出即受到广大投资者的热烈欢迎。同年 4 月，芝加哥商业交易所推出 S&P500 股价指数期货交易；5 月，纽约期货交易所推出纽约证券交易所综合指数期货合约。

美国股票指数期货交易的产生和发展，不仅大大促进了美国国内期货市场及其交易规模的迅速扩大，而且还引起了其他国家和地区的竞相效仿，各国纷纷开办具有各自特色的股票指数期货合约交易，从而形成世界性的股票指数期货交易的热潮。

1. 股指期货的合约规格

就总体而言，股价指数期货的合约规格与其他金融期货的合约规格没有多大区别。它一般也包括交易单位、最小变动价位、每日价格波动限制、合约月份、交易时间、最后交易日以及最后结算等项内容。然而，由于股价指数期货的标的物不同于其他金融期货，因此，其具体的合约规格也有自己独特的形式，主要表现在交易单位、最小变动价位、每日价格波动限制以及最后的结算方式上。现对这几方面分别做简要说明：

（1）交易单位。在股指期货交易中，合约的交易单位以一定的货币金额与标的指数的乘积来表示。在这里，一定的货币金额是由合约所固定的。因此，期货市场只以各该合约的标的指数的点数来报出它的价格。例如，S&P500 指数期货的交易单位是 500 美元乘以该期货标的指数的点数，即当 S&P500 指数的点数是 300 点时，该期货每张合约的价值为 150 000 美元（500 美元×300 点）。

（2）最小变动价位。股票指数期货的最小变动价位（即一个刻度）通常也以一定的指数点来表示。如 S&P500 指数期货的最小变动价位是 0.05 个指数点，由于每个指数点的价值为 500 美元，因此，就每个合约而言，其最小变动价位是 25 美元，表示交易中价格每变动一次的最低金额为每个合约 25 美元。

（3）每日价格波动限制。自 1987 年 10 月股灾以后，绝大多数交易所均对其上市的股票指数期货合约规定了每日价格波动限制，但各交易所的规定不同。这种不同既表现在限制的幅度上，也表现在限制的方式上。同时，各交易所还经常根据具体情况对每日价格波动限制进行调整。

（4）结算方式。以现金结算是股票指数期货交易不同于其他期货交易的一个重大特色。在现金结算方式下，每一个未平仓合约将于到期日得到自动的冲销，也就是说，在合约到期日，卖方无须支付股票，买方也无须支付合约总值，而只是根据最后结算价格计算出买卖双方的盈亏金额，通过借记或贷记保证金账户而得以结清。

案例链接

沪深 300 股指期货

中国证监会于 2010 年 1 月 12 日批复同意开展股指期货交易。在此之前，中金所已开展了沪深 300 股指期货的仿真交易。沪深 300 指数是通过选取中国股市中规模大、流动性好、日均成交金额高的 300 只 A 股作为样本股，并以通过分级靠档方法调整的股本为权数，采用派许加权综合价格指数进行计算而得出的。沪深 300 指数是沪深证券交易所第一次联合发布的反映 A 股市场整体走势的指数。它的推出丰富了市场现有的指数体系，增加了一项用于观察市场走势的指标，有利于投资者全面把握市场运行状况，也进一步为指数投资产品的创新和发展提供了基础条件。沪深 300 股指期货是以沪深 300 指数为标的的期货产品，其交易合约细则如表 5-1 所示。

表 5-1　沪深 300 股指期货交易合约细则

合 约 标 的	沪深 300 指数
合 约 乘 数	每点 300 元
报 价 单 位	指数点
最小变动价位	0.2 点
合 约 月 份	当月、下月及随后两个季月
交 易 时 间	上午 9:30—11:30，下午 13:00—15:00
每日价格最大波动限制	上一个交易日结算价的 ±10%
最低交易保证金	合约价值的 8%
交 割 方 式	现金交割
最 后 交 易 日	合约到期月份的第三个周五，遇法定节假日顺延
交 割 日 期	同最后交易日

（资料来源：中国金融期货交易所网站。）

2. 股指期货的特征

股指期货除了具有金融期货的一般特征外，与股票交易相比，它还有重要的优势及一些自身的特征，主要表现在以下几个方面：

（1）指数标的。股指期货合约的交易对象既不是具体的实物商品，也不是具体的金融工具，而是衡量各种股票平均价格变动水平的无形指数。

（2）卖空交易。股票卖空交易的一个先决条件是必须先从他人手中借到一定数量的股票。国外对于股票卖空交易的进行有严格的规定，并非人人可做，而进行指数期货交易则不然。实际上有半数以上的指数期货交易中都包括拥有卖空的交易头寸。对投资者而言，做空机制最富有魅力之处是，当预期未来股市的总体趋势将呈下跌态势时，投资人可以主动出击而非被动等待股市见底，使投资人在下跌的行情中也能有所作为。

（3）杠杆比率高。股指期货这种衍生工具之所以被广泛使用，主要与其高杠杆比率相关，高杠杆比率即收取保证金的比率较低。在英国，对于一个初始保证金只有 2 500 英镑的期货交易账户来说，它可以进行的富时 100 指数（FTSE 100）期货的交易量达 70 000 英镑，杠杆比率为 28:1。随着交易的进行，交易所会根据市场的价格变化情况，决定是否追加保证金或是否可以提取超额部分。

（4）流动性高。有研究表明，指数期货市场的流动性明显高于股票现货市场。

（5）交易成本低。相对现货交易，国外股指期货交易的成本是相当低的，只有股票交易成本的 1/10 左右。股指期货交易的成本包括交易佣金、买卖价差、用于支付保证金（也叫按金）的机会成本和可能的税项。例如在英国，期货合约是不用支付印花税的，并且购买股指期货只进行一笔交易，而想购买多种股票（如 100 种或者 500 种）则需要进行多笔、大量的交易，交易成本很高。

（6）现金交割。股指期货市场虽然是建立在股票市场基础之上的衍生市场，但股指期货交割以现金形式进行，即在交割时只计算盈亏而不转移实物。在股指期货合约的交割期投资者完全不必购买或者抛出相应的股票来履行合约义务，这就避免了在交割期股票市场出现"挤市"的现象。现实中机构投资者一般同时参与股票现货和股指期货两个市场，但现金交割方式本身意味着参与股指期货交易并不需要以参与股票现货市场为前提，这就为一些原先并不参与股票现货市场的投机者提供了一个新的选择。

案例链接

巴林银行的破产

英国巴林银行因遭受巨额损失，无力继续经营而于 1995 年 2 月 26 日宣布破产。从此，这个有着 233 年经营史和良好业绩的老牌商业银行在伦敦城乃至全球金融界消失。后来该行由荷兰国际银行保险集团接管。

巴林银行集团是英国伦敦城内历史最久、声名显赫的商人银行集团，素以发展稳健、信誉良好而驰名，其客户也多为显贵阶层，包括英国女王伊丽莎白二世。该行成立于 1762 年，当初仅是一个小小的家族银行，逐步发展成为一个业务全面的银行集团。到 1993 年年底，巴林银行的全部资产总额为 59 亿英镑（约合 87 亿美元），1994 年税前利润高达 1.5 亿美元。这样一家业绩良好的银行，为何在顷刻之间遭到灭顶之灾呢？

巴林银行倒闭的原因是多方面的，其直接原因是新加坡巴林公司期货经理尼克·里森错误地判断了日本股市的走向。1995 年 1 月，里森看好日本股市，分别在东京和大阪等地买了大量期货合同，期望在日经指数上升时赚取大额利润。谁知天有不测风云，日本阪神地震打击了日本股市的回升势头，股价持续下跌。巴林银行最后损失金额高达 14 亿美元之巨，而其自有资产只有几亿美元，亏损巨额难以抵补，这座曾经辉煌的金融大厦就这样倒塌了。从理论上讲，若能恰当使用金融衍生产品并不会增加市场风险，但其高杠杆性也必然会导致巨额风险。投资者垫付少量的保证金就能炒买炒卖大额合约来获得丰厚的利润，而往往无视交易潜在的风险，如果控制不当，那么这种投机行为就会招致不可估量的损失。

同时，巴林银行内部控制的缺失也不容忽视。事发时里森身兼清算部负责人和交易部负责人两个重要职位，在新加坡公司，他的行为没有得到有效的监控和约束。他轻松地利用了管理漏洞及公司内部规定缺陷，在已出现巨额亏损时未能及时止损，反而过度投资衍生产品，最终使巴林银行成为金融衍生产品交易市场的牺牲品。

3. 股指期货的交易策略

（1）套期保值交易策略。套期保值是指为了避免现货市场上的价格风险，而在期货市场上采取与现货市场上方向相反的买卖行为，即对同一种商品在现货市场上买进（卖出），同时在期货市场上卖出（买进）。

（2）套利交易策略。股指期货合约实际交易价格恰好等于股指期货合约理论价格的情况非常少，大多数情况是股指期货合约实际交易价格高于或低于股指期货合约理论价格，被称为期价高估或低估，这是进行套利交易的必要条件。当期指价格超过现指价格一定范围时，在期货市场和现货市场中进行买期货抛现货或是买现货抛期货，以获得无风险的利润，即为套利交易策略。其基本步骤为：

1）估计或计算期货合约无套利区间的上下界。

2）确定是否存在套利机会。

3）确定交易规模。

4）确定与交易规模相称的期货合约数量。

5）同时进行股指合约与股票交易。

6）结束后，同时了结头寸。

（3）价差交易策略。价差交易是针对期货市场上具有关联的不同期货合约之间的不合理价格关系进行交易，目的是博取差价利润，包括跨市场价差套利和跨品种价差套利。

1）跨市场价差套利。跨市场价差套利是指在不同市场上市的同一品种、同一交割月份的合约进行价差交易，也称为跨市套利交易。交易者利用两个相同合约之间的价格差，在一个交易所买进期货合约，在另一个交易所卖出期货合约，建立一个跨市套利头寸，当这两个期货合约的期价重新相等时再进行平仓，以获得跨市套利利润。

2）跨品种价差套利。跨品种价差套利是指对两个具有相同交割月份但不同品种的指数期货价格差进行套利交易。当然这两个指数之间必须有很高的相关性。

（4）投机交易策略。投机交易是指单边持仓投机，投机者预测后市将上涨时买进股指期货合约，预测后市将下跌时卖出股指期货合约。前者称为多头投机，后者称为空头投机。

单元二　金融期权

一、金融期权的概念及特征

1．金融期权的概念

金融期权是指赋予其购买者在规定期限内按双方约定的价格购买或出售一定数量某种金融资产的权利的合约。期权购买者向期权出售者支付一定的费用后，即获得了能在未来某一特定时间，以某一特定价格向期权出售者买进或卖出一定数量的金融资产的权利。同时，期权的购买者也有权选择不执行该权利，即选择不买或不卖，因此期权交易也称为选择权交易。

2．金融期权的特征

与金融期货相比，金融期权的主要特征在于它仅仅是买卖权利的交易。期权的买方在支付了期权费后，就获得了期权合约所赋予的权利，即在期权合约规定的时间内，以事先确定的价格向期权的卖方买进或卖出某种金融工具的权利，但并没有必须买进或卖出此种金融工具的义务。期权的买方可以选择行使其所拥有的权利；期权的卖方在收取期权费后就承担着在规定时间内履行该期权合约的义务，即当期权的买方选择行使权利时，卖方必须无条件地履行合约规定的义务，而没有选择的权利。

二、金融期权的产生与发展

期权交易被引入金融市场，首先是以单一的现货股票作为交易对象的。这种以单一的现货股票为标的物的期权交易形式就被称为"股票期权"。股票期权早在 19 世纪即已在美国产生，但在 1973 年之前，这种交易都分散在各店头市场进行，因而交易的品种比较单一，交易的规模也相当有限。直到 1973 年 4 月 26 日，全世界第一个集中性的期权市场——芝加哥期权交易所（CBOE）成立，从此开始了集中性的场内期权交易。

此后，芝加哥期权交易所又开始了非股票期权交易的探索。1982 年，由芝加哥期权交易所首次引入美国国库券期权交易，成为利率期权交易的开端。同在 1982 年，外汇期权也产生了，它首次出现在加拿大蒙特利尔交易所（ME）。该年 12 月，费城股票交易所也开始了外汇期权交易。1983 年，芝加哥商品交易所（CME）开始进行 S&P500 期权交易，它标志着股票指数期权的诞生。1984 年，外汇期货期权在芝加哥商品交易所的国际货币市场（IMM）登台上演。随后，期货期权迅速扩展到欧洲美元存款、90 天短期及长期国库券、国内存款证等债务凭证期货，以及黄金期货和股票指数期货，几乎所有的期货都有相应的期权交易。在所有的金融工具中，以期权合约结构最为复杂，品种也最多。可以说，它是现代金融工程学的精华之所在，也是现代金融创新技术的集中体现。

中国自加入世界贸易组织（WTO）以来，金融市场开放程度逐步加大，金融创新也越来越普遍。无论是从金融机构发展核心竞争力的角度，还是从管理部门实施金融监管的角度，了解金融创新的机理都是极为必要的。为此，我们有必要对金融期权进行剖析，了解各种衍生技术，掌握现代金融创新之精要。

证监会按程序批准上交所、深交所上市沪深 300ETF 期权，中金所上市沪深 300 股指期权。2019 年 12 月 14 日，中金所发布沪深 300 股指期权合约及相关业务规则，标志着沪深 300 股指期权合约及规则准备工作正式完成。深圳证券交易所于 2019 年 12 月 23 日上市嘉实沪深 300ETF 期权合约品种。2019 年成为我国金融期权的元年。

> **案例链接**
>
> #### 中行"原油宝"事件，一场生动的金融风险警示课
>
> 2020 年受新冠肺炎疫情、地缘政治、短期经济冲击等综合因素影响，国际商品市场波动剧烈。2020 年 4 月，美国西德克萨斯中质原油（WTI）5 月合约期货价暴跌成负值后，中国银行（下称中行）的一款金融产品"原油宝"爆仓。
>
> 原油宝是中行面向个人客户发行的与境内外原油期货合约挂钩的交易产品。其中，美国原油产品对应的基准标的是 WTI 原油期货合约，英国原油产品对应的基准标的是布伦特原油期货合约。个人客户可以根据自己对市场的判断进行做多与做空双向选择交易。中行作为做市商为投资者提供报价，并进行风险管理。此次爆仓的是与美国 WTI 原油挂钩的 2020 年 5 月份期货合约。2020 年 4 月 21 日，美国原油期货市场跌破零元关口，出现历史上首次负值。美国 WTI 原油 5 月合约大幅下挫，最终以 -37.63 美元的价格收市，跌幅超过 300%。由于中行的原油宝与美国原油挂钩，美油的暴跌导致原油宝也出现巨额损失。中行宣布以芝加哥商品交易所（CME）官方结算价对客户进行结算或移仓。很多投资者不但本金全部损失，而且还倒欠银行大额资金。据国内财经媒体的报道，"原油宝"6 万余

客户共损失保证金 42 亿元，中行初期预估客户的倒欠金额超过 58 亿元。

在此次事件中，中行明显将一款高风险金融产品打包成类似个人理财的普通金融产品，同时卖给数万名没有风险承担能力的普通个人客户。"原油宝"在产品设计存在三个主要的缺陷。第一，整个投资组合过分集中。原油宝对当月合约的持仓比例非常高，这是一个缺陷。第二，对于整个移仓过程中的交易成本和产生的风险的预测不足，对于整个市场波动的控制可能没有做好充分的准备。第三，风险的不匹配，或者信息披露的不完备。中行在向散户、向零售客户推荐产品的时候，没有将产品风险进行有效的披露。

"原油宝"事件可以说是我国金融史上一个标志性的事件，它再一次让我们深刻的意识到了风险无处不在，我们在鼓励金融创新的同时，应充分认识、掌控创新背后的风险。同时，投资者也需要树立风险意识，提升金融知识素养，加强风险防范观念。投资者在追求投资财富的同时，也需要加强自身金融知识储备，树立正确的投资理财理念，增强风险防范意识。

三、金融期权的类型

（1）看涨期权和看跌期权。按合约规定的对标的物的处置权利不同，期权可分为看涨期权和看跌期权：①看涨期权又称为买进期权，是指期权的买方向期权的卖方支付一定数额的权利金后，即拥有在期权合约的有效期内，按事先约定的价格向期权卖方买入一定数量的期权合约规定的金融资产的权利，但不负有必须买进的义务。而期权卖方有义务在期权规定的有效期内，应期权买方的要求，以期权合约事先规定的价格卖出期权合约规定的金融资产。②看跌期权又称为卖出期权，是指期权的买方向期权的卖方支付一定数额的权利金后，即拥有在期权合约的有效期内，按事先约定的价格向期权卖方卖出一定数量的期权合约规定的金融资产的权利，但不负有必须卖出的义务。而期权卖方有义务在期权规定的有效期内，应期权买方的要求，以期权合约事先规定的价格买入期权合约规定的金融资产。

（2）美式期权和欧式期权。按交割时间不同，期权可分为美式期权和欧式期权：①美式期权是指在期权合约规定的有效期内任何时候都可以行使权利。②欧式期权是指在期权合约规定的到期日方可行使权利，期权的买方在合约到期日之前不能行使权利，过了期限，合约则自动作废。

（3）场内期权和场外期权。根据交易的场所不同，期权可分为场内期权和场外期权：①场内期权是指在集中性的交易场所内进行的标准化的期权交易。②场外期权也称为"店头市场期权"或"柜台式期权"，是指在非集中性的交易场所进行的非标准化的期权交易。两者的根本区别在于期权合约是否标准化。场内期权的交易数量、协定价格、到期日以及履约时间等均由交易所统一规定，而场外期权的交易数量、协定价格、到期日以及履约时间等由交易双方协定。

（4）股票/股指/利率/外汇/期货期权。按原生工具不同，期权可分为股票期权、股票指数期权、利率期权、外汇期权和金融期货合约期权。

四、金融期权的价格

1．金融期权价格的构成

金融期权的价格主要由两个部分构成，即内在价值和时间价值。

（1）内在价值。内在价值也称为履约价值，是期权合约本身具有的价值，即期权购买者如果立即执行期权所能获得的收益。例如，某一股票的市场价格为每股 40 美元，而以这种股票为标的物的看涨期权的协定价格为每股 30 美元。如果这一看涨期权的交易单位为 100 股该种股票，那么购买者只要执行此期权即可获得 1 000 美元 [（40-30）美元 / 股 ×100 股 = 1 000 美元] 的收益。这 1 000 美元的收益就是该看涨期权的内在价值。可见，期权有无内在价值和内在价值的大小，取决于该期权的协定价格与标的物市场价格之间的关系。

（2）时间价值。时间价值也称为外在价值，是指期权购买者为购买期权而实际支付的期权费超过该期权内在价值的那部分价值。期权购买者之所以乐于支付这部分额外价值，是因为随着时间的推移和市场价格的变动，该期权的内在价值可能会增加。这部分时间价值随着到期日的临近而减少，期权到期日的时间价值即为零。

与内在价值不同，时间价值通常不易直接计算。因此，它一般使用实际的期权价格减去该期权的内在价值而求得。例如，债券的市场价格为 108 美元，以该债券为标的物的期权协定价格为 102 美元，看涨期权的期权费为 7 美元，这样该期权的内在价值为 6 美元（108 美元 – 102 美元），而它的时间价值为 1 美元（7 美元 –6 美元）。

2．影响金融期权价格的主要因素

金融期权的价格决定是金融期权交易的核心。金融期权价格受到许多经济因素的影响，且影响的方式也很复杂。这里选择几个主要的因素进行阐述。

（1）协定价格和市场价格。协定价格与市场价格是影响期权价格的最重要的因素，这两种价格及其相互关系不仅决定着内在价值，而且影响着时间价值。无论是看涨期权还是看跌期权，期权的内在价值都取决于协定价格和市场价格之间的差距。这一差距越大，内在价值就越大；这一差距越小，内在价值就越小。同时，时间价值的大小也取决于这一差距的大小，只是与内在价值的变动方向恰好相反。

（2）权利期间。金融期权交易中，权利期间是金融期权买卖日至到期日之间的时间。权利期间对期权的时间价值有着直接影响。一般来说，在其他条件不变的情况下，权利期间越长，则时间价值越大，期权价格就越高；权利期间越短，则时间价值越小，期权价格就越低。

（3）利率。利率，尤其是短期利率，是影响期权价格的一个重要因素。由于期权是具有内在价值的金融资产，因此必然会受到利率因素的影响。一般来说，利率对看涨期权的价格有正向影响，而对看跌期权有负向影响。

（4）标的物价格的波动性。标的物价格的波动性对期权价格的影响很大，这种影响是通过时间价值来实现的。波动性越大，则在期权到期时，标的物的市场价格涨至协议价格以上或跌至协议价格以下的可能性就越大，期权价格也就越高，反之则越低。如果价格没有波动，期权就没有存在的必要。

单元三　可转换债券

一、可转换债券的概念与意义

1. 可转换债券的概念

可转换债券，是指其持有者可以在一定时期内按一定比例或价格将之转换成一定数量的另一种证券的债券。可转换债券通常是转换成普通股票,因此,实际上是一种长期的股票看涨期权。

当公司准备发行证券筹集资金时,可能由于市场条件不利,不适宜发行普通股票;可能由于市场利率过高,发行一般信用债券必须支付较高利息而加重公司的利息负担;也可能由于公司正面临财务或经营上的困难,投资者对其发行的普通股票和一般信用债券缺乏信心。此时,公司为降低发行成本,及时募集所需资金,可发行可转换债券。由于可转换债券给予了投资者一定的转换权利,从而可增强对投资者的吸引力,故其利率一般略低于同类信用债券,因而可节省发行成本。

另外,很多国家的法令禁止商业银行和其他金融机构投资普通股票,而可转换债券属于债券,不在禁止范围内。发行公司为吸引这些大机构投资者,也为了满足其资产组合和享受普通股增值收益的需要,而选择发行可转换债券。

2. 可转换债券的意义

(1)对公司而言,可转换债券不仅以它较低的利率为公司提供财务杠杆作用,而且今后一旦转换成普通股票,既能使公司将原来筹集的有期限限制的资金转化为长期稳定的股本,又可节省一笔可观的股票发行费用,同时还可避免摊薄效应对股价的影响。

(2)对投资者而言,可转换债券的吸引力在于,当普通股票市场疲软或发行公司财务状况不佳、股价低迷时,可以得到稳定的债券利息收入并有本金安全的法律保障;当股票市场趋于好转或公司经营状况有所改观、股价上扬时,又可享受普通股股东的丰厚股息和资本利得。所以当投资者对公司普通股票的升值抱有希望时,愿意以接受略低的利率为代价而购买可转换债券。

二、可转换债券的特征

(1)可以转换成股票。可转换债券的最主要特征是可以在一定条件下转换为股票,其转换条件一般在发行时就做出了规定。该转换条件既可以用转换比例表示,也可以用转换价格表示。

(2)有事先规定的转换期限。可转换债券在发行前的公告中必须规定一个转换期限。该证券持有者只有在这一期限内才可行使转换权,过期不得转换。

(3)持有者的身份随着证券的转换而相应转换。在发行后至转换前的一段时间内,可转换债券以债券的形式存在,其持有者是公司的债权人,可按期获得固定债息。一旦持有者行使转换权后,原来的债券便不复存在,持有者的身份也转换为普通股股东,可分享普通股增值所带来的潜在收益。

(4)市场价格变动比一般债券频繁,并随本公司普通股票价格的升降而增减。当普通股票价格上升时,可转换债券的价格随之上涨;反之,当普通股票价格下跌时,可转换债券的价格也下跌,但此时它仍可作为债券出售,其价格一般不会低于相同类型、相同期限的债券价格。由于可转换债券价格多变,因此,它也是一种风险较大、投机性较强的投资工具。

总而言之,可转债同时兼具债券性、股票性和可转换性。

三、可转换债券的要素

1. 转换比例

转换比例是指一定面额可转换债券可转换成普通股的股数,用公式表示为

$$转换比例 = 可转换债券面值 / 转换价格 \tag{5-1}$$

举例来说，如果债券面额为 1 000 元，规定其转换价格为 20 元，则转换比例为 50，即 1 000 元债券可按每股 20 元的价格转换为 50 股普通股票。

2. 转换价格

转换价格是指可转换债券转换为每股普通股份所支付的价格，用公式表示为

$$转换价格 = 可转换债券面值 / 转换比例 \tag{5-2}$$

3. 转换期限

可转换债券具有一定的转换期限，指可转换债券转换为普通股份的起始日至结束日的期间。转换期限通常是从发行日之后若干年起至债务到期日止，但大多数情况下，发行人都规定某一具体期限。在有效期限内，允许可转换债券持有者按转换比例或转换价格转换成发行人的股票。在很多情况下，公司还规定在有效期限内转换比例逐渐递减或是附赎回条款。

四、分离交易可转换债券

1. 分离交易可转换债券的定义

分离交易可转换债券，即认股权和债券分离交易的可转换公司债券，指投资人可以在约定的时间、约定的条件下，按照约定的价格认购公司的股票。分离交易可转债是一种公司债券和认股权证的创新产品组合，虽然二者是捆绑在一起发行的，但权证的使用并不影响债券的持有以及债券利息的获得。我国证监会于 2006 年 5 月发布的《上市公司证券发行管理办法》将分离交易可转债列为上市公司的再融资新品种。

2. 分离交易可转换债券的特征

（1）一次发行，两次融资。

（2）捆绑发行，分离交易。

（3）票面利率低，债券期限长。

（4）发行限制严，投资风险小。

3. 分离交易可转债与一般可转债的区别

分离交易可转债与一般可转债的区别可归纳为权利载体不同、行权方式不同和权利内容不同。其中，二者的本质区别在于分离交易可转债中债券和认股权可分离交易。而且，分离交易可转换债不设重设和赎回条款，有利于激励发行公司通过业绩增长促进转股，可以保护投资人的利益。两者具体区别如表 5-2 所示。

表 5-2　分离交易可转债与一般可转债的区别

项　目	一般可转债	分离交易可转债
认股权和债券分离交易	否	是
重设和赎回条款	有	无
认股权与债券的到期日	同步	不同步

知识拓展　金融衍生工具的风险控制

1．投资者应具备较强的承受与控制风险的能力

（1）投资者要具备极强的风险意识。投资者一定要认识到进行金融资产的投资，包括原生金融工具和衍生金融工具，不像简单地把钱存到银行，更不是赌博，而是相当于买一件商品，只不过这个商品不是日常的食物、衣服等有形商品，而是在投资账户中的一些数字，是无形的。这个商品有可能越来越值钱，也有可能跌价很厉害，甚至跌到一文不值。对于金融衍生工具这种更加复杂的商品，投资者需要深入、仔细地研究。具备较强的风险意识是进入金融衍生市场的先决条件。

（2）投资者要具备较强的风险承受能力。作为投资者要能够"赔得起"，即在投资上赔掉的钱不会影响自己的基本生活。绝对不能拿准备给孩子上学的钱、准备买房子的钱、准备结婚的钱，甚至是拿养老的钱来买期货和期权，一旦亏掉，后悔不说，还会引发巨大的家庭矛盾，甚至造成严重的生活困难。用来投资金融衍生工具的资金，一定要控制在风险可以承受的范围内，保持良好的心态参与投资，如果没有这种心态，则建议不要投资金融衍生工具。

（3）投资者需要用严格的投资纪律来控制风险。如果投资者认识到金融衍生工具的风险，准备用少量的资金参与投资，博取比较大的收益，那么一定要具备制订投资计划、执行投资计划的能力，毕竟投资的目的还是希望多赚少赔。

投资者在购买金融衍生产品之前制订操作计划的主要步骤是：①确定交易性质，判断本次交易的性质是积极看好长期趋势，认为该产品会有至少翻倍的涨幅，还是抢一个短期的反弹，赚取一定（比如20%）的利润。②估计一个风险收益比，根据风险收益比来确定自己的仓位和止损位。③严格按计划执行，一旦触发止损点，就需要果断卖出，防止损失进一步加大。有舍才有得，既然选择了投资金融衍生产品，就必须要根据产品的特点来进行操作，宁可错过，也不可大错，控制重大损失，在金融衍生市场生存下来才是最重要的。

2．投资者应具备扎实的基本分析能力

投资金融衍生产品，除了要对原生金融工具进行基本面分析外，还要能够辨析金融衍生产品的基本条款。

（1）熟悉原生金融资产的基本面。如果对于原生金融工具的价格趋势判断有误，金融衍生工具的杠杆效应将会放大投资者的亏损。同时，把握原生金融工具的趋势变化也是寻找金融衍生产品买点与卖点的重要依据。

（2）了解金融衍生产品的基本条款和价值影响因素。作为计划参与金融衍生产品交易的投资者，需要事先对金融衍生产品的基本条款信息有全面的了解，才能避免到期忘了行权等低级错误。同时投资者还需要了解哪些因素会影响金融衍生产品的价格以及影响的方式。

3．投资者还应具备过硬的技术分析能力

技术分析能力反映的是投资者对于市场语言的解读能力，特别是参与杠杆率较高的期权、期货产品的交易，技术分析能力尤显重要。

职业提示 ➡

要把发展经济的着力点放在实体经济上

党的二十大报告强调，"要把发展经济的着力点放在实体经济上"，这为期货行业在发挥市场功能助力大宗商品保供稳价、持续提升服务实体经济的深度和广度上提供了战略指引和着力方向。期货行业应主动融入发展大局，充分发挥期货专业价值，全面推进乡村振兴，大力服务实体经济。期货行业可将精准投研分析与定制化方案设计相结合，形成现货点价指导、行情视点跟踪、跟盘策略提示等多重服务为一体的投研服务体系，以贴合产业实战的投研水平助力企业降本增效。通过各类期权创新组合方案，帮助企业尤其是中小企业规避大宗商品价格的剧烈波所动带来的成本压力和价格波动风险，降低资金压力，拓展经营渠道。

复习思考题

一、单项选择题

1. 金融衍生品产生的首要目的是（　　　）。
   A. 转移风险　　　　　　　　　　B. 价格发现
   C. 投机　　　　　　　　　　　　D. 获得更大的投资收益

2. 金融期货业务具有避险作用的主要原因在于（　　　）。
   A. 期货市场的盈亏可与现货市场全部或部分抵消
   B. 具有较高的复杂性
   C. 具有较高的财务杠杆作用
   D. 产品设计具有高度的灵活性

3. 第一张利率期货合约推出的时间和地点是（　　　）。
   A. 1972年5月，美国芝加哥商业交易所国际货币市场分部
   B. 1975年10月，美国芝加哥期货交易所
   C. 1982年2月，美国堪萨斯期货交易所
   D. 1973年6月，伦敦期货交易所

4. 股票指数期货的合约标的物是（　　　）。
   A. 某一只股票
   B. 衡量各种股票平均价格变动水平的指数
   C. 一篮子股票
   D. 所有上市交易的股票

5. 以下不属于金融期货合约标准化范围的是（　　　）。
   A. 合同面额　　　B. 交割时间　　　C. 保证金比率　　　D. 合同标的物

6. 期权购买者如果立即执行期权所能获得的收益指的是期权的（　　　）。
   A. 内在价值　　　B. 时间价值　　　C. 外在价值　　　D. 市场价值

7. 一般来说，市场利率提高，看跌期权的价格会（　　　）。
   A. 上升　　　　　B. 下降　　　　　C. 不变　　　　　D. 不确定

8. 欧式期权所规定的行使权利时间为（　　　　）。

    A. 合约规定的有效期内任何时候

    B. 签订合同后的两个营业日内

    C. 合约到期日之后的第一个营业日

    D. 合约规定的到期日

9. 期权到期日的时间价值为（　　　　）。

    A. 期权合同的内在价值　　　　　　　　B. 0

    C. 期权合同的投资收益　　　　　　　　D. 期权合同的潜在价值

10. 下列叙述正确的是（　　　　）。

    A. 期权的内在价值与协定价格和市场价格二者之间的差距成正比

    B. 期权的内在价值与协定价格和市场价格二者之间的差距成反比

    C. 期权的时间价值与协定价格和市场价格二者之间的差距成正比

    D. 期权的时间价值与内在价值成正比

二、多项选择题

1. 金融期货最基本的经济功能包括（　　　　）。

    A. 规避风险　　　　B. 套期保值　　　　C. 价格发现　　　　D. 投资

2. 按合约规定的对标的物的处置权利不同，期权可以分为（　　　　）。

    A. 看涨期权　　　　B. 看跌期权　　　　C. 远期期权　　　　D. 即期期权

3. 按交割时间不同，期权可以分为（　　　　）。

    A. 美式期权　　　　B. 欧式期权　　　　C. 远期期权　　　　D. 即期期权

4. （　　　　）是可转换证券的主要类型。

    A. 可转换普通股　　B. 可转换优先股　　C. 可转换债券　　　D. 可转换权证

5. 金融期权价格主要由（　　　　）构成。

    A. 内在价值　　　　B. 市场价值　　　　C. 时间价值　　　　D. 投资价值

6. 股票指数期货的特点有（　　　　）。

    A. 杠杆比率高　　　B. 流动性高　　　　C. 交易成本低　　　D. 现金交割

7. 金融衍生工具（　　　　）。

    A. 是从原生资产派生出来的金融工具

    B. 是低风险高收益产品

    C. 可以规避资金运作的风险

    D. 具有投机性质

8. 可转换债券兼具（　　　　）。

    A. 债券性　　　　　B. 股票性　　　　　C. 转换性　　　　　D. 时效性

9. 以下关于可转换债券的意义说法正确的是（　　　　）。

    A. 以较低的利率为公司提供财务杠杆作用

    B. 可以节省一笔可观的股票发行费用

    C. 无法避免摊薄效应对股价的影响

    D. 当投资者预期公司普通股票将贬值时，愿意以接受略低的利率为代价而购买可转换债券

10. 以下属于期权交易策略的是（　　　　　）。

　　A. 买入保护性看跌期权　　　　　　B. 持保看涨期权

　　C. 跨式套利策略　　　　　　　　　D. 价差策略

三、简答题

1. 金融期货市场主要有哪些经济功能？

2. 简述金融期权的特征。

3. 可转换债券有哪些特征？

四、论述题

1. 结合美国次贷危机分析金融衍生产品的缺陷，并探讨如何有效控制其缺陷。

2. 试述发行可转换债券的原因及意义。

能 力 训 练

模拟期货、期权交易操作

实训要求：

利用实验室系统软件或网络交易平台进行股指期货的模拟交易操作；利用实验室系统软件或网络交易平台进行期权的模拟交易操作。

实训目的：

熟悉操作流程并应用学过的分析方法来分析和判断市场走势。

实训安排：

1. 教师讲述股指期货与股指期权的相关操作技巧。

2. 学生分组完成股指期货与股指期权的模拟操作。

教师注意事项：

1. 讲解操作要点。

2. 检查学生分组是否合理。

3. 组织学习资源的配置。

资源：

图书馆相关数据库，网络资源，参考书。

实训评价：

表 现 要 求	是 否 适 用	已 达 要 求	未 达 要 求
操作流程的掌握			
模拟交易的结果			
对整个模拟交易的认识与把握			
完成模拟交易过程知识与经验的运用			

module 6

模块六
证券发行市场

知识目标

掌握证券发行市场的构成要素、证券发行市场的功能；熟悉我国股票发行的条件和流程；熟悉股票的退市制度和强制退市条件；了解债券的发行和承销。

能力目标

能够协助跟进股票发行的流程；能够针对证券发行的相关业务提供简要的咨询服务。

素质目标

通过了解我国证券发行制度，增强市场经济意识，培养尊重科学、实事求是、遵纪守法、廉洁奉公、爱岗敬业的良好职业道德。

案例导读

良品铺子 IPO

2020年2月24日，被称为"零食届BAT"之一的良品铺子（SH：603719）正式在上交所主板市场上市，首次公开发行股票4 100万股，占发行后公司总股本10.22%。良品铺子是2020年湖北省的第一家上市企业，也是上交所第一家举办网络上市仪式的企业。

良品铺子创办于2006年，起初仅仅是个30平方米的小店，当时的中国零食市场才刚刚起步。良品铺子坚持不断地改造和升级，不放过任何一个可以成长的机会。2012年，良品铺子借助互联网的势头做起电商，短短三年实现线上线下45亿元的销售额突破。2016年，良品铺子已经坐拥2 000多家连锁店，成为零食届的领头羊之一。

良品铺子在其首次公开发行股票招股意向书中，将其竞争优势总结为以下四个方面：①品牌优势。公司形成了"选优质的良品，做贴心的铺子"的品牌价值输出战略，打造高端零食品牌。②全渠道融合优势。公司通过构建门店终端、电商平台、移动APP、O2O销售平台等全方位的销售渠道网络，形成了"不断接近终端，随时提供服务"的销售渠道布局。③供应链管理优势。公司以供应计划为调控枢纽，以物流管理为供应保障，以质量管理为安全保障，对产品的采购、仓储、物流、交付实行全流程控制和管理。④产品研发优势。公司在产品的品类、工艺及口味特点等方面不断探索，推陈出新，以满足消费者不断变化的消费需求，形成覆盖肉类零食、坚果炒货、糖果糕点、果干果脯、素食山珍等多个品类1 000余种的产品组合。除以上四点之外，公司还有信息管理优势以及人才管理优势。当然，良品铺子的顺利上市，离不开今日资本和高瓴资本两家显赫的投资机构的战略加盟。

（资料来源：根据上海证券交易所"良品铺子首次公开发行股票招股意向书"整理。）

提出疑问：

1. 什么是IPO？股票发行还有哪些类型？
2. 证券发行市场对企业发展有什么作用？
3. 我国股票发行的流程要经过哪些步骤？
4. 两家投资机构的加盟对推动良品铺子IPO起到了怎样的作用？

债券和股票的顺利发行需要一个成熟的金融市场——证券发行市场。证券发行是证券发行人将证券首次出售给投资者的行为，因此证券发行市场又称一级市场。证券发行市场一般不存在一个固定的场所，属于无形市场，它为资金需求方提供获取资金的途径，同时也为资金供给方（投资者）提供投资的渠道。

零食届企业踏上IPO成长快速路——证券发行市场的基本情况

进 入 学 习

单元一　证券发行市场的基本情况

一、证券发行市场的概念及构成要素

证券发行市场是指证券发行人通过发行证券募集资金的市场。由于发行市场是发行新的证

券的场所，因此又称初级市场或一级市场。相应地，二级市场是指证券交易的市场。证券发行市场是证券交易市场的基础和前提，没有发行市场就不可能有交易市场；而证券交易市场又是发行市场的条件，没有完善的交易市场，发行市场就难以生存和发展。

证券发行市场是一个无形市场，它不存在某个固定的场所。证券发行人一般直接或通过中介机构向社会招募，投资者购买其证券的交易行为即构成证券发行市场。证券发行市场是由证券发行人、证券投资者和中介机构等要素构成的。

1．证券发行人

证券发行人是指为筹措资金而发行证券的政府组织、金融机构、工商企业，它们是证券的供应者，同时也是资金的需求者。

2．证券投资者

证券投资者是指通过购买证券以获取相应权益的个人、政府组织、金融机构和工商企业，他们是资金的供给者，同时也是证券的需求者。

3．中介机构

证券中介机构是指为证券市场的参与者，即证券发行人和投资者，提供各种服务的专职机构，包括证券公司及证券登记结算公司、证券投资咨询公司、证券信用评级机构等证券服务机构。

二、证券发行方式

根据不同的分类标准，证券发行有多种分类方式。

1．按发行对象不同，可分为私募发行和公募发行

（1）私募发行。私募发行又称不公开发行或内部发行，是指仅向少数特定投资者发行证券的一种方式。发行对象一般是与发行者有特定关系的投资者，发行规模小，手续相对比较简单。

（2）公募发行。公募发行又称公开发行，是指向不特定的投资者广泛发行证券的一种方式。公募发行涉及众多投资者，筹资量大，其社会责任与影响大，发行的条件比私募发行要高，并须经政府的核准。公募发行的不足之处在于发行过程复杂，发行成本较高。

2．按照发行过程不同，可分为直接发行和间接发行

（1）直接发行。直接发行是指发行人不通过证券承销机构而由自己发行证券的一种方式。发行人自己直接发行股票，一般多为私募发行。

（2）间接发行。间接发行也称承销发行，是指发行人将证券发行业务委托给一家或几家证券承销机构的一种发行方式。

3．按发行手段不同，可分为网上发行和网下发行

（1）网上发行。网上发行是指利用证券交易所的交易网络，新股或新债发行的主承销商在证券交易所挂牌销售，投资者通过证券营业部交易系统申购新股的发行方式。根据发行价格和认购者的确定方式不同，网上发行又可分为以下几种具体形式：

1）网上竞价发行。网上竞价发行是指主承销商利用证券交易所的交易系统，以自己作为唯一的"卖方"，按照发行人确定的底价将公开发行证券的数量输入其在证券交易所的股票发行专户，投资者则作为"买方"，在指定时间通过证券交易所会员交易柜台，以不低于发行底价的价格及限购数量，进行竞价认购的一种发行方式。

2）网上定价发行。网上定价发行是指事先规定发行价格，再利用证券交易所先进的交易系统来发行证券的方式，即主承销商利用证券交易所的交易系统，按已确定的发行价格向投资者发售证券。

3）网上累计投标询价发行。网上累计投标询价发行是指利用证券交易所的交易系统，通过向投资者在价格申购区间的询价过程来确定发行价格并向投资者发行新股或新债的方式。

4）网上定价市值配售。网上定价市值配售是指在新股或新债网上发行时，将发行总量中一定比例或者全部的新股向二级市场投资者配售的方式。投资者根据其持有上市流通证券的市值和折算的申购限量，自愿申购新股或新债。如果新股或新债发行中市值配售的比例不到100%，则市值配售与网上定价发行同时进行，两种发行方式各自最终的发行数量还可能取决于申购后回拨机制的实施情况。

（2）网下发行。网下发行是指不利用证券交易所的交易系统发行新股或新债的方式，具体包括以下几种形式：

1）全额预缴款、比例配售、余款即退。这种发行方式是指投资者在规定的申购时间内，将全额申购款存入主承销商在收款银行设立的专户中；申购结束后，转存银行专户进行冻结，在对到账资金进行验资和确定有效申购后，根据证券发行量和申购总量计算配售比例，进行配售，余款返还投资者。

2）全额预缴款、比例配售、余款转存。这种发行方式在全额预缴、比例配售阶段的处理方式与"全额预缴款、比例配售、余款即退"的处理方式相同，但申购余款转为存款，利息按银行存款利率计算。该存款为专项存款，不得提前存取。

3）与储蓄存款挂钩。这种发行方式是指在规定期限内无限量发售专项定期存单，根据存单发售数量、批准发行证券数量及每张中签存单可认购证券数量的多少确定中签率，通过公开摇号抽签方式决定中签者，中签者按规定的要求办理缴款手续。此种发行方式按具体做法不同，又分为专项存单方式和全额存款方式两种。

案例链接

创意小家电第一股——小熊电器IPO

2019年8月23日，小熊电器股份有限公司在深交所中小板首次公开上市，股票代码002959，发行股票数量3 000万股。2019年7月17日～18日为初步询价期间。保荐机构（主承销商）通过深交所电子平台系统收到3 581家网下投资者管理的6 474个配售对象的初步询价报价信息。其中，3 551家网下投资者管理的6 441个配售对象符合初步询价及推介公告规定的条件。

依据《证券发行与承销管理办法》规定："首次发行的股票在中小企业板上市的，发行人及其主承销商可以根据初步询价结果确定发行价格，不再进行累计投标询价。"因此，初步询价后，经发行人与主承销商协商一致，在剔除无效报价后综合考虑各方面因素，最终确定发行价格为34.25元/股。

小熊电器IPO于8月13日在全景网进行了网上路演，8月14日开始网上申购，15日发布中签率公告，小熊电器网上定价发行的中签率为0.027%，网下配售中签率为0.017%，机构超额认购倍数为6 031.3倍。据了解，此次网上申购冻结申购资金达到了34 186.09亿元。8月16日发行人和保荐机构（主承销商）在《中国证券报》《上海证券报》《证券时报》和《证券日报》上刊登网下发行初步配售结果公告、网上中签结果公告，并开启网上网下认购资金缴款；8月20日刊登发行结果公告。

三、证券发行市场的功能

证券发行市场主要为符合发行条件的政府和企业发行股票、债券筹集长期资金提供场所和条件，因此对经济发展起着重要作用。其功能主要表现在以下几方面：

1. 为资金需求者提供筹措资金的渠道

证券发行者可以参照已经成熟的证券商品的期限、收益水平、参与权、流通性、风险度、发行成本等特点，根据自己的需要和可能选择发行何种证券，并依据当时市场上的供求关系和价格行情来确定证券发行数量和价格（收益率）。发行市场上还有众多为发行者服务的中介机构向公众推销证券，有助于发行者及时筹措到所需资金。

2. 为资金供应者提供投资和获利的机会，实现储蓄向投资转化

政府、企业和个人在经济活动中可能出现暂时闲置的货币资金，证券发行市场为其提供了多种多样的投资机会，有利于实现社会储蓄向投资转化。储蓄转化为投资是社会再生产顺利进行的必要条件。

3. 形成资金流动的收益导向机制

证券发行市场通过市场机制选择发行证券的企业，那些产业前景好、经营业绩优良和具有发展潜力的企业更容易从证券市场筹集所需要的资金，从而使资金流入最能产生效益的行业和企业，达到促进资源优化的目的。

单元二　股票的发行与承销

一、股票发行的基本概念

全面注册制开启中国资本市场新时代——股票的发行与承销

股票发行包括公开发行和非公开发行。公开发行即发行人公开向社会公众发行股票，可以是特定人群或非特定人群，但数量必须超过 200 人；非公开发行即不对外公开发行，而是只向少数特定对象发行股票。

从发行时间的维度，可将股票的发行分为首次公开发行股票（IPO）和上市公司发行股票（已完成 IPO 的公司的再发行）。首次公开发行股票（IPO）一般指公司第一次向社会公众公开发行股票、募集资金并获批在交易所挂牌上市的过程；上市公司发行股票可以是公开发行也可以是非公开发行，公开发行股票是指上市公司再次发行股票，非公开发行则包括向原股东的配售、向非特定对象的增发、非公开定向增发等。

知识拓展　我国 A 股发行市场曲折之路

我国 A 股市场新股发行体制的改革在市场频繁的震荡中艰难地前行。自 1990 年 A 股市场创立以来，共发生 9 次 IPO 暂停、9 次重启，新股发行方式经历了非市场化—市场化—非市场化—市场化的反复。

从 2007 年到 2021 年，我国 A 股市场 IPO 企业数量和筹资额总体呈现上升的趋势，但同时，其随着股票市场的变化以及相应政策的松紧变动而出现了较大幅度的波动现象。A 股市场 IPO 多次被迫暂停，如表 6-1 所示。

表 6-1 A 股暂停发行新股情况

次 数	停发起止时间	空 窗 期
1	1994 年 7 月—1994 年 12 月	5 个月
2	1995 年 1 月—1995 年 6 月	5 个月
3	1995 年 7 月—1996 年 1 月	6 个月
4	2001 年 7 月—2001 年 11 月	3 个月
5	2004 年 8 月—2005 年 1 月	5 个月
6	2005 年 5 月—2006 年 6 月	12 个月
7	2008 年 9 月—2009 年 7 月	10 个月
8	2012 年 11 月—2014 年 1 月	14 个月
9	2015 年 7 月—2015 年 11 月	4 个月

2007—2021 年 A 股市场 IPO 具体情况如表 6-2 所示。

表 6-2 2007—2021 年沪深股市 IPO 情况一览

年 度	2007	2008	2009	2010	2011	2012	2014
IPO 筹资额（亿元）	3 284.14	1 066	2 021.97	4 885.13	2 809.69	1 034.31	668.89
IPO 企业数（家）	91	75	112	346	280	154	125

年 度	2015	2016	2017	2018	2019	2020	2021
IPO 筹资额（亿元）	1 576.39	1 496.07	2 301.09	1 378	2 533	4 806	5 400
IPO 企业数（家）	219	227	438	105	201	437	520

二、股票发行的条件

我国《证券法》规定，公司公开发行新股的基本条件包括：具备健全且运行良好的组织机构；具有持续盈利能力，财务状况良好；最近 3 年财务会计文件无虚假记载，无其他重大违法行为；经国务院批准的国务院证券监督管理机构规定的其他条件。

1. 首次公开发行股票并在主板市场上市的条件

公司首次公开发行股票并上市区分为主板市场（包括中小板市场）上市和创业板市场上市，在两个市场上发行股票并上市的条件有所不同，主板市场比创业板市场要求高。

根据证监会发布的《首次公开发行股票并上市管理办法》的规定，企业在主板市场发行股票并上市需要满足以下条件：

（1）主体资格方面：

1）发行人是依法设立且持续经营时间在 3 年以上的股份有限公司。有限责任公司按原账面净资产值折股整体变更为股份有限公司的，持续经营时间可以从有限责任公司成立之日起计算。

2）发行人最近 3 年内主营业务和董事、高级管理人员没有发生重大变化，实际控制人没有发生变更。

3）发行人规范运行的相关条件。

（2）财务与会计方面：

1）最近 3 个会计年度净利润均为正数且累计超过人民币 3 000 万元，净利润以扣除非经常性损益前后较低者为计算依据。

2）最近 3 个会计年度经营活动产生的现金流量净额累计超过人民币 5 000 万元；或者最近 3 个会计年度营业收入累计超过人民币 3 亿元。

3）发行前股本总额不少于人民币 3 000 万元。

4）最近一期末无形资产（扣除土地使用权、水面养殖权和采矿权等后）占净资产的比例不高于 20%。

5）最近一期末不存在未弥补亏损。

6）其他与公司经营成果、盈利能力、持续经营等相关的条件。

2. 首次公开发行股票并在创业板市场上市的条件

创业板市场首次公开发行股票的条件较主板市场会宽松一些。

根据证监会发布的《首次公开发行股票并在创业板上市管理办法》的规定，企业在创业板发行股票并上市需要满足以下条件：

（1）主体资格方面：

1）发行人是依法设立且持续经营时间在 3 年以上的股份有限公司。有限责任公司按原账面净资产值折股整体变更为股份有限公司的，持续经营时间可以从有限责任公司成立之日起计算。

2）发行人最近 2 年内主营业务和董事、高级管理人员没有发生重大变化，实际控制人没有发生变更。

3）发行人应当主要经营一种业务，且符合法律法规和国家有关政策。

4）发行人规范运行的相关条件。

（2）财务与会计方面：

1）最近 2 年连续盈利，最近 2 年净利润累计不少于 1 000 万元；或者最近 1 年盈利，最近 1 年营业收入不少于 5 000 万元。净利润以扣除非经常性损益前后孰低者为计算依据。

2）最近一期末净资产不少于 2 000 万元，且不存在未弥补亏损。

3）发行后股本总额不少于 3 000 万元。

3. 上市公司发行股票的条件

（1）上市公司公开发行股票的条件。

上市公司公开发行股票，是继首次公开发行股票之后再次向不特定对象公开发行股票的行为。同首次公开发行股票一样，上市公司在主板市场（包括中小板市场）和创业板市场上公开发行股票的条件也有所不同。

上市公司在主板市场发行需要满足的条件包括：上市公司的组织机构健全、运行良好；盈利能力具有可持续性；财务状况良好；最近 36 个月内财务会计文件无虚假记载，且不存在相关违法行为；募集资金的数额和使用符合相关规定；不存在相关违法违规行为。

创业板市场上发行的条件要求较低于主板市场，这里不再赘述。

（2）上市公司非公开发行股票的条件。

上市公司非公开发行股票，也区分为主板（包括中小板）上市公司非公开发行股票和创业板上市公司非公开发行股票。

主板上市公司非公开发行股票的条件包括：非公开发行股票的发行对象符合股东大会决议规定的条件，发行对象不超过 10 名；发行价格不低于定价基准日前 20 个交易日公司股票均价的 90%；发行的股份自发行结束之日起，12 个月内不得转让；控股股东、实际控制人及其控制的企业认购的股份，36个月内不得转让；筹集资金使用符合相关规定等。创业板上市公司非公开发行新股的条件要求较低于主板市场，这里不再赘述。

三、股票发行的流程

一般情况下，企业自筹划改制到完成发行上市总体上需要3年左右，流程大致包括重组改制—尽职调查与辅导—申请文件制作与申报—发行审核—路演、询价与定价—发行挂牌上市，如表6-3所示。

表6-3 企业上市流程

序 号	流 程 步 骤	具 体 内 容
1	重组改制	相关方案的确定与报批 ▼ 拟改制资产的审计评估 ▼ 设立股份有限公司
2	尽职调查与辅导	尽职调查、问题诊断和整改 ▼ 上市培训、辅导备案 ▼ 辅导验收
3	申请文件制作与申报	中介机构制作申请文件 ▼ 企业完成发行申报内部决策 ▼ 券商向证监会报送申请材料
4	发行审核	初审、征求省级政府意见 ▼ 反馈意见答复、初审会 ▼ 通过发审并领取发行批文
5	路演、询价与定价	初步累计询价 ▼ 协商确定价格 ▼ 开展路演推介
6	发行挂牌上市	网下、网上发行 ▼ 股份托管、登记、挂牌上市 ▼ 券商负责上市后的持续监督

企业股票发行上市需要聘请中介机构帮助其上市。聘请的中介机构包括保荐机构（股票承销机构）、会计师事务所、律师事务所、资产评估机构（如需要评估）。

保荐机构的主要工作是全面并全程帮助企业上市。会计师事务所的主要工作包括企业财务报表审计、资本验资、盈利预测、内部控制鉴证、提出各类财务专项意见和咨询服务等。律师事务所的主要工作是针对企业重组改制、公司运行方面的法律事项、上市涉及法律事项和法律文件、相关公司章程等的合法性做出判断并出具法律意见等。资产评估机构的主要工作是对企业的全部资产进行评估，并出具资产评估报告。

股票发行的具体流程如下：

1. 重组改制

企业需要按照规定设立股份有限公司，按照《公司法》规定的新设股份有限公司的程序发起设立公司，或按照《公司法》规定的变更设立股份有限公司的程序变更设立公司。

2. 尽职调查与辅导

（1）尽职调查。保荐机构和其他中介机构对公司进行尽职调查、问题诊断、专业培训和业务指导，准备首次公开发行申请文件。尽职调查主要内容包括发行人基本情况调查、业务与技术调查、高管人员调查、组织结构与内部控制调查、财务与会计调查、业务发展目标调查、募集资金运用调查、风险因素及其他重要事项调查。

（2）辅导。辅导是指有关机构对拟发行股票并上市的股份有限公司进行的规范化培训、辅导与监督。上市辅导机构由符合条件的证券经营机构担任，原则上应当与代理该公司发行股票的主承销商为同一证券经营机构。按照证监会规定，对首次上市企业辅导的时间规定为至少1年，一般的流程与内容如表6-4所示。

表6-4　保荐机构对企业上市前辅导的流程与内容

阶　　段	时　　长	辅　导　内　容
第一阶段	第1～3月	制定三会议事规则、独立董事制度，协助公司高级管理人员全面、系统地掌握《公司法》《证券法》《刑法》《上市公司治理准则》等法律法规和证券市场的基础知识；协助公司财务人员熟悉《会计法》《企业会计制度》等法规政策
第二阶段	第4～6月	辅导机构检查"五分开"的执行情况，协助公司完善财务管理制度、内部控制制度，健全财务会计机构和内部审计机构
第三阶段	第7～9月	协助公司建立和完善信息披露、规范的内部决策和控制制度，形成有效的投资以及内部约束和激励制度，规范公司与控股股东及其他关联方的关系
第四阶段	第10～12月	协助公司制订明确的业务发展目标和未来发展战略计划，并确定可行的募股资金投向；组织公司有关人员进行法律法规考试；制作辅导工作汇总报告，向所在地证监局申请辅导验收并通过验收

3. 申请文件制作与申报

发行人和中介机构按照证监会的要求制作申请文件，保荐机构进行内核并负责向证监会尽职推荐。

（1）发行人制作申请文件需要做好的前期准备工作。前期准备工作包括，建立相关工作底稿，关于本次发行上市事宜召开董事会、股东大会会议，取得政府部门的相关批文或文件，中介机构出具相关专业意见，准备好各类申请文件的原件或做好鉴证，并汇总制作申请文件。

（2）主要的申请文件：①招股说明书与发行公告，包括招股说明书（申报稿）、招股说明书摘要（申报稿）、发行公告（发行前提供）；②发行人关于本次发行的申请及授权文件，包括发行人关于本次发行的申请报告、发行人董事会有关本次发行的决议、发行人股东大会有关本次发行的决议；③保荐人关于本次发行的文件，包括发行保荐书等；④会计师关于本次发行的文件，包括财务报表及审计报告、盈利预测报告及审核报告、内部控制鉴证报告、经注册会计师核验的非经常性损益明细表；⑤发行人律师关于本次发行的文件，包括法律意见书、律师工作报告；⑥发行人的设立文件，包括发行人的企业法人营业执照、发起人协议、发起人或主要股东的营业执照或有关身份证明文件、发行人公司章程（草案）；⑦关于本次发行募集资金运用的文件，包括募集资金投资项目的审批、核准或备案文件，发行人拟收购资产（或股权）的财务报表、资产评估报告及审计报告，发行人拟收购资产（或股权）的合同或合同草案；⑧与财务会计资料相关的财务报表、验资报告、审计报告等；⑨其他文件，包括产权和特许经营权证书，重要合同，重组协议，商标、专利、专有技术等知识产权许可使用协议，重大关联交易协议等。

4. 发行审核

（1）受理申请文件。保荐机构完成了对发行人上市前的辅导工作，就可以推荐企业并向证监会申报申请文件。证监会在5个工作日内决定是否受理。资料不全的，发行人要在30天内补正提交。

（2）初审。证监会受理申请文件后，对发行人申请文件进行初审，同时征求发行人注册地省级人民政府是否同意发行人发行股票的意见，就发行人募集资金投资项目是否符合国家产业政策和投资管理的规定征求国家发改委的意见，并在30日内将初审反馈意见函告发行人及其保荐机构。保荐机构组织发行人和中介机构对反馈的审核意见进行回复或整改，自收到反馈意见之日起10日内将补充完善的申请文件报至证监会。

（3）发行审核委员会审核。证监会对根据初审意见补充完善的申请文件进一步审核，并在受理申请文件后60日内，将初审报告和申请文件提交股票发行审核委员会工作会议（以下简称发审会）审核，发审会进行充分讨论后，以投票方式对股票发行申请进行表决，提出审核意见。

（4）注册发行。2020年3月1日起，修订后的《证券法》全面推行证券发行注册制度，股票发行由原来的核准发行逐渐转变为注册发行，核准发行为依据发审会的审核意见，证监会对发行人的发行申请进行实质性审核，做出核准或不予核准的决定。注册发行是依据发审会的审核意见，证监会事先不做实质性审查，对发行人的发行申请做出形式审查，发行者在报送申请文件以后的一定时期内，若没有被证监会否定，即可以发行证券。核准发行逐渐转变为注册发行，优化了首发新股的条件，从单一财务指标到多维度对发行人进行综合诊断，更加契合资本市场发展的需要。

2023年2月1日，全面实行股票发行注册制改革正式启动。2月17日，中国证监会发布全面实行股票发行注册制相关制度规则《首次公开发行股票注册管理办法》，自公布之日起施行。

案例链接

全面注册制开启中国资本市场新时代

2021年政府工作报告指出，要稳步推进注册制改革。2021年12月8日至10日举行的中央经济工作会议则明确提出，全面实行股票发行注册制。2023年2月1日，全面实行股票发行注册制改革正式启动。

目前境内股票市场除沪深主板外，均已实现股票发行注册制。2019年6月，科创板正式开板并开启注册制改革；2020年4月，创业板改革试点注册制；2021年9月，北京证券交易所成立并实行注册制；2023年2月17日起，沪深主板也开始实施注册制，A股彻底告别核准制，正式进入"全面注册制"新时代。

相比核准制，注册制更加强调信息披露，股票发行条件更加简优化，更具包容性，企业上市门槛降低。注册制将核准制下由投资者判断的事项转化为更严格、更全面精准的信息披露要求，加强了对投资者的保护。

注册制改革有望为中国资本市场注入更多"新鲜血液"，让新股定价更加市场化，为上市企业，特别是科创企业、新经济实体带来更多的融资"活水"，从而充分发挥资本市场的资源配置功能，更好地推动实体经济、创新企业的发展。

全面注册制的推进是我国证券市场迈向成熟的重要标志，促进金融市场更好服务实体经济。

5. 路演、询价与定价

发行申请经发审会审核通过、证监会注册后，企业在指定报刊上刊登招股说明书摘要及发行公告等信息，证券公司与发行人进行路演，向投资者推介和询价，并根据询价结果协商确定发行价格。

（1）路演。路演是一系列股票发行推介活动的总称，其根本目的是促进股票的成功发行。路演过程中，企业及保荐机构在主要的路演地对可能的投资者进行巡回推介活动，加深投资者对即将发行的股票的认知程度，并从中了解投资人的投资意向，发现投资需求和价值定位，确保股票的成功发行。

企业在新股发行前，必须通过互联网采用网上直播（至少包括图像直播和文字直播）方式向投资者进行公司推介的活动，也可辅以现场推介。发行公司的董事长、总经理、财务负责人、董事会秘书和保荐机构的项目负责人必须出席公司推介活动，公司的其他高级管理人员则不限。证监会对路演的公告刊登及路演电子文件的报备等事宜都做出了明确规定。

（2）询价与定价。根据《证券发行与承销管理办法》，首次公开发行股票，应当通过向特定机构投资者询价的方式确定股票发行价格。询价对象是符合该办法规定条件的证券投资基金管理公司、证券公司、信托投资公司、财务公司、保险机构投资者、合格境外机构投资者，以及经中国证监会认可的其他机构投资者。

从目前首发公司的推介情况来看，发行人和保荐机构通常会选择北京、上海和深圳三个城市进行推介，分别采取一对一或一对多的形式与询价对象进行现场沟通，发行人和保荐机构有关人员回答机构投资者的问题。询价分为初步询价和累计投标询价。发行人及其主承销商应当通过初步询价确定发行价格区间，在发行价格区间内通过累计投标询价确定发行价格。

6. 发行挂牌上市

总体上讲，发行公司需要依时间顺序完成以下工作：①准备和报送发行申请资料、文件；②申请股票发行；③披露招股意向书摘要及发行公告；④发行结束后领取新股发行结果；⑤申购资金的验资（市值配售发行方式不需要此环节）；⑥参与摇号抽签（不同的发行方式略有不同）；⑦披露摇号抽签结果；⑧准备办理股份登记及股票上市申请文件。

知识拓展　新股发行体制

　　新股发行体制是指首次公开发行股票时的新股定价、承销和发售的一系列制度及相关安排。新股发行体制的核心是定价机制，有两方面基本内容：一是确定新股发行价格，即价格发现；二是采用一定的方式将新股出售给投资者。这两个方面相互制约和依赖，构成价格形成机制的核心内容。自20世纪90年代以来，我国股票市场新股发行的方式一直在不断改革，具体发展进程如表6-5所示。

表6-5　我国新股发行方式的发展进程

时　　间	新股发行方式
1992 年之前	内部认购和新股认购证
1993 年	与银行储蓄存款挂钩
1996 年	全额预缴款按比例配售方式
1999 年	对一般投资者上网发行和对法人配售相结合
2001 年	上网竞价方式
2002 年	按市值配售新股
2006 年	IPO 询价制＋网上定价方式
2009—2022 年	淡化行政指导，培育市场约束机制，优化网上发行机制
2023 年 2 月 17 日	新股发行进入"全面注册制"时代

　　从股票市场的一般原理来看，定价过程具有以下特征：①定价过程是发行人、投资人和承销商从各自利益出发共同参与和博弈的过程；②投资人报价和申购是投资人参与定价的方式，报价和申购信息是表明投资人出价的信息；③根据报价和申购意向确定的配售方案及配售结果，是价格形成过程的一个重要内容；④最后确定的价格，是发行人接受的价格，是投资人同意的出价，是承销商将买卖双方协调一致的结果。这些特征背后有个共同的基础，就是参与主体的自主决定和风险自担。

单元三　股票退市制度

　　股票退市是指上市公司股票在证券交易所终止上市交易。退市制度是资本市场的一项基础性制度，建立股票退市制度有利于健全资本市场功能，降低市场经营成本，增强市场主体活力，提高市场竞争力，有利于发挥优胜劣汰机制，惩戒违法行为，引导投资者理性投资，保护投资者合法权益。股票退市分为主动退市和强制退市。

优胜劣汰，退市新规塑造市场新生态——股票的退市制度

　　中国证监会于 2001 年 2 月 22 日发布了《亏损公司暂停上市和终止上市实施办法》，此后我国开始推行上市公司退市制度。2020 年修订的《证券法》中将原有的关于股票退市的内容删除，但规定股票退市的相关规定由证券交易所具体制定。2020 年 12 月 31 日，围绕新一轮退市制度改革，沪深证券交易所正式发布新修订的《上海证券交易所股票上市规则》《深圳证券交易所股票上市规则》以及《上海证券交易所科创板股票

上市规则》《深圳证券交易所创业板股票上市规则》等多项配套规则，合称"退市新规"。

退市可分为主动退市和强制退市。

一、主动退市

上市公司通过对公司经营状况的理性分析，或为便捷高效地对公司治理结构、股权结构、资产结构、人员结构实施调整，或为实现公司的长期目标，经过公司股东大会决定通过退市决议，可以主动向监管部门提出退市。

二、强制退市

强制退市是指上市公司被证券交易所依法强制其退出市场交易的情形。

退市新规出台后，有四种强制退市的标准：

1. 交易类退市

上市公司达到如下标准之一：连续 20 个交易日收盘价低于 1 元；连续 120 个交易日股票成交量低于 500 万股；股东数量连续 20 个交易日低于 2 000 人；连续 20 个交易日总市值低于 3 亿元，则直接终止上市，无退市调整期。

案例链接

"宜华生活"成退市新规下首批"1 元退市股"之一

2021 年 3 月 22 日，由于收盘价格连续 20 个交易日低于 1 元，宜华生活被上海证券交易所摘牌，正式退出 A 股市场，成为退市新规下的首批"1 元退市股"之一。

公开资料显示，宜华生活主营业务是家具和木地板等家居产品的设计、生产和销售，产品外销比例高达 70% 以上。据悉，宜华生活有六大生产基地，子公司 47 家。由于其账上一面存在大量的货币资金，一面又偿还着高昂的融资利息，引起了监管部门的注意。2020 年 4 月，证监会依法对宜华生活涉嫌信息披露违法违规立案调查。经过缜密的调查，宜华生活在 2016—2019 连续四年期间，通过双系统伪造数据，虚构外销销售业务，出口报关价格是真实价格的 6 倍之多，累计虚增收入 71 亿元。

宜华生活系统性长期造假，违法金额巨大，性质恶劣。由于宜华生活 2019 年年报是在 2020 年的 4 月份公布的，适用了新的《证券法》，宜华生活受到了 600 万元的罚款，更是在 2021 年由于收盘价格连续 20 个交易日低于 1 元，被上海证券交易所摘牌，正式退出 A 股市场。

在全面推行注册制改革的背景下，随着《证券法》的实施，资本市场的监管制度与退市制度进一步完善，宜华生活财务造假案，成为首批适用新《证券法》惩处的案件。

---

2. 财务类退市

最近一个会计年度，上市公司出现净利润（净利润按扣除非经常性损益前后孰低为准）为负且营业收入（不包括非主营业务收入以及不具有商业实质的关联交易收入）小于 1 亿元、净资产为负、财务报告出具无法表示或否定审计意见情况之一，给予退市风险警示，即转为 ST 公司，第二年再出现上述情况之一则终止上市。

案例链接

退市新规下的财务类退市潮

2022 年 A 股市场有 41 家上市公司被强制退市，数量创历史新高，其中 40 家触及了财务类退市指标。从数据可以看出，触及财务类退市指标的上市公司成为退市潮的主力军。

退市新规下，财务类退市指标取消了单一的营业收入、净利润指标，新增扣非经常性损益前后净利润孰低者为负且营业收入低于人民币 1 亿元的组合财务指标（包括追溯重述后最近一个会计年度净利润为负值且营业收入低于人民币 1 亿元）。以此次预计退市的 *ST 厦华为例，*ST 厦华即厦门华侨电子股份有限公司，原以电子通信产品的小额供应链贸易为主营业务，因 2020 年度经审计的净利润为负值且营业收入低于 1 亿元被实施退市风险警示。2021 年，也就是退市新规实施后的第一年，*ST 厦华年报却显示其主要业务为农产品供应链管理业务，营业收入虽超过 1 亿元，但主要是进口冻牛肉的相关业务收入。*ST 厦华所聘会计师事务所出具最终审计意见，将其冻牛肉的营业收入列为"与主营业务无关的业务收入"。由此，*ST 厦华退市成为定局。

A 股全面实施注册制，而退市制度是注册制成功实施的必要配套制度。退市新规对上市公司会起到震慑效应，有助于激励上市公司及时调整经营策略，实现稳健经营。总体来看，常态化退市机制正在形成，"应退尽退"的理念正在逐步实施，有进有出、优胜劣汰的市场新生态逐步形成，资本市场正朝着健康稳健的方向推进。

3. 规范类退市

上市公司出现下列情形之一，交易所对其股票实施退市风险警示：①未在法定期限内披露年度报告或者半年度报告，且在公司股票停牌 2 个月内仍未披露；②半数以上董事无法保证年度报告或者半年度报告真实、准确、完整，且在公司股票停牌 2 个月内仍有半数以上董事无法保证；③财务报告存在重大会计差错或者虚假记载，被责令改正但未在要求期限内改正，且在公司股票停牌 2 个月内仍未改正；④信息披露或者规范运作等方面存在重大缺陷，被要求限期改正但未在要求期限内改正，且在公司股票停牌 2 个月内仍未改正；⑤公司股本总额或者股权分布发生变化，不再符合上市条件；⑥公司被依法强制解散或被法院宣告破产。

4. 重大违法类退市

根据 2018 年 11 月上海证券交易所、深圳证券交易所制定的《上市公司重大违法强制退市实施办法》，对严重扰乱市场秩序、触及退市标准的企业坚决退市。上市公司存在欺诈发行、重大信息披露违法或者其他严重损害证券市场秩序的重大违法行为，且严重影响上市地位，其股票应当被终止上市。上市公司存在涉及国家安全、公共安全、生态安全、生产安全和公众健康安全等领域的违法行为，情节恶劣，严重损害国家利益、社会公共利益，或者严重影响上市地位，其股票应当被终止上市。

针对重大违法类退市，退市新规进一步完善了财务造假具体标准，从营业收入、净利润、利润总额和资产四个方面明确了可执行的量化标准。

退市新规取消了暂停上市和恢复上市，交易类退市不设退市调整期，其余类型退市整理期首日不设涨跌幅限制，退市整理期从 30 个交易日缩减至 15 个交易日。退市新规是当前注册制改革的重要组成部分，能够把没有投资价值的公司清退出去，保留优质上市公司，引导价值投资，优化资本市场环境。

单元四 债券的发行与承销

债券发行是发行人以借贷资金为目的，依照法律规定的程序，向投资人要约发行代表一定债权和兑付条件债券的法律行为。债券发行是证券发行的重要形式，其法律意义在于使认购人在债券期满时，取得对其本金和利息收益请求返还的债权；其经济意义在于实现资金从投资者（债券购买人）向发行者的转移，满足发行人弥补资金不足的需求和投资者取得投资收益的需求。

债券的发行与承销

一、国债的发行与承销

1. 国债的发行方式

目前，我国记账式国债的发行主要采用公开招标方式，储蓄国债（凭证式）、储蓄国债（电子式）则主要采用承购包销方式。

（1）公开招标方式。公开招标方式是指通过招标人的直接竞价来确定发行价格或利率水平，发行人将投标人的标价从高到低排列，或将利率从低到高排列，发行人从高价或低利率选起，直到达到需要发行的数额为止。因此，所确定的价格恰好是供求决定的市场价格。这种方式市场化程度高、成本低、效率高，因而被世界各国广泛采用。我国国债发行招标规则的制定借鉴了国际资本市场中的"美国模式"和"荷兰模式"规则，与我国国债的多期限、多品种、滚动发行相适应。

目前，财政部在上交所、深交所和全国银行间债券市场上以公开招标方式发行记账式国债。

（2）承购包销方式。大宗机构投资者组成承购包销团，按一定条件向财政部承购包销国债，并负责在市场上转售，对于未能售出的余额则由承销者包购。这种方式是由发行人和承销商签订承购包销合同，合同中的有关条款是通过双方协商确定的。对于事先已确定发行条款的国债，我国仍采用承购包销方式，目前主要运用于不可上市流通的储蓄国债的发行。

2. 国债承销程序

（1）记账式国债的承销程序。

1）招标发行。记账式国债是一种无纸化国债，主要通过全国银行间债券市场向具备全国银行间债券市场国债承购包销资格的商业银行、证券公司、保险公司、信托投资公司等机构，以及通过证券交易所的交易系统向具备证券交易所国债承购包销资格的证券公司、保险公司和信托投资公司及其他投资者发行。

2）分销。证券交易所发行的国债，承销商可以在场内挂牌分销，也可以在场外分销。全国银行间债券市场发行的国债，承销人分销国债应按照债券发行办法的有关规定办理分销手续，并与分销认购人签订分销认购协议。分销认购人应是全国银行间债券市场参与者，并已在中央国债登记结算有限责任公司（以下简称中央结算公司）开立债券托管账户。

（2）储蓄国债的承销程序。根据财政部、中国人民银行制定的《2018—2020年储蓄国债发行额度管理办法》，储蓄国债的发行采取承购包销的方式，由具备储蓄国债承销团资格的机构承销。储蓄国债包括储蓄国债（凭证式）和储蓄国债（电子式）。

1）承销。财政部一般委托中国人民银行分配承销数额。大宗机构投资者组成承购包销团，按一定条件向财政部承购包销国债，并负责在市场上转售。承销团成员的国债发行额度有具体的管理办法：储蓄国债（凭证式）发行额度是将当期储蓄国债最大发行额按照代销额度比例分配；储蓄国债（电子式）发行额度则是将储蓄国债最大发行额的部分或全部按照基本代销额度比例分配，其余作为机动代销额度竞争性抓取的方式分配；另外发行额度还涉及定期和不定期的调整。

2）转售。承销商在分得所承销的国债后，通过各自的代理网点发售，发售数量不能突破所承销的国债量，任何未能转售的余额均由承销成员包购。

知识拓展　我国储蓄国债发行现状

1. 我国储蓄国债发行期限以三年期、五年期为主

从 2012 年储蓄国债改革至今，我国储蓄国债主要的期限品种是三年期和五年期。以 2023 年 5 月储蓄国债发行为例，三年期储蓄国债最大发行额 100 亿元，五年期储蓄国债最大发行额 100 亿元。

2. 发行利率为固定利率

我国储蓄国债发行利率是固定利率，采取单利计息法，一般高出基准利率 1 个百分点左右，且不随基准利率的变动而变动。2023 年 5 月，三年期储蓄国债发行利率为 2.95%，五年期储蓄国债发行利率为 3.07%。

3. 储蓄国债投资者年龄层次有所下降

储蓄国债投资群体仍以中老年年龄层的风险规避人群为主。但近年来，随着国债认知度提高，理财产品风险事件频发，较低年龄层的投资者也开始购买国债。一项调查显示，2018 年、2019 年、2020 年储蓄国债投资者平均年龄分别是 53.1 岁、46.5 岁和 44.8 岁，储蓄国债投资者年龄层次有所下降。

4. 国有银行成为销售主力军

2021—2023 年我国储蓄国债承销团由 40 家商业银行组成，工、农、中、建、交、邮储六家国有商业银行占前六个席位，是储蓄国债销售主力军。2021 年上半年，六家国有商业银行销售储蓄国债占全部承销额的 73%。详见表 6-6。

表 6-6　2021 年上半年储蓄国债发行机构前十名

排　　名	承销机构	销售额（亿元）	占总销售额比重（%）
1	中国工商银行	230.44	17.91
2	中国邮政储蓄银行	178.69	13.89
3	中国建设银行	178.34	13.86
4	中国农业银行	164.96	12.82
5	中国银行	112.67	8.76
6	中国交通银行	73.69	5.73
7	北京农村商业银行	46.34	3.60
8	招商银行	43.29	3.37
9	北京银行	24.85	1.93
10	江苏银行	22.10	1.72

二、金融债券的发行与承销

金融债券是由银行和非银行金融机构发行的债券。目前，我国的金融债券按发行人的性质划分，主要包括政策性金融债券、商业银行金融债券、企业集团财务公司发行的金融债券等。

1. 发行条件

（1）政策性金融债券。其发行人为国家开发银行、中国农业发展银行和中国进出口银行三大政策性银行。只要按年向中国人民银行报送金融债券发行申请，便可经中国人民银行核准后发行。

（2）商业银行金融债券。其发行条件为：

1）具有良好的公司治理机制。

2）核心资本充足率不低于 4%。

3）最近 3 年连续盈利。

4）贷款损失准备计提充足。

5）风险监管指标符合监管机构的有关规定。

6）最近 3 年没有重大违法、违规行为。

7）中国人民银行要求的其他条件。

（3）企业集团财务公司发行的金融债券。其发行条件为：

1）具有良好的公司治理结构、完善的投资决策机制、健全有效的内部管理和风险控制制度及相应的管理信息系统。

2）具有从事金融债券发行的合格专业人员。

3）依法合规经营，符合监管机构有关审慎监管的要求，风险监管指标符合监管机构的有关规定。

4）财务公司已发行、尚未兑付的金融债券总额不得超过其净资产总额 100%，发行金融债券后，资本充足率不低于 10%。

5）财务公司设立 1 年以上，经营状况良好，申请前 1 年利润率不低于行业平均水平，且有稳定的盈利预期。

6）申请前 1 年，不良资产率低于行业平均水平，资产损失准备拨备充足。

7）申请前 1 年，注册资本金不低于 3 亿元人民币，净资产不低于行业平均水平。

8）近 3 年无重大违法违规记录。

9）无到期不能支付债务。

10）中国人民银行和监管机构规定的其他条件。

2. 发行申报文件

（1）政策性银行。发行金融债券的政策性银行，应按照规定的要求和程序向中国人民银行报送金融债券发行申请报告、发行人近 3 年经审计的财务报告及审计报告、金融债券发行办法、承销协议以及中国人民银行要求的其他文件。

（2）除政策性银行外的其他金融机构。其应向中国人民银行报送金融债券发行申请报告、发行人公司章程、监管机构同意金融债券发行的文件、发行人近 3 年经审计的财务报告及审计报告、募集说明书、发行公告或发行章程、承销协议、发行人关于本期债券偿债计划及保障措施的专项报告、信用评级机构出具的金融债券信用评级报告及有关持续跟踪评级安排的说明、发行人律师出具的法律意见书及中国人民银行要求的其他文件。

3. 发行方式

金融债券可在全国银行间债券市场公开发行或定向发行，可以采取一次足额发行或限额内分期发行的方式。发行金融债券时，发行人应组建承销团，承销人可在发行期内向其他投资者分销其所承销的金融债券，承销可采用协议承销、招标承销等方式。

案例链接

农发行成功发行市场首单阻击疫情主题金融债券

2020年2月5日，中国农业发展银行（简称农发行）在中央结算公司通过公开招标方式，面向全球投资者成功发行1年期阻击疫情主题金融债券50亿元。其发行利率为1.8833%，比上一日收益率水平低25个基点，认购倍率为13.41倍，再创历史新高，充分彰显了全市场协力打赢疫情防控阻击战的信心和决心。据不完全统计，境外机构和境内外资机构通过债券通等渠道投标认购阻击疫情主题债券超过18亿元。农发行有关负责人介绍，本次发行所募集的资金主要用于对新型冠状病毒感染的肺炎疫情防控相关的重要医用物资和重要生活物资的生产经营和供应保障领域的信贷投放。

农发行作为实现境内外发债筹资一体化的中国第三大债券发行主体和第一大"三农"债券发行主体，是引导境内外资金支持"三农"的重要实施者、中国债券市场持续稳健发展的核心参与者和资本市场对外开放的重要贡献者。

作为政策性银行，农发行在保障国家粮食安全、保护农民利益、维护农产品市场稳定、助力脱贫攻坚、促进城乡发展一体化等方面始终发挥着重要作用。

（资料来源：中国农业发展银行网站。）

三、企业债券、公司债券的发行与承销

1. 企业债券

根据《企业债券管理条例》和2008年1月国家发展和改革委员会发布的《关于推进企业债券市场发展、简化发行核准程序有关事项的通知》，企业债券的发行条件和审核程序如下。

（1）发行条件。企业公开发行企业债券应符合下列条件：

1）股份有限公司的净资产不低于人民币3 000万元，有限责任公司和其他类型企业的净资产不低于人民币6 000万元。

2）累计债券余额不超过企业净资产（不包括少数股东权益）的40%。

3）最近3年平均可分配利润足以支付企业债券1年的利息。

4）筹集资金的投向符合国家产业政策和行业发展方向，所需相关手续齐全。用于固定资产投资项目的，应符合固定资产投资项目资本金制度的要求，原则上累计发行额不得超过该

项目总投资的 60%；用于收购产权（股权）的，比照该比例执行；用于调整债务结构的，不受该比例限制，但企业应提供银行同意以债还贷的证明；用于补充营运资金的，不超过发债总额的 20%。

5）债券的利率由企业根据市场情况确定，但不得超过国务院限定的利率水平。

6）已发行的企业债券或者其他债务未处于违约或者延迟支付本息的状态。

7）最近 3 年没有重大违法违规行为。

（2）注册发行。自 2020 年 3 月 1 日起实施的修订后的《证券法》规定，企业债券发行由核准制改为注册制。中国证监会负责企业债券的发行审核工作。中央国债登记结算有限责任公司（简称中央结算公司）为受理机构，中央结算公司、中国银行间市场交易商协会为审核机构。两家机构制定相关业务流程、受理审核标准等配套制度，并在规定的时限内完成受理、审核工作。企业债券发行人直接向受理机构提出申请，证监会对两家指定机构进行监督指导，并在法定时限内履行发行注册程序。对于 2020 年 3 月 1 日前已经受理的企业债券，按原核准制进行。

2. 公司债券

继 2007 年 8 月 14 日《公司债券发行试点办法》正式启动公司债券的发行工作之后，2015 年 1 月 15 日，证监会公布实施《公司债券发行与交易管理办法》（以下简称《管理办法》），对原《公司债券发行试点办法》的内容和形式进行了全面升级，以进一步规范公司债券的发行、交易和转让行为，保护投资者的合法权益和社会公共利益。《管理办法》于 2021 年 2 月 26 日根据 2020 年修订后的《证券法》进行了修订。

（1）发行条件。《管理办法》规定，公开发行公司债券，应当符合以下条件：①具备健全且运行良好的组织机构；②最近 3 年平均可分配利润足以支付公司债券 1 年的利息；③具有合理的资产负债结构和正常的现金流量；④国务院规定的其他条件。

（2）注册发行。自 2020 年 3 月 1 日起实施的修订后的《证券法》规定，公司债券发行由核准制改为注册制，证监会为公司债券的法定注册机关。证监会应当自受理债券发行申请文件之日起 3 个月内，依照法定条件和法定程序做出予以注册或者不予注册的决定，发行人根据要求补充、修改发行申请文件的时间不计算在内。不予注册的，应当说明理由。

职业提示 ▶▶

股债并举提高直接融资能力，推动资本市场高质量发展

党的二十大报告提出："健全资本市场功能，提高直接融资比重。"在证券发行市场上，应以服务国家战略和经济发展为抓手，加大对绿色低碳、科技创新、基础设施建设等重点领域和薄弱环节的直接融资支持；鼓励符合条件的企业发行绿色债券、乡村振兴债券、科创债等主题债券，持续推进基础设施公募 REITs 加快发行上市，支持受疫情影响严重的仓储物流企业、航空企业等发行债券，为实体经济发展及稳步修复提供必要的资金支持；充分发挥科创板作用，加大对先进制造业、战略性新兴产业的中长期资金支持。

复习思考题

一、单项选择题

1. 主承销商利用证券交易所的交易系统，按已确定的价格向投资者发售股票的发行方式是（　　）。

　　A. 网上竞价发行　　　　　　　　B. 网上累计投标询价发行

　　C. 网上定价市值配售　　　　　　D. 网上定价发行

2. 企业新股发行申请的审核意见，由（　　）做出。

　　A. 中国证监会　　　　　　　　　B. 股票发行审核委员会

　　C. 上市公司股东大会　　　　　　D. 证券业协会

3. 依法对上市公司新股发行活动进行监督管理的是（　　）。

　　A. 国务院证券委员会　　　　　　B. 证券业协会

　　C. 上交所、深交所　　　　　　　D. 中国证券监督管理委员会

4. 承销商接受发行的债券，向社会上不指定的广泛投资者进行募集的方式称为（　　）。

　　A. 私募　　　　　B. 公募　　　　　C. 全额包销　　　　　D. 代销

5. 网上定价、竞价方式是指（　　）利用证券交易所的系统，并作为唯一的"卖方"，投资者在公布的期间内，按照规定以委托买入的方式进行股票申购的股票发行方式。

　　A. 发行人　　　　B. 承销商　　　　C. 主承销商　　　　D. 证券交易所

6. 发行和辅导原则上由具有（　　）资格的证券公司担任辅导机构，对拟发行股票的股份有限公司进行规范化培训、辅导与监督。

　　A. 承销商　　　　B. 主承销商　　　C. 主、副承销商　　D. 副承销商

7. 政策性金融债券的发行主体不包括（　　）。

　　A. 中国人民银行　　　　　　　　B. 国家开发银行

　　C. 中国进出口银行　　　　　　　D. 中国农业发展银行

8. 我国公募发行股票采用的方式是（　　）。

　　A. 预缴款　　　　　　　　　　　B. 先申购后缴款

　　C. 先部分缴款后申购　　　　　　D. 部分预缴

9. 公开发行股票的公司进行辅导，辅导期为（　　）。

　　A. 自拟发行公司提出公募股票申请起满 1 年

　　B. 自主承销商报公募股票申请文件起满 1 年

　　C. 自拟发行公司与证券公司签订辅导协议起满 1 年

　　D. 自证监会通过股票发行申请起满 1 年

10. 2020 年 3 月 1 日起，我国企业债券的公开发行条件不包括（　　）。

　　A. 股份有限公司的净资产不低于人民币 3 000 万元，有限责任公司的净资产不低于人民币 6 000 万元

　　B. 累计债券余额不超过公司净资产的 40%

　　C. 最近 3 年平均可分配利润足以支付公司债券 1 年的利息

　　D. 已发行公司债券已全部清偿

二、多项选择题

1. 目前我国国债发行方式有（　　　）。
   A. 公开招标方式　　　　　　　　　B. 承销包销方式
   C. 行政分配式　　　　　　　　　　D. 私募方式

2. 下列（　　　）属于我国金融债券的发行主体。
   A. 国家开发银行　　　　　　　　　B. 中国银行
   C. 企业集团财务公司　　　　　　　D. 有限责任公司

3. 目前我国在以公开发行招标方式发行国债，其招标办法的特点包括（　　　）。
   A. 市场化程度高　　　　　　　　　B. 成本低、效率高
   C. 由中央银行主持招标会　　　　　D. 以价格或收益率为标的

4. 承销商在承销无记名国债和记账式国债时，可以选择的分销方法有（　　　）。
   A. 场内不挂牌分销　　　　　　　　B. 场内挂牌分销
   C. 场外分销　　　　　　　　　　　D. 向中央银行销售

5. 政策性银行发行金融债券应向中国人民银行报送（　　　）文件。
   A. 金融债券发行申请报告　　　　　B. 近5年经审计的财务报告及审计报告
   C. 金融债券发行办法　　　　　　　D. 承销协议

6. 某公司选择在深交所中小板市场首次公开发行股票并上市，需要满足的条件包括（　　　）。
   A. 最近3个会计年度净利润均为正数且累计超过人民币3 000万元，净利润以扣除非经常性损益前后较低者为计算依据
   B. 最近2年连续盈利，最近2年净利润累计不少于1 000万元；或者最近1年盈利，最近1年营业收入不少于5 000万元。净利润以扣除非经常性损益前后孰低者为计算依据
   C. 发行前股本总额不少于人民币3 000万元
   D. 发行后股本总额不少于人民币3 000万元

7. 某公司IPO必须聘请（　　　）中介机构。
   A. 保荐机构　　　　　　　　　　　B. 会计师事务所
   C. 律师事务所　　　　　　　　　　D. 资产评估机构

8. 我国IPO流程包括（　　　）。
   A. 中介机构尽职调查　　　　　　　B. 辅导
   C. 路演　　　　　　　　　　　　　D. 询价与定价

9. 我国股票网上发行方式中，具体类型包括（　　　）。
   A. 网上定价发行　　　　　　　　　B. 网上竞价发行
   C. 网上累计投标询价发行　　　　　D. 网上定价市值配售

10. 我国债券市场上发行的债券类型包括（　　　）。
    A. 国债　　　　　　　　　　　　　B. 金融债券
    C. 企业债券　　　　　　　　　　　D. 公司债券

三、简答题

1. 什么是路演？路演有什么作用？
2. 简述证券发行市场的主要功能。
3. 我国商业银行发行债券的条件和方式是什么？

四、论述题

试着用图表的形式对国债、金融债、企业债、公司债进行对比分析。

能 力 训 练

IPO 网上路演情景模拟

实训要求：

针对上海证券交易所上首次公开发行的股票模拟路演流程，以小组为单位，拍摄并制作视频。

实训步骤：

1. 主持人介绍到场嘉宾。
2. 公司负责人（董事长、财务总监、总经理等）介绍公司状况及上市宣传。

公司情况包括：总体情况、行业、产品、竞争优势、预计募集资金的数量及募集资金投向等。

3. 保荐人做针对该公司的特点、优势做介绍。
4. 投资者交流环节（将网上留言转变成现场提问模式）。

投资者对在场嘉宾提出问题并展开交流。

5. 公司负责人致答谢致辞。

实训提示：

1. 登录上海证券交易所—上证路演中心—IPO 路演视频。
2. 查询该公司的网上路演公告及首次公开发行股票发行公告，作为模拟流程的重要参考资料。

实训评价：

评 价 标 准	自我评价（40%）	教师评价（60%）
言行得当（20%）		
内容全面（20%）		
结构合理（20%）		
表达清晰（20%）		
分工协作（20%）		
总分		

module 7

模块七
证券交易市场

知识目标

掌握证券交易的概念、方式；掌握证券交易市场的类型；熟悉证券交易所的职能和组织形式；了解我国境内证券交易所的层次结构；掌握场外交易市场的特征及功能；熟悉证券交易所证券交易的程序。

能力目标

能够熟练完成证券交易流程；能够针对证券交易的相关业务提供简要的咨询服务。

素质目标

通过了解有价证券的投资价值，树立爱岗敬业、诚实守信、办事公道、服务群众、奉献社会的职业道德。

案例导读

新中国证券交易市场的发展历史

新中国的证券交易市场起步于改革开放初期。1986年8月，沈阳开办企业债券转让业务，9月上海开办股票柜台交易业务。1988年4月起，我国先后在全国61个大、中城市开放国库券转让市场。1990年12月19日，上海证券交易所正式开业；1991年7月3日，深圳证券交易所正式开业。两个交易所的成立标志着我国证券交易市场开始进入一个新的发展阶段。

2004年5月，经国务院批准，证监会批复同意深圳证券交易所在主板市场内设立中小企业板块。2009年10月30日，深圳证券交易所创业板正式上市。2010年3月融资融券、4月股指期货的推出为资本市场提供了双向交易机制，这是中国证券市场金融创新的又一重大举措。2012年8月转融资业务、2013年2月转融券业务相继推出，有效地扩大了融资融券发展所需的资金和证券来源。2013年，新三板准入条件进一步放开，新三板市场正式扩容至全国，全国中小企业股份转让系统有限公司（简称全国股转系统，俗称"新三板"）成立，它是经国务院批准，依据证券法设立的继上交所、深交所之后第三家全国性证券交易场所。2019年1月30日，中国证监会发布《关于在上海证券交易所设立科创板并试点注册制的实施意见》。同年7月22日，上海证券交易所科创板开市。随着多层次资本市场体系的建立和完善，新股发行体制改革的深化，新三板、股指期权等制度创新和产品创新的推进，中国证券交易市场逐步走向成熟，证券市场为中国经济提供投融资服务等功能日益凸显。

中国外汇交易中心暨全国银行间同业拆借中心（以下简称交易中心）于1994年4月18日成立，其主要职能是为银行间货币市场、债券市场、外汇市场的现货及衍生产品提供交易、交易后处理、信息、基准、培训等服务；发布人民币汇率中间价、上海银行间同业拆放利率（Shibor）、贷款基础利率（LPR）、人民币参考汇率、CFETS人民币汇率指数等。交易中心于1994年4月推出外汇交易系统，1996年1月启用人民币信用拆借系统，1997年6月开办银行间债券交易业务，1999年9月推出交易信息系统，2002年6月开办外币拆借中介业务，2003年6月推出中国票据报价系统，2005年5月上线银行间外币买卖业务，2005年6月开通银行间债券远期交易，2005年8月推出人民币/外币远期交易，为银行间外汇市场、人民币拆借市场、债券市场和票据市场提供交易、清算、信息和监管等服务，在支持人民币汇率稳定、传导央行货币政策、服务金融机构和监管部门等方面发挥了重要的作用。

目前我国证券交易市场已经成长为交易规模巨大、交易品种齐全、交易方式多样、交易技术先进、交易体系完整的全球领先资本市场之一，形成了以上海证券交易所、深圳证券交易所为主体的股票及其衍生品交易市场，以上海金融期货交易所、上海期货交易所、大连商品交易所、郑州商品交易所为主体的商品期货、金融期货交易市场，以全国中小企业股份转让系统、上海外汇交易中心为主体的场外交易市场，以及各类各地的产权交易所，它们共同构成了一个多层次、全方位、立体式的证券交易体系。

提出疑问：

1. 我国证券交易市场的类型和特征是什么？
2. 场外证券交易市场对我国资本市场的发展有什么意义？
3. 证券上市的条件是什么？
4. 证券市场如何进行交易？

单元一　证券交易市场概述

证券交易市场是已发行证券的买卖、转让和流通的市场。证券交易市场为已发行证券提供了转手交易的场所，提高了证券的流动性，为投资者提供了投资和变现的机会，对证券的发行发挥着积极的推动作用。

证券交易的方式
知多少？——证券
交易市场概述

一、证券交易的概念

证券交易是指已发行证券在证券市场上买卖的活动。证券具有流通变现性和收益性是投资者用闲置资金投资证券的主要原因，而证券交易则是使证券流通性和收益性得以实现的途径。证券买卖不是一次性的，理论上可以在众多的投资者中无限次易手。投资者可通过证券交易实现变现、获取价格波动收益或取得控制权等种种投资目的。

二、证券交易的方式

证券交易方式是投资者进行证券买卖交易的方法与技术形式。随着商品交易方式的发展、创新，证券交易方式也不断推陈出新。投资者在进行证券交易时，可根据自身承受风险的能力、追求的目标、投资方式偏好等选用合适的证券交易方式。

目前，国内外最常用的分类方法是按证券交易成交后交割期限的不同进行分类，主要可分为证券现货交易、远期交易和期货交易、信用交易、期权交易等。

1. 现货交易

现货交易是普通市场上最古老的交易方式，也是证券市场上最原始的交易方式，最初是在成交后即时交割证券和钱款，为"一手交钱、一手交货"的典型形式。在现代现货交易中，证券成交与交割之间通常都有一定的时间间隔，时间间隔长短依证券交易所规定的交割日期确定。证券的成交与交割可以在同日，也可不在同一日期。在国际上，现货交易的成交与交割的时间间隔一般不超过 20 日。如依现行的 T+1 交割规则，证券经纪机构与投资者之间应在成交后的下一个营业日办理完毕交割事宜，如果该下一营业日正逢法定休假日，则交割日期顺延至该法定休假日开始后的第一个营业日。

在现货交易中，证券出卖人必须持有证券，证券购买人必须持有相应的货币，成交日期与交割日期相对比较接近，交割风险较低。从稳定交易秩序的角度讲，现货交易应成为主要交易形式。现货交易作为历史上最古老的证券交易方式，适应信用制度相对落后和交易规则相对简单的社会环境，有助于减少交易风险，是一种较安全的证券交易形式，也是场内交易和场外交易中广泛采用的证券交易形式。

2. 远期交易和期货交易

远期交易是指双方约定在未来某一时刻（或时间段内）按照现在确定的价格进行交易。期货交易则是在交易所进行的标准化远期交易，即交易双方在集中性的市场按期货合同规定在未来的某个日期，依成交时双方商定以公开竞价的方式所进行的期货合约交易。其中，期货合约是指由交易双方订立的、约定在未来某日期按照成交时约定的价格交割一定数量的某种商品的标准化协议。期货合约从买卖委托成立到清算交割日之间可以是1个月、3个月、6个月不等。所以，对于期货交易双方来说，他们可以在期货合约到期之前，再买入或卖出相同的期货，在实际交割时进行对冲而减少或避免实物交割。期货交易的参与者，通常可分为套期保值者和投机者。套期保值者把期货市场当作转移价格风险的场所，利用期货市场进行对冲买卖，以减少价格变动的风险，确保正常的收益水平；投机者则是利用对未来证券价格波动的预测"做多"或"做空"，以获取价差收益。

期货交易相对于现货交易，其特殊作用表现在：有利于投资者转移价格风险，实现套期保值；有利于投资者的投机获利，从而为期货市场注入活力；有利于价格发现，避免市场的无序和混乱现象；有利于资金周转。

3. 信用交易

信用交易又称"保证金交易"，是指证券交易者在证券交易时，不用提供交易所需的全部资金或证券，只需通过向经纪人交付一定的保证金（现金或者证券），由经纪人提供融资或融券来达成交易。采用这种方式进行交易时，客户必须在经纪人处开设保证金账户，按法律规定存入一定的资金或证券，其余应付证券或资金不足时，由经纪人代付。信用交易又可分为保证金买长和保证金卖短两种形式。

（1）保证金买长，也称为保证金买空，是指投资者在预期某种证券行市看涨时希望买入一定数量的该种证券却苦于资金不足，则可向经纪人支付一定数量的保证金后，由经纪人垫付不足的款项代其购入证券的交易方式。当日后证券上涨时，投资者适时售出证券，所得收入除归还经纪人垫款、融资利息和佣金外，还可取得价差收益。反之，如果预测不准，行情不涨反跌，就会造成很大的亏损。

（2）保证金卖短，也称为保证金卖空，是指当投资者预期某种证券行情看跌时希望出售一批该种证券，但其手中无此种证券，则可向经纪人交付一定数量的保证金后，从经纪人手中借入所需的该种证券再抛向市场的交易方式。当日后证券行情如预期的那样下跌时，投资者再低价买入该种证券归还给经纪人，取得贵卖贱买的价差收入，在支付经纪人融券的利息和佣金后即为投资者的收益。若预测失误，行情不跌反涨，则也可能面临惨重的损失。

从世界范围来看，融资融券制度是一项基本的信用交易制度。融资融券业务是指证券公司向客户出借资金供其买入上市证券或者出借上市证券供其卖出，并收取担保物的经营活动。在我国，上交所、深交所于2010年3月31日起正式开通融资融券交易系统，开始接受试点会员融资融券交易申报，融资融券业务正式启动。

4. 期权交易

期权交易是证券市场上随金融创新的演进而迅速发展起来的一种现代交易方式，即通过购买以债券、股票、股票价格指数、股票指数期货等为标的物的期权合约来进行保值或套利活动。这其中以股票期权的交易最为流行，特别是在股市价格波动较大的时候，买卖股票期权的交易充满着以小博大的风险和意想不到的收益。

单元二　证券交易市场的类型

证券交易市场也称二级市场、次级市场，是已发行证券的买卖、转让和流通的市场。证券交易市场的作用在于：①为各种类型的证券提供便利而充分的交易条件；②为各种交易证券提供公开、公平、充分的价格竞争，以发现合理的交易价格；③实施公开、公正和及时的信息披露；④提供安全、便利、迅捷的交易和交易后服务。证券交易市场可分为场内交易市场（证券交易所市场）和场外交易市场两种形式。

场内市场和场外市场的区别在哪里？——证券交易市场的类型

一、证券交易所市场

证券交易所是有组织的证券交易市场，又称为"场内交易市场"。根据我国《证券法》规定，证券交易所、国务院批准的其他全国性证券交易场所为证券集中交易提供场所和设施，组织和监督证券交易，实行自律管理，依法登记，取得法人资格。证券交易所、国务院批准的其他全国性证券交易场所的设立、变更和解散由国务院决定。与证券公司等证券经营机构不同，证券交易所本身并不从事证券买卖业务，只是为证券交易提供场所和各项服务，并履行对证券交易的监管职能。

1. 证券交易所的职能

证券交易所是证券交易的组织者，但本身不从事证券的买卖。具体而言，证券交易所在证券交易中发挥以下职能：

（1）提供交易场所。证券交易所为证券交易各方提供交易设施和服务，如通信系统、计算机设备、办理证券的结算和过户等，使证券交易各方能迅速、便捷地完成各项证券交易活动。交易所的存在为筹资者提供了便捷的融资渠道，也为投资者提供了多种投资工具和有序的交易场所。证券的集中交易有利于保持证券的流通性，提高资金的配置效率。

（2）形成市场价格。集中交易汇集了买方和卖方的各种信息，需求和供给的均衡形成市场价格。市场价格反映了当时的供需状况，从而传递了一个反映各方观点的汇总信号，因此，证券市场也被视为经济的晴雨表。

（3）制定交易规则。交易规则主要包括上市退市规则、报价竞价规则、信息披露规则以及交割结算规则等。不同交易所的主要区别在于交易规则的差异，同一交易所也可能采用多种交易规则，从而形成细分市场，如纳斯达克按照不同的上市条件细分为全球精选市场、全球市场和资本市场。

（4）维护交易秩序。任何交易规则都不可能十分完善，并且交易规则也不一定能得到有效执行，因此，交易所的一大核心功能便是监管各种违反公平原则及交易规则的行为，使交易公平、有序地进行。

（5）提供交易信息。证券交易依靠的是信息，包括上市公司的信息和证券交易信息。交易所对上市公司信息的提供负有督促和适当审查的责任，对交易行情负有即时公布的义务。

2. 证券交易所的组织形式

从西方各种证券交易所的创建和演变历程来看，证券交易所有两种基本组织形式：会员制证券交易所和公司制证券交易所。

（1）会员制证券交易所。会员制证券交易所是以会员协会形式成立的不以营利为目的的组织，主要由证券商组成。只有会员及享有特许权的经纪人，才有资格在交易所中进行交易。会员制证券交易所实行会员自治、自律、自我管理。其最高权力机构是会员大会，执行机构是理事会，理事会聘请经理人员负责日常事务。目前大多数国家的证券交易所均实行会员制，我国境内的上海证券交易所、深圳证券交易所都实行会员制。

（2）公司制证券交易所。公司制证券交易所是以营利为目的，由各类出资人共同投资入股建立起来的公司法人。公司制证券交易所对在本所内的证券交易负有担保责任，必须设有赔偿基金。证券商及其股东不得担任证券交易所的董事、监事或经理，以保证交易所经营者与交易参与者的分离。瑞士的日内瓦证券交易所、美国的纽约证券交易所及我国的北京证券交易所实行公司制。

3. 我国境内证券交易所的层次结构

根据社会经济发展对资本市场的需求和建设多层次资本市场的部署，我国境内在以上海证券交易所、深圳证券交易所作为证券市场主板市场的基础上，又在深交所设置了中小企业板块市场和创业板市场，在上交所设置了科创板市场，从而形成我国境内交易所市场的不同市场层次。

（1）主板市场。主板市场是一个国家或地区证券发行、上市及交易的主要场所，一般而言，各国主要的证券交易所代表着国内主板主场。主板市场对发行人的营业期限、股本大小、盈利水平、最低市值等方面的要求标准较高，上市企业多为大型成熟企业，具有较大的资本规模以及稳定的盈利能力。相对创业板市场而言，主板市场是资本市场中最重要的组成部分，很大程度上能够反映经济发展状况。上交所、深交所是我国境内证券市场的主板市场。其中，上交所于1990年12月19日正式营业，深交所于1991年7月3日正式营业。

2004年5月，经国务院批准，中国证监会批复同意，深交所在主板市场内设立中小企业板块市场。设立中小板块的宗旨是为主业突出、具有成长性和科技含量的中小企业提供直接融资平台，是我国多层次资本市场体系建设的一项重要内容，也是分步推进创业板市场建设的一个重要步骤。

2021年2月5日，经中国证监会批准，深交所启动合并主板与中小板相关准备工作。同年3月31日，深交所发布两板合并业务通知及相关规则，明确合并实施后的相关安排，并于4月6日正式实施两板合并。

（2）创业板市场。创业板市场是指专门协助具有高成长性的新兴创新公司特别是高科技公司筹资并进行资本运作的市场，也被称为二板市场、另类股票市场、增长型股票市场等。它与大型成熟上市公司的主板市场不同，是一个前瞻性市场，注重公司的发展前景与增长潜力。其上市标准要低于成熟的主板市场。经国务院同意、中国证监会批准，我国创业板市场于2009年10月23日在深圳证券交易所启动。我国创业板市场主要面对成长型创业企业，重点支持自主创新企业，支持市场前景好、带动能力强、就业机会多的成长型创业企业，特别是新兴产业的发展。

知识拓展 我国的创业板市场

2004 年 5 月 17 日，证监会同意深交所设立中小企业板块，作为向创业板的过渡。2007 年 8 月 22 日，《创业板发行上市管理办法（草案）》获国务院批准。2009 年 10 月 23 日，深交所举行了开板仪式，我国创业板市场正式推出。首批 28 家创业板公司于同年 10 月 30 日集中在深交所挂牌上市，这意味着备受市场关注的创业板市场在此日正式开市交易。

创业板的推出标志着我国股市多层次细分的市场架构基本成形，尤其是上交所与深交所的市场定位、市场特色及核心竞争力更加分明：上交所是以国企为主体的大公司板；而深交所的中小板是纯粹的中型"民营企业板"，创业板则是小型高科技板、高成长板。上交所与深交所之间已经形成一种合作性竞争关系。我国股市层次与功能的细分，不但进一步清晰了我国股市发展的基本战略方向，而且在很大程度上也进一步理顺了我国两大证交所之间的相互关系：相互分工，相互补充；相互竞争，相互促进。创业板与主板市场的定位差异如表 7-1 所示。

表 7-1 我国创业板与主板上市条件对比

条 件	A 股主板	创 业 板
主体资格	依法设立且持续经营 3 年以上的股份公司	依法设立且合法存续的股份公司
盈利要求	（1）最近 3 个会计年度净利润均为正数且累计超过人民币 3 000 万元，净利润以扣除非经常性损益前后较低者为计算依据 （2）最近 3 个会计年度经营活动产生的现金流量净额累计超过人民币 5 000 万元；或者最近 3 个会计年度营业收入累计超过人民币 3 亿元 （3）最近 1 期不存在未弥补亏损	（1）最近 2 年连续盈利，最近 2 年净利润累计不少于 1 000 万元，且持续增长；或者最近 1 年盈利，且净利润不少于 500 万元，最近 1 年营业收入不少于 5 000 万元，最近 2 年营业收入增长率均不低于 30% （2）净利润以扣除非经常性损益前后款低者为计算依据 （注：上述要求为选择性标准，符合其中一条即可）
资产要求	最近 1 期末无形资产（扣除土地使用权、水面养殖权和采矿权等后）占净资产的比例不高于 20%	最近 1 期末净资产不少于 2 000 万元
股本要求	发行前股本总额不少于人民币 3 000 万元	企业发行后的股本总额不少于 3 000 万元
主营业务要求	最近 3 年内主营业务没有发生重大变化	发行人应当主营业务突出。同时，要求募集资金只能用于发展主营业务
董事及管理层	最近 3 年内没有发生重大变化	最近 2 年内未发生重大变化
实际控制人	最近 3 年内实际控制人未发生变更	最近 2 年内实际控制人未发生变更
发审委	设主板发行审核委员会（25 人）	设创业板发行审核委员会，加大行业专家委员的比例，委员与主板发审委委员不互相兼任
初审征求意见	征求省级人民政府、国家发改委意见	无

（资料来源：根据深圳证券交易所网站相关信息整理。）

（3）科创板市场。为了更好地发挥上海等地区在对外开放中的重要作用，2018 年 11 月，中央决定在上交所设立科创板并试点注册制。2019 年 1 月 30 日，证监会发布《关于在上海证券交易所设立科创板并试点注册制的实施意见》。2019 年 6 月 13 日，科创板正式开板。上交所科创板的推出，不仅是要为 A 股市场提供一个注册制改革试点的模板，更希望能够和深交所创业板一起，共同为中国实施创新驱动、科技强国战略，推动高质量发展，支持上海国际金融中心及科技创新中心建设，乃至为全球经济一体化发展做出更大贡献。

无论是发行条件还是审核权利、定价机制以及交易机制等多个方面，科创板都与现有的主板、中小板、创业板有很多不同。

1）发行上市条件更包容。主板、中小板和创业板的发行上市条件，都只参考财务指标。其中，主板、中小板对盈利的连续性和绝对金额要求比较高，创业板的盈利条件相对宽松，但都需要企业连续盈利，才可以发行上市。科创板的发行上市条件则有更强的包容性，综合考虑市值、营收、经营活动现金流、研发投入和产品的技术优势等因素，设计了五套上市标准。科创板虽然也参考财务指标，但强调持续经营能力，而不强调持续盈利能力。尚未盈利或存在累计未弥补亏损的企业，只要核心产品有明显技术优势，就可以在科创板发行上市。

2）上市审核及注册条件不同。主板、中小板和创业板都是核准制，由证监会发审委对企业的申报材料进行审核。科创板则试行注册制，由证券交易所负责发行上市审核，证监会做出准予注册的决定。

3）定价机制市场化。主板、中小板和创业板目前的定价机制都是采用直接定价方式，原则上以静态市盈率的 23 倍为发行价。科创板则全面采用市场化询价的定价方式。科创板的发行，除了保留主板、中小板和创业板的"网上＋网下"配售机制之外，网下配售对象从原来的六类增至七类，引入私募参与网下询价配售。此外还试行保荐机构跟投机制、鼓励高管参与战略配售、引入绿鞋机制等，以保证定价机制市场化。

4）交易机制更灵活。首先，主板、中小板对投资者的资金量没有要求，创业板要求投资者个人证券或资金账户在 50 万元以上；科创板对投资者个人证券及资金账户的门槛是 50 万元，这一点和创业板相同，有别于主板、中小板的零门槛。其次，主板、中小板和创业板的交易涨跌幅限制都在 10% 以内，新股上市首日，有效申报价格限制在发行价格的 144%；而科创板的涨跌幅限制放宽到 20%，首发、增发上市的股票，上市后前 5 个交易日不设涨跌幅限制。第三，在交易数量方面，主板、中小板和创业板的单笔申报数量都是 100 股或其整数倍，申报上限是 100 万股；而科创板的单笔申报数量是不小于 200 股，可按 1 股为单位递增，限价申报最大不超过 10 万股，市价申报最大不超过 5 万股。由于涨跌幅的扩大，融资、融券的放开，科创板股票的波动会比主板、中小板和创业板大得多。

5）监管更严格。在公司治理和持续监管方面，科创板的要求要比主板、中小板和创业板严格得多，科创板企业更容易触发退市。

（4）北京证券交易所（简称北交所）。北交所于 2021 年 9 月 3 日注册成立，是经国务院批准设立的我国第一家公司制证券交易所，受中国证监会监督管理。其经营范围为依法为证券集中交易提供场所和设施、组织和监督证券交易以及证券市场管理服务等业务。

2021 年 9 月 2 日，习近平总书记在 2021 年中国国际服务贸易交易会全球服务贸易峰会上的致辞中宣布："我们将继续支持中小企业创新发展，深化新三板改革，设立北京证券交易所，打造服务创新型中小企业主阵地。"这是对资本市场更好服务构建新发展格局、推动高质量发展做出的新的重大战略部署，是实施国家创新驱动发展战略、持续培育发展新动能的重要举措，也是深化金融供给侧结构性改革、完善多层次资本市场体系的重要内容，对于更好发挥资本市场功能作用、促进科技与资本融合、支持中小企业创新发展具有重要意义。北交所的建设遵循以下原则：

1）坚守"一个定位"。北京证券交易所牢牢坚持服务创新型中小企业的市场定位，尊重创新型中小企业发展规律和成长阶段，提升制度包容性和精准性。

2）处理好"两个关系"。一是北交所与沪深交易所、区域性股权市场坚持错位发展与互联互通，发挥好转板上市功能；二是北交所与新三板现有创新层、基础层坚持统筹协调与制度联动，维护市场结构平衡。

3）实现"三个目标"。一是构建一套契合创新型中小企业特点的涵盖发行上市、交易、退市、持续监管、投资者适当性管理等基础制度安排，提升多层次资本市场发展普惠金融的能力；二是畅通北交所在多层次资本市场的纽带作用，形成相互补充、相互促进的中小企业直接融资成长路径；三是培育一批专精特新中小企业，形成创新创业热情高涨、合格投资者踊跃参与、中介机构归位尽责的良性市场生态。

北交所为集成电路、智能网联汽车、区块链、创新药等高精尖企业提供创新型、服务型融资平台，吸引更多优质和长线资金入市，为"专精特新"中小企业提供稳定、优质的融资来源。

北交所与新三板现有创新层、基础层形成"层层递进"的市场结构，精选层挂牌公司直接上市，省去了转板过程；为行业标杆企业提供上市渠道，为创投提供退出渠道；推动中小企业更早熟悉、更早进入资本市场，培育公司治理文化和信息披露意识。

二、场外交易市场

场外交易市场是相对于交易所市场而言的，是在证券交易所之外进行证券买卖的市场。传统的场内市场和场外市场在物理概念上的区分为：交易所市场的交易是集中在交易大厅内进行的；场外市场也称"柜台市场"或"店头市场"，是分散在各个证券商柜台的市场，无集中交易场所和统一的交易制度。

1. 场外交易市场的特征

（1）分散的无形市场。场外交易市场没有固定的、集中的交易场所，而是由许多各自独立经营的证券经营机构分别进行交易的，并且主要是依靠电话和计算机网络联系成交的。

（2）通常采用做市商制。场外交易市场与证券交易所的区别在于不采取经纪制，投资者直接与证券商进行交易。证券交易通常在证券商之间或是证券商与投资者之间直接进行，不需要中介人。在场外证券交易中，证券商先行垫入资金买进若干证券作为库存，然后开始挂牌对外进行交易。他们以较低的价格买进，再以略高的价格卖出，从中赚取差价，但其加价幅度一般受到限制。证券商既是交易的直接参加者，又是市场的组织者，他们制造出证券交易的机会并组织市场活动，因此又被称为"做市商"（Market Maker）。这里的"做市商"是指场外交易市场的做市商，与场内交易中的做市商不完全相同。

（3）以议价方式进行证券交易。在场外交易市场上，证券买卖采取一对一交易方式，对同一种证券的买卖不可能同时出现众多的买方和卖方，也就不存在公开的竞价机制。场外交易市场的价格决定机制不是公开竞价，而是买卖双方协商议价。具体来说，是证券公司对自己所经营的证券同时挂出买入价和卖出价，并无条件地按买入价买入证券和按卖出价卖出证券，最终的成交价是在牌价基础上经双方协商决定的不含佣金的净价。券商可根据市场情况随时调整所挂的牌价。随着计算机和网络通信等电子技术的应用，场外交易市场也可以采用计算机自动撮合交易。目前的场外交易已经不再是单纯采用集中报价、分散成交的模式，而是掺杂自动竞价撮合，形成混合交易模式。

（4）其管理比证券交易所宽松。场外交易市场通常对信息披露的要求较低，监管较为宽松。由于场外交易市场分散，缺乏统一的组织和章程，不易管理和监督，其交易效率也不及证券交易所。但是，美国的 NASDAQ 市场借助计算机系统将分散于全美国的场外交易市场联成网络，在管理和效率上都有很大提高。

2. 场外交易市场的功能

场外交易市场是多层次资本市场体系的重要组成部分，主要具备以下功能：

（1）拓宽融资渠道，改善中小企业融资环境。中小企业尤其是民营企业的发展在难以满足现有资本市场约束的情况下，很难获得持续稳定的资本供给。场外交易市场的建设和发展拓展了资本市场集聚的配置资源的范围，为中小企业提供了与其风险状况相匹配的融资工具。

（2）提供风险分层的金融资产管理渠道。建立多层次资本市场体系，发展场外交易市场能够增加不同风险等级的产品供给，提供必要的风险管理工具以及风险的分层管理体系，为不同风险偏好的投资者提供了更多不同风险等级的产品，满足投资者对金融资产管理渠道多样化的要求。

（3）场外交易市场是证券交易所的必要补充。场外交易市场是一个"开放"的市场，投资者可以与证券商直接成交，不仅交易时间灵活分散，而且交易手续简单方便，价格又可协商。这种交易方式可以满足部分投资者的需要，因而成为证券交易所的"卫星市场"。

3. 我国的场外交易市场

（1）银行间债券市场。银行间债券市场是指依托于中国外汇交易中心暨全国银行间同业拆借中心（简称同业中心）、中央国债登记结算有限责任公司（简称中央结算公司）、银行间市场清算所股份有限公司（简称上海清算所）的，由商业银行、农村信用联社、保险公司、证券公司等金融机构进行债券买卖和回购的市场。银行间债券市场目前已成为我国债券市场的主体部分，记账式国债的大部分、政策性金融债券都在该市场发行并上市交易。

银行间债券市场由中国外汇交易中心为市场参与者的报价、交易提供中介及信息服务，其总部设在上海，备份中心建在北京，其主管部门为中国人民银行。银行间债券市场的交易规则如下：

1）交易方式：银行间债券市场参与者以询价方式与自己选定的交易对手逐笔达成交易，这与我国沪深交易所的交易方式不同。交易所进行的债券交易与股票交易一样，是由众多投资者共同竞价并经精算机构配合磋商成交的。

2）交易品种：银行间债券市场的交易品种为债券的现券交易与回购交易，其中现券交易的品种包括国债和以市场化形式发行的政策性金融债券，回购交易的品种包括国债、中央银行票据、政策性金融债券和企业中期票据。

3）交易时间：每周一到周五（节假日除外）9:00—12:00，13:30—16:30。

4）成员构成：我国境内的商业银行及其授权分行、信托投资公司、证券公司、基金公司、保险公司等金融机构以及经金融监管当局批准可投资于债券资产的其他金融机构，均有资格申请与交易中心交易系统联网交易。银行间债券交易市场的主力是商业银行，其交易额占市场交易额的 70% 以上。

（2）代办股份转让系统。代办股份转让系统又称三板市场，是指经中国证券业协会批准，具有代办系统主办券商业务资格的证券公司采用电子交易方式，为非上市股份有限公司提供的股份转让服务的平台。

为妥善解决原 STAQ、NET 系统挂牌公司流通股的转让问题，2001 年 6 月 12 日经中国证监会批准，中国证券业协会发布《证券公司代办股份转让服务业务试点办法》，代办股份转让工作正式启动，7 月 16 日第一家股份转让公司挂牌。为解决退市公司股份转让问题，2002 年 8 月 29 日起退市公司纳入代办股份转让试点范围。2006 年发布的《证券公司代办股份转让系统中关村科技园区非上市股份有限公司股份报价转让试点办法》，将中关村科技园区非上市股份有限公司也纳入代办股份转让系统，俗称"新三板"。

目前代办股份转让试点范围包括两种：一是原 STAQ、NET 系统挂牌公司和沪、深证券交易所的退市公司；二是中关村科技园区非上市股份有限公司。股份转让以集合竞价的方式配对撮合，现股份转让价格不设指数，股份转让价格实行 5% 的涨跌幅限制。股份实行分类转让，公司股东权益为正值或净利润为正值的，股份每周转让五次，其他公司股份每周转让三次。

代办股份转让是独立于证券交易所之外的一个系统，投资者在进行股份委托转让前，需要开立非上市股份有限公司股份转让账户。

代办股份转让系统的主要功能是为非上市中小型高新技术股份公司提供股份转让服务，同时也为退市后的上市公司股份提供继续流通的场所，并解决了原 STAQ、NET 系统历史遗留的数家公司法人股的流通问题。

单元三　证券交易程序

证券在证券交易所的交易程序一般包括开户、委托、竞价与成交、结算等环节，如图 7-1 所示。

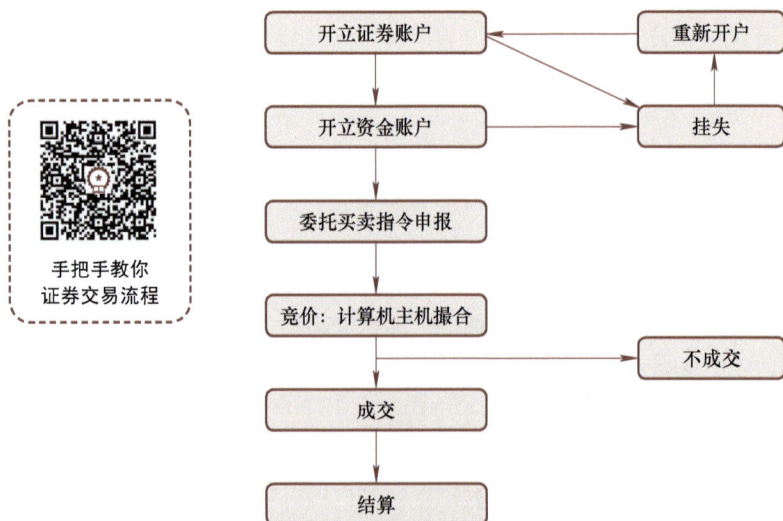

手把手教你
证券交易流程

图 7-1　证券交易的程序

一、开户

投资者在买卖证券之前，需要开立证券账户和资金账户。证券账户用来记载投资者所持有的证券种类、数量相应的变动情况，资金账户则用来记载、反映投资者买卖证券的货币收付和结存数额。

1．证券账户的开立

开立证券账户是投资者进行证券交易的先决条件。按照交易场所划分，证券账户可以分为上海证券账户和深圳证券账户。按照投资者性质划分，证券账户又分为个人账户和法人账户。根据《中国证券登记结算有限责任公司证券账户管理规则》的规定，中国证券登记结算有限责任公司（以下简称中国结算公司）对证券账户实施统一管理。投资者证券账户由中国结算上海分公司、深圳分公司及中国结算公司委托的开户代理机构负责开立。其中，开立代理机构是指中国结算公司委托代理证券账户开户业务的证券公司、商业银行及中国结算公司境外 B 股结算会员。证券公司和基金管理公司等机构开立证券账户，由中国结算公司直接受理；自然人及一般机构开立证券账户，由开户代理机构受理。目前，多数证券公司营业部都取得了开户代理资格，可以代理中国结算公司为投资者开立证券账户。

自 2015 年 4 月起，我国取消自然人投资者开立 A 股证券一人一户限制，允许自然人投资者根据实际需要开立多个沪深 A 股账户及场内封闭式基金账户，同一投资者最多可以开立 20 个证券账户。

2．证券账户的类型

目前，深圳证券账户当日开立，当日生效；上海证券账户当日开立，次日生效。普通股票投资者一般开通的是 A 股账户。按照交易类别，证券账户可以分为：

（1）人民币普通股票账户，即 A 股账户，可以买入、卖出交易所所有人民币证券。

（2）人民币特种股票账户，即 B 股账户（上海以 C 字母开头，深圳以 2 开头）。B 股账户按账户持有人不同可分为境内投资者证券账户（上海以 C90 开头）、境外投资者证券账户（上海以 C99 开头）。B 股账户可以买入、卖出 B 股证券。

（3）证券投资基金账户（上海以 F 开头），只能用于买卖上市基金和国债，应用范围较小。

3．资金账户的开立

资金账户是投资者在证券商处开设的资金专用账户，用于存放投资者买入证券所需资金或卖出证券取得的资金，记录证券交易资金的币种、余额和变动情况。资金账广类似于银行的活期存折，投资者可以随时提取存款，也可以获得活期存款的利息。投资者必须向选定的证券公司申请开立资金账户，存入交易保证金。不是证券交易所会员的投资者，不能进入交易所直接买卖证券。投资者必须选择一家证券公司，委托该公司帮助其买卖在证券交易所挂牌的证券。证券公司接受客户委托，代客户买卖证券，以此收取佣金，并向客户提供及时、准确的信息和咨询服务。

投资者选择证券公司时一般考虑以下因素：证券公司的信誉和经济实力，证券公司的设备条件和服务质量，机构投资者还要考虑交易操作人员的工作环境和是否能够保守商业秘密，个人投资者应考虑证券营业部的地理位置、交通便利性、佣金标准是否能接受等。投资者持证券账户卡、个人身份证件，到证券公司的开户柜台，与证券公司签订证券买卖代理协议，开立证券交易结算资金账户，自行设置交易密码和资金密码，领取资金账户卡。目前，大多数证券公司都可以远程网上开立资金账户。我国《证券法》规定："证券公司客户的交易结算资金应存放在商业银行，以每个客户的名义单独立户管理。"

二、委托

在证券交易所市场，除了交易所会员的自营业务外，投资者买卖证券不能直接进入交易所办理，必须通过证券交易所的会员进行。换言之，投资者需要通过经纪商（证券经纪商职能一般由证券公司行使）的代理才能在证券交易所买卖证券。投资者向经纪商下达买进或卖出证券指令的行为，称为委托。从不同的角度看，委托可有不同的分类。

1. 整数委托和零数委托

从买卖证券的数量看，委托有整数委托和零数委托之分。

（1）整数委托是指投资者委托经纪人买进或卖出的证券数量是以一个交易单位为起点或是一个交易单位的整数倍。一个交易单位称为"一手"。"手"的概念来源于证券交易初期的一手交钱一手交货，现已发展为"标准手"。如上交所、深交所规定：A 股、B 股、基金的标准手就是每 100 股或 1000 基金单位为一手；债券以 100 元面值为一张，10 张即 1000 元为一标准手。

（2）零数委托是指委托买卖的证券数量不足一个交易单位。若以一手等于 100 股为一个交易单位，则 1 ～ 99 股便为零股。一般规定，只有交易额达到一个交易单位或交易单位的整数倍，才允许进交易所内交易；零股则必须由经纪人凑齐为整数股后，才能进行交易。

2. 市价委托和限价委托

从委托的价格看，有市价委托和限价委托之分。

（1）市价委托是指投资者向经纪人发出委托指令时，只规定某种证券的名称、数量，对价格则不做限定，由经纪人随行就市。市价委托便于成交，尤其在证券价格急剧波动，投资者亟须立即卖出或买入某种股票时，为减少损失或增加更多的收益，常以此方式报价成交。

（2）限价委托即由投资者发出委托指令时，提出买入或卖出某种证券的价格范围，经纪人在执行时必须按限定的最低价格或高于最低价格卖出，或是按限定的最高价格或低于最高价格买进。限价委托有可能按投资者希望的价格成交，有利于投资者谋取较大的收益，但成交速度慢，有可能坐失良机。若投资者预期失误，有可能无法成交而蒙受损失。

3. 柜台递单委托、电话自动委托、计算机自动委托和远程终端委托

从委托的方式看，有柜台递单委托、电话自动委托、计算机自动委托和远程终端委托之分。

（1）柜台递单委托是指投资者持身份证和账户卡，由投资者在证券商柜台填写买进或卖出委托书，交由柜台工作人员审核执行。

（2）电话自动委托是指投资者通过电话拨号的方式通过证券商柜台的电话自动委托系统，用电话机上的数字和符号键输入委托指令。

（3）计算机自动委托是指投资者通过证券商在营业厅或专户室设置的柜台计算机自动委托终端亲自下达买进或卖出的指令。

（4）远程终端委托是指投资者通过与证券商柜台计算机系统联网的远程终端或者互联网下达买进或卖出指令。目前，大部分投资者都是通过远程终端委托发出买卖指令。

4. 不定期委托和定期委托

从委托的有效期看，有不定期委托与定期委托之分。

（1）不定期委托也称有效委托，即投资者发出委托指令时不规定指令的有效期限，只要不

宣布撤销委托，则指令一直有效。

（2）定期委托也称限时委托，是指投资者发出委托买卖指令时，对交易的时间有一定的限制，超过时限则委托指令自动失效，而不论买卖是否成交。若投资者仍有买卖意向，则需重新提出委托。我国证券交易中的有效期限分为当日有效和 5 日内有效两种。

三、竞价与成交

证券交易所交易系统接受申报后，要根据订单的成交规则进行撮合配对。符合成交条件的予以成交，不符合成交条件的继续等待成交，超过委托时效的订单失效。

1. 竞价方式

经纪人在接受投资者委托后，即按投资者指令进行申报竞价，然后拍板成交。从证券交易发展的过程来看，申报竞价的方式一般有口头竞价、牌板竞价、书面竞价和计算机终端申报竞价等。

（1）口头竞价是指场内交易员在交易柜台或指定区域内大声喊出自己买入卖出的证券价格、数量直至成交；同时辅以手势，以手指变动表示不同的数字，掌心向内表示买进，掌心向外表示卖出。

（2）牌板竞价是指买方的出价和卖方的要价都书写在交易牌板上来表示，经纪人通过牌板竞价直至成交。

（3）书面竞价是指场内交易员将买卖要求填写在买卖登记单上交给交易所的中介人，通过中介人撮合成交。

（4）计算机终端申报竞价是指证券公司交易员通过计算机终端机将买卖报价传输到交易所的计算机主机，然后由计算机主机配对成交。目前，这是世界各国证券交易所采用的主要竞价方式。

2. 成交方式

目前在世界所有证券或证券衍生产品市场，成交价的决定基本上按价格的形成是否连续分为连续竞价和集合竞价。世界上大多数的证券市场在大部分交易时间均采用连续竞价方式交易。

目前，上交所、深交所同时采用集合竞价和连续竞价两种方式。集合竞价是指对一定时间内接收的买卖申报一次性集中撮合的竞价方式；连续竞价是指对买卖申报逐笔连续撮合的竞价方式。在每个交易日的上午 9:15—9:25，计算机撮合系统对接收的全部有效委托进行集合竞价处理，对其余交易时间的有效委托进行连续竞价处理。

3. 成交原则

证券交易所的计算机撮合系统按照"价格优先、时间优先、数量优先"的原则撮合成交。①价格优先是指较高价格买进申报优先于较低价格买进申报，较低价格卖出申报优先于较高价格卖出申报，市价买卖申报优先于限价买卖申报。②时间优先是指买卖方向、价格相同的申报，先申报者优先于后申报者。口头申报竞价时按中介经纪人听到的先后顺序排列，计算机申报竞价时先后顺序按交易主机接受申报的时间确定，书面申报竞价时按中介经纪人收到书面委托书的顺序排列。③数量优先是指在买卖申报价格、时间相同时，交易数量较大者优先于交易数量较小者。

4. 竞价结果

投资者的委托指令经过竞价后，主要有全部成交、部分成交和不成交三种结果。如果投资者的委托买卖全部成交，证券经纪商应及时通知委托人，并按规定办理交割手续；如果投资者的委托只成交一部分，则在委托有效期内证券经纪商要对未成交部分继续执行，直到全部成交或有效期结束；如果投资者的委托未能成交，则证券经纪商在委托有效期内应继续执行，直到成交或有效期结束。

四、结算

证券交易成交后，首先需要对买方在资金方面的应付额和在证券方面的应收种类和数量进行计算，同时也要对卖方在资金方面的应收额和在证券方面的应付种类和数量进行计算。这一过程属于清算，包括资金清算和证券清算。清算结束后，需要完成证券由卖方向买方转移和对应的资金由买方向卖方的转移，这一过程属于交收。清算和交收是结算的两个方面。

证券的结算方式有逐笔结算和净额结算两种。逐笔结算是指买卖双方在每一笔交易达成后对应收、应付的证券和资金进行一次交收，可以通过结算机构进行，也可以由买卖双方直接进行，比较适合以大宗交易为主、成交笔数少的证券市场和交易方式。净额结算是指买卖双方在约定的期限内对已达成的交易进行清算，按资金和证券的净额进行交收。该方式比较适合于投资者较为分散、交易次数频繁、每笔成交量较小的证券市场和交易方式。净额结算通常需要经过两次结算，即首先由证券交易所的清算中心与证券商之间进行结算，称为一级结算；然后由证券商与投资者之间进行结算，称为二级结算。

证券结算的时间安排，在不同的证券交易所因其传统和交易方式的不同而不同。目前，各交易所在交收日的安排上可分为两种：一是会计日交收，是指在一段时期内发生的所有交易在交易所规定的日期交收。如比利时证券市场根据交易所排定日期安排交收，奥地利证券市场交易安排在次周一交收，印度证券市场交易每周安排一次交收。二是滚动交收，是指所有的交易安排于交易日后固定天数内完成，大多数国家的证券市场都采用此方式。我国目前的证券结算对 A 股实行 T+1 交收，对 B 股实行 T+3 交收，对资金实行 T+0 交收。

我国证券交易所的股票已实行"无纸化交易"，对于交易过户而言，结算的完成即实现了过户，所有的过户手续都由交易所的计算机自动过户系统一次完成，无须投资者另外办理过户手续。从世界各国的证券交易结算来看，因为有记名证券的发行，购买记名证券的投资者仍需办理过户手续。

知识拓展　证券交易费用知多少

交易费用是指投资者在委托买卖证券时应支付的各种税收和费用的总和，通常包括印花税、佣金、过户费、其他费用等几个方面的内容。

1. 印花税

印花税是根据国家税法规定，在股票（包括 A 股和 B 股）成交后对买卖双方投资者按照规定的税率分别征收的税金。印花税的缴纳是由证券经营机构在同投资者交割中代为扣收，然后在证券经营机构同证券交易所或登记结算机构的清算交割中集中结算，最后由登记结算机构统一向征税机关缴纳。自 2008 年 9 月 19 日起，我国对股票交易印花税政策进行调整，由双边征收改为向出让方单边征收，收费标准是按股票成交金额的 1‰ 计收，基金、债券等均无此项费用。

2. 佣金

佣金是指投资者在委托买卖证券成交之后按成交金额的一定比例支付给券商的费用。此项费用一般由券商的经纪佣金、证券交易所交易经手费及管理机构的监管费等构成。佣金的收费标准为：A股的佣金为成交金额的3‰，起点为5元；债券的佣金为成交金额的0.2‰（上限，可浮动），起点为1元；证券投资基金的佣金为成交金额的3‰，起点为5元。

3. 过户费

过户费是指投资者委托买卖的股票、基金成交后买卖双方为变更股权登记所支付的费用。这笔费用属于证券登记清算机构的收入，由证券经营机构在同投资者清算交割时代为扣收。根据中国结算公司2015年8月发布的《关于调整A股交易过户费收费标准有关事项的通知》，A股交易过户费由沪市按照成交面值0.3‰、深市按照成交金额0.025 5‰向买卖双方投资者分别收取，统一调整为按照成交金额0.02‰，向买卖双方投资者分别收取。交易过户费为中国结算公司收费，证券经营机构不予留存。

4. 其他费用

其他费用是指投资者在委托买卖证券时，向证券营业部缴纳的委托费（通信费）、撤单费、查询费、开户费、磁卡费以及电话委托或自助委托的刷卡费、超时费等。这些费用主要用于通信、设备、单证制作等方面的开支，在一般情况下，投资者在上海、深圳本地买卖上交所、深交所的证券时，向证券营业部缴纳1元委托费，异地缴纳5元委托费。其他费用由券商根据需要酌情收取，一般没有明确的收费标准，只要其收费得到当地物价部门的批准即可，目前有相当多的证券经营机构出于竞争的考虑而减免部分或全部此类费用。

职业提示 ▶

中国式现代化是全体人民共同富裕的现代化

党的二十大报告指出："从现在起，党的中心任务是团结带领全国各族人民全面建成社会主义现代化强国、实现第二个百年奋斗目标，以中国式现代化全面推进中华民族伟大复兴。"中国式现代化是全体人民共同富裕的现代化。证券公司要充分发挥财富管理者的功能，提供全方位、高质量、多层次的理财服务和资产管理服务，践行普惠金融，扎实推进共同富裕。同时，通过产业振兴、公益帮扶等形式，发挥专业能力，积极服务乡村振兴发展战略。

证券公司应自觉地保护中小投资者，坚持诚信经营、价值投资理念，加强投资者适当性管理，加强中小投资教育引导，维护市场"公开、公平、公正"秩序；科学防范金融风险，坚持理性平衡理念，坚守合规底线，提高风险识别水平和控制能力，防止风险外溢，维护市场稳定。

复习思考题

一、单项选择题

1. 属于标准化远期交易的是（　　）。

　　A. 期货交易　　B. 期权交易　　C. 现货交易　　D. 信用交易

2. 我国北交所实行（　　）。

　　A. 会员制　　B. 公司制　　C. 注册制　　D. 登记制

3．场外交易市场的组织方式采取（　　　）。

  A．经纪制   B．做市商制   C．自营制   D．佣金制

4．证券交易所的主要交易对象是（　　　）。

  A．股票   B．债券   C．基金   D．外汇

5．享有"高科技企业摇篮"美誉的证券市场是（　　　）。

  A．证券交易所 B．创业板市场 C．第三板市场 D．第四板市场

6．融资融券交易属于（　　　）。

  A．期货交易   B．期权交易   C．现货交易   D．信用交易

7．投资者委托经纪人买进或卖出的证券数量是以一个交易单位为起点或是一个交易单位的整数倍的委托方式称为（　　　）。

  A．限价委托   B．自动委托   C．零数委托   D．整数委托

8．世界各国证券交易所采用的主要竞价方式为（　　　）。

  A．口头竞价   B．牌板竞价   C．书面竞价   D．计算机竞价

9．对买卖申报逐笔连续撮合的竞价方式称为（　　　）。

  A．集合竞价   B．连续竞价   C．口头竞价   D．计算机竞价

10．我国目前证券结算对 A 股实行（　　　）。

  A．T+3 交收   B．T+1 交收   C．T+0 交收   D．T+4 交收

二、多项选择题

1．证券交易所的职能包括（　　　）。

  A．提供交易场所 B．提供交易信息 C．确定交易价格 D．制定交易规则

2．证券交易所的组织形式包括（　　　）。

  A．注册制证券交易所   B．会员制证券交易所

  C．公司制证券交易所   D．特许制证券交易所

3．关于证券上市描述正确的是（　　　）。

  A．有利于提高公司知名度   B．有利于扩大公司资金来源

  C．有利于保守公司经营秘密   D．有利于公司资本大众化

4．根据委托价格，证券委托方式可分为（　　　）。

  A．市价委托   B．定期委托   C．计算机委托   D．限价委托

5．我国主要的场外交易市场有（　　　）。

  A．创业板市场   B．银行间债券市场

  C．代办股份转让系统   D．中小板市场

6．场外交易市场的特征包括（　　　）。

  A．分散的无形市场   B．采取做市商制度

  C．采用议价交易方式   D．管理相对宽松

7．证券上市对发行公司的不利之处有（　　　）。

  A．公司约束增大   B．不利于保守公司秘密

  C．公司证券成为投资对象   D．价格出现扭曲

8．从买卖证券的数量看，证券委托可分为（　　　）。

  A．整数委托   B．卖出委托   C．限价委托   D．零数委托

9. 证券成交价格的竞价方式可分为（　　　）。

    A. 连续竞价　　　　B. 集合竞价　　　　C. 公开成交　　　　D. 柜台成交

10. 上市公司有下列情形之一的，由证券交易所决定暂停其股票上市交易（　　　）。

    A. 公司股本总额、股权分布等发生变化不再具备上市条件

    B. 公司不按照规定公开其财务状况，或者对财务会计报告做虚假记载，可能误导投资者

    C. 公司有重大违法行为

    D. 公司最近 3 年连续亏损

三、简答题

1. 简述证券交易所的职能。

2. 简述场外交易市场的特征。

四、论述题

1. 论述公司股票发行上市的好处。

2. 论述科创板市场与北交所市场的区别。

――――――― 能 力 训 练 ―――――――

模拟证券交易

实训要求：

下载证券公司的交易软件或登录财经网站，或者利用实验室系统软件、网络交易平台进行股票模拟交易操作。

实训目的：

掌握证券操作的全部流程；熟悉各个环节的操作要点。

实训安排：

1. 教师讲述股票的相关操作流程。

2. 学生分组完成股票的模拟操作。

教师注意事项：

1. 讲解操作要点。

2. 检查学生分组是否合理。

3. 组织学习资源的配置。

评价标准：

表 现 要 求	是 否 适 用	已 达 要 求	未 达 要 求
操作流程的掌握			
操作环节的要点把握			
对整个模拟交易的认识与把握			
完成模拟交易过程知识与经验的运用			

module 8

模块八
证券市场监管

知识目标

了解证券市场监管的概念、目标与原则、对象与范围；了解证券市场监管法律关系三要素；了解我国证券监管法律体系；掌握我国证券市场主体及其法律责任。

能力目标

能熟练对证券市场活动中的主体行为进行合规性审查；能熟练对证券市场违规行为进行法律后果评价；能熟练对证券市场主体的法律责任进行分析。

素质目标

通过了解证券市场监管的范围、原则，理解证券市场监管的主要目标，培养诚信守法、诚实守信的精神，建立良好的职业道德和职业操守。

案例导读

证券从业者违法"炒股"被罚案

杨某是太平洋证券股份有限公司××营业部的总经理，国家注册证券从业人员，其母为尹某。2013年1月18日至2016年9月12日期间，杨某实际控制并使用尹某的账户进行证券交易，先后交易"鼎立股份"等股票，累计买入股票成交金额301 001 569.78元，累计卖出股票成交金额317 467 957.24元，期末仍持有"同方股份"股票151 000股，已卖出股票累计盈利14 339 619.13元。

针对其违法行为，中国证券监督管理委员会上海监管局依据《证券法》的相关规定，于2017年12月13日对杨某做出行政处罚决定（沪〔2017〕5号行政处罚决定书），包括：①责令杨某依法处理非法持有的剩余股票；②没收已获违法所得14 339 619.13元并处以43 018 857.39元罚款。

杨某在收到上海证监局的处罚后表示不服，向上海市浦东新区人民法院提起诉讼。浦东新区人民法院经审理支持了上海证监局的处罚决定，判杨某败诉。杨某不服一审判决，又向上海金融法院提起上诉。上海金融法院经审理认为，原审判决认定事实清楚，适用法律正确，因此判决驳回上诉，维持原判。

提出疑问：

1. 以上案例中的杨某违反了我国《证券法》的哪些法律规定？
2. 证券监管的主体有哪些？证券监管的对象和范围有哪些？
3. 中国证监会的职责和权限有哪些？

进入学习

证券市场功能的实现程度，取决于证券市场的运行效率。运行效率越高，其功能的实现也就越充分。然而，与商品市场一样，证券市场也无法避免市场失灵的影响，也存在垄断、经济外部性、信息不对称、过度竞争等造成市场失灵、价格扭曲的共同因素。因此，证券市场本身并不能自发实现高效、平稳、有序运行。与此同时，证券市场所固有的高投机性和高风险性，不仅不利于证券市场本身效率的正常发挥，而且一旦风险爆发，很可能造成市场崩溃、国民经济受创，因此必须对证券市场实施监管。

单元一　证券市场监管概述

一、证券市场监管的概念

证券市场监管是指证券监督管理机构以维护证券市场公开、公平、公正，防范系统性风险，维护投资者合法权益，促进证券市场健康发展为目标，依据我国《证券法》等相关法律规范，对证券市场中的各类活动及市场主体行为等实施的监督和管理。

二、证券市场监管的目标与原则

证券市场监管目标是指通过证券市场监管活动使证券市场运行达到的目的和标准。证券市场监管的总体目标是建立一个高效率的证券市场。也就是说，这个市场既要能充分发挥市场机制配置资金作用，同时又要运行有序、竞争合理、信息透明度高、交易成本低，能真正贯彻"公正、公开、公平"的原则。证券市场监管目标具体体现在以下三个方面：

1. 保护投资者利益

投资者是证券市场的主要参与者之一，其正当行为应受到保护。如果证券市场缺乏有效的监管而混乱无序，广大投资者的正当权益就得不到保障。为了保护投资者的利益，在证券发行或交易过程中，要用经济、行政和法律手段对证券发行和交易行为进行有效的监管。在证券发行市场上，证券发行管理的规定都强调，证券发行人必须将公司财务及其有关资料公布于众，使投资者通过对公司财务状况的了解，自主地判断发行公司的资信、价值及投资风险程度，从而做出投资选择。在证券流通市场上，通过立法对证券流通市场实行严格管制，可以避免或减少证券交易中的垄断和人为操纵行为，促进资本的合理流动，增强投资者的投资信心。

> **案例链接**
>
> ### 证券虚假陈述责任纠纷案
>
> 大×控股公司系在上海证券交易所上市的公司，其A股股票名称为"大×控股"，股票代码为"600×××"。该公司在经营期间，多次对外提供高达上亿元的高额担保且未按规定进行披露。除此之外，公司在临时公告中也没有按规定披露其被诉的票据追索权纠纷案件情况。
>
> 投资人高某认为该公司在经营过程中存在虚假陈述的行为，没有按照法律规定履行相关披露义务，严重侵犯了投资人的合法权益，因此将该公司诉至法院。在诉讼过程中，高某将中国证券监督管理委员会大连监管局对该公司做出的处罚作为证据提交。
>
> 该案先后经两级法院审理，最终省高级人民法院依据《证券法》《最高人民法院关于审理证券市场因虚假陈述引发的民事赔偿案件的若干规定》等相关法律法规，判决支持投资人高某的诉讼请求，认定该公司未履行法定披露义务，即构成虚假陈述，侵犯了投资者的合法权益。

2. 确保市场公平有效和透明

投资者对某种证券的评价以及是否对其进行投资的抉择，取决于该证券发行单位的信誉、盈利能力等诸方面的因素，而要使投资者对此有所了解，必须将证券发行单位的内部情况公开化。同时，实行管理目标公开化，以便于市场监管机构按规定进行监督检查。

3. 减少系统风险

由于证券交易价格具有很大的波动性，各种证券在交易过程中受到多重因素的制约和影响，特别是大宗交易者和交易市场内部人员，往往可以左右市场价格的变化，使证券市场成为一个高风险市场，再加上证券交易中普遍使用的信用手段，使得证券市场的投机性普遍存在。如果不对证券市场实施必要的监管，由投机所引发的风险积累到一定程度就可能导致市场崩溃，危及整个国民经济。通过监管则可以及时发现风险因素并将其控制在可以承受的范围内，避免对证券市场造成更大的伤害。

三、证券市场监管的对象与范围

笼统地说，证券监管的对象是证券市场的参与者及其在证券市场上的活动和行为。

从证券监管的实践来看，绝大多数国家把证券市场监管的直接对象定位在证券市场的参与者上，包括：①发行各种证券的筹资者（政府、企业）；②投资各种证券的投资者（政府、企业、个人）；③为证券发行和证券投资提供服务的中介机构（证券公司、证券交易所、证券登记结算公司、证券托管公司、证券投资咨询公司、证券律师、会计师和评估师等）；④为证券发行和证券投资提供各种融资、融券业务的机构和个人等。可以说，证券市场的参与者在市场上的一切行为和活动以及由这些行为和活动所产生的各种关系和后果，都是证券市场监管的内容。证券市场监管包括证券发行监管和证券交易监管。

1. 证券发行监管

证券发行监管是指证券监管部门对证券发行的审查、核准和监控。证券发行监管是整个证券市场监管的第一道闸门，对证券发行的监管情况会直接影响交易市场的发展和稳定，因而世界上绝大多数国家对证券发行实施严格监管。

按照证券发行时审核制度和信息披露制度的不同搭配，世界上各国证券发行监管主要有两种制度，即核准制和注册制。

（1）核准制。核准制坚持"实质管理原则"，即证券发行者不仅必须公开有关所发行证券的真实情况，而且所发行的证券还必须符合《公司法》和《证券法》中规定的若干实质性条件，证券监管机关有权否决不符合实质条件证券的发行申请。这些实质性条件大致包括：①发行公司的营业性质，管理人员的资格能力；②发行公司的资本结构是否健全；③发行的所得是否合理；④各种证券的权利是否公平；⑤所有公开的资料是否充分、真实；⑥发行公司的发展前景及事业的成功机会等。核准制在信息公开的基础上，又附加了一些规定，从而把一些低质量、高风险的公司排除在证券市场门外，在一定程度上保护了投资者的利益，减少了投资的风险性，有助于新兴证券市场的发展和稳定。但是，它很容易导致投资者产生完全依赖的安全感，而监管机关的意见未必完全正确。同时，它使一些高成长性、高技术和高风险并存的公司上市阻力加大，而这些公司的发展对国民经济的发展具有巨大的促进作用。因而，核准制比较适合于证券市场历史不长、经验不多、投资者素质不高的国家和地区。

（2）注册制。注册制坚持"公开原则"，即证券发行者在公开募集和发行证券前，需要向证券监管部门按照法定程序申请注册登记，同时依法提供与发行证券有关的一切资料，并对所提供资料的真实性、可靠性承担法律责任。在注册制下，监管部门的权力仅限于保证发行人所提供的资料无任何虚假的陈述。如果未违反上述原则，监管部门应准予注册。因而注册制是以信息披露制度为核心的一种证券监管发行制度。在注册制下，只要发行者提供正式、可靠、全面的资料，一些高风险、低质量的公司证券同样可以上市，证券监管机关无权干涉。注册制一方面为投资者创造了一个高透明度的市场；另一方面又为投资者提供了一个公平竞争的场所，在竞争中实现优胜劣汰和资金的优化配置。它发挥良好作用的前提是信息的充分披露，投资者需要根据所获得的信息做出理性的投资决策，否则会增加遭受损失的可能性。从这一点来看，注册制比较适合于证券市场发展历史悠久、市场已进入成熟阶段的国家和地区。

2020年3月1日起，新修订的《证券法》开始实施，其中第九条规定："公开发行证券，必须符合法律、行政法规规定的条件，并依法报经国务院证券监督管理机构或者国务院授权的部门注册。"《证券法》的此次修订标志着我国证券发行制度由从前的核准制变为注册制，我国证券发行进入新的历史时期。

知识拓展　见证2019：设立科创板并试点注册制

2019年注定是中国资本市场里程碑式的一年，中国证监会于2019年1月30日发布了《关于在上海证券交易所设立科创板并试点注册制的实施意见》。注册制这一创新的制度安排，对于激发市场活力、保护投资者合法权益、完善多层次资本市场体系、提升资本市场服务实体经济的能力具有重要意义。注册制的试点有严格标准和程序，注重在受理、审核、注册、发行、交易等环节中信息披露的真实性和全面性。

上交所明确优先推荐三类企业、七大领域上市。三类企业包括：①符合国家战略、突破关键核心技术、市场认可度高的科技创新企业；②属于新一代信息技术、高端装备、新材料、新能源、节能环保以及生物医药等高新技术产业和战略性新兴产业的科技创新企业；③互联网、大数据、云计算、人工智能和制造业深度融合的科技创新企业。七大领域分别是新一代信息技术领域、高端装备领域、新材料领域、新能源领域、节能环保领域、生物医药领域以及符合科创板定位的其他领域。

科创板五个上市标准分别是：①预计市值不低于人民币10亿元，最近两年净利润均为正且累计净利润不低于人民币5 000万元；或者预计市值不低于人民币10亿元，最近1年净利润为正且营业收入不低于人民币1亿元。②预计市值不低于人民币15亿元，最近1年营业收入不低于人民币2亿元，且最近3年研发投入合计占最近3年营业收入的比例不低于15%。③预计市值不低于人民币20亿元，最近1年营业收入不低于人民币3亿元，且最近3年经营活动产生的现金流量净额累计不低于人民币1亿元。④预计市值不低于人民币30亿元，且最近1年营业收入不低于人民币3亿元。⑤预计市值不低于人民币40亿元，主要业务或产品需经国家有关部门批准，市场空间大，目前已取得阶段性成果。医药行业企业需至少有一项核心产品获准开展二期临床试验，其他符合科创板定位的企业需具备明显的技术优势并满足相应条件。

（3）核准制与注册制的区别。证券发行注册制与核准制具备许多共性，如都强调信息披露在证券发行中的地位与作用，但作为不同的证券发行审查制度，二者在以下方面存在重大差异。

1）证券发行条件的法律地位不同。采用核准制的国家或地区往往对证券发行人的资格及条件，包括发行人营业状况、盈利状况、支付状况和股本总额等，做出明确规定。证券监管机构审查的事项，主要是信息披露所揭示事项及状况与法定条件之间的一致性与适应性。相应地，证券监管机构的核准权或审查权，必然包含了对证券发行条件适法性的审查。但采用注册制的国家或地区对证券发行条件往往不直接做出明确规定，公司设立条件与证券发行条件相当一致，不存在高于或严于公司设立条件的发行条件。

2）信息公开原则的实现方式不同。无论采取注册制还是核准制，均重视信息披露在证券发行中的地位，但比较注册制和核准制，两者在信息公开的实现方式上存在差别。

在注册制下，信息披露是以市场行为和政府行为共同推动的，借助各中介机构，实现证券发行过程中信息披露的标准化和规范化。政府在信息披露中的作用非常特殊，即坚持每种新发售的证券必须完全公开信息，并且不允许与发行相关的任何重要信息在公开前遗漏，这一原则将提供真实信息的义务赋予发行者，使其成为诚信发行证券和公众对市场建立信心的动力。政府审查并非在评价所发行证券的品质，政府签发的许可、注册也并不代表所发行证券的品质，更不是所发行证券的合格证书。

在核准制下，信息披露同样是基础性法律要求，证券发行人必须履行信息披露义务，应当对与证券发行有关的各种重大信息予以充分、有效的事先披露；但为了使所披露信息适合其发行条件的要求，使所发行证券对特定市场具有更强的适应性，证券监管机构有权对拟发行证券的品质进行审查，并决定是否允许其发行。在这个意义上，证券发行核准制提供了比注册制更严格的审查制度。

3）投资者素质的假定不同。任何证券发行审批制度的设计，都以对投资者群体的素质假设为存在前提。

在注册制下，证券投资者被假定为消息灵通的商人。所谓商人，应当是能够判断投资的商业利益并趋利避害的人，在信息充分、准确的情况下，其能够做出正确而非错误的投资判断。皮尔斯在描述美国《1933年证券法》时说，对于证券公开发行来说，证券交易委员会既不会对一个公司，也不会对一个公司发行的证券，评审其有无价值。相反，《1933年证券法》要求对接受募股的人提供一份招股说明书。这种说明书，从理论上讲应当包括一个消息灵通人士做出一项投资决定所必需的资料。这样，做出投资决定的责任就落在投资者身上；而保证投资者得到有关资料的责任，则在证券交易委员会。

发行核准制同样以投资者素质的理论假定为前提，但它以广泛存在各种非专业投资者作为其假定前提。在新生证券市场中，主要投资者是非专业投资者，他们缺乏证券市场的投资经验，对证券信息的把握和处理具有非理性化色彩。如果放任其自行评价证券价值，即使在充分、准确和完整地披露信息的基础上，投资者也难以有效地保护自身利益。为了保护证券投资者的合法利益，证券监管机构必须以适当的方式介入证券发行审查，以减少劣质证券的存在。

2. 证券交易监管

证券在一级市场发行后，就要进入二级市场交易。因此，不仅要对证券发行进行管理，也要对证券交易进行监管，以监管证券市场活动的全过程。证券交易监管一般包括证券交易的注册监管和证券交易的行为监管。

（1）证券交易的注册监管。为了保证在证券交易所上市证券的质量，必须规定证券进入证券交易所的条件。它主要包括证券发行企业在本行业的相对地位和稳定性、企业产品的适销程度、企业的资产总额、上市股数及股东构成等。

证券发行企业在报送证券上市申请时，还需附上企业的业务经营性质、经会计师事务所审核鉴证的财务报表等有关材料。证券发行企业如果漏报、谎报企业财务状况等信息，导致证券交易双方遭受经济损失，企业就要承担民事责任，赔偿受害者的经济损失，有关当事人要受到法律制裁。证券上市获准后，如果企业发生经营性质的改变、董事或主要管理人员的变动、财产和股权的处理、企业章程的修改以及其他对企业财务状况有重大影响的事件等变故时，应及时通知证券交易所。不符合进入证券交易所交易条件的证券，只能进行场外交易。在场外交易的证券发行者也必须公开其财务状况、董事、监事及大股东的股份变动情况；对漏报的企业要求其补报，对谎报的企业予以惩罚，以保证信息的真实性。

（2）证券交易的行为监管。为了维护证券流通市场的交易秩序，必须对所有市场参与者的交易行为进行管理，以防止出现垄断、欺诈、假冒、内外勾结等行为。要防止证券市场上的垄断行为，就要禁止通过不进行证券转移的虚买虚卖而制造市场交易的假象；禁止证券交易者与他人共谋，以约定的价格大量买进或卖出某种证券；禁止哄抬或哄压证券价格的行为。要防止证券市场上的欺诈假冒行为，就要禁止在证券市场上无实际成交意愿的空报价格、欺骗交易对手的行为；禁止编造和散布影响市场交易秩序和市场行情的谣言；禁止公布有关证券发行和交易的虚假信息；禁止采用蒙骗、威吓等手段劝说和强迫公众买卖证券。要防止内幕人员利用内幕消息谋取个人私利，就要禁止内幕人员利用内幕消息买卖证券或根据内幕消息建议他人买卖证券；禁止内幕人员向他人泄露内幕消息，使他人利用该信息进行内幕交易等。

案例链接

违规操纵市场　依法承担责任

不少投资者存在这样的疑问：如果只是连续买入、卖出一只股票，对单日的股价没有明显的影响，也可能构成市场操纵行为吗？证监会对于以下案件的处罚决定给出了明确答案：

李某和吴某都是一家私募基金管理公司的职员，李某负责一项信托计划中的 20 个证券账户，吴某负责另一个信托计划中的 18 个证券账户。李某和吴某合谋，一起交易股票 A 以谋利。在 2015 年 7 月 10 日至 8 月 28 日的 35 个交易日内，李某和吴某控制的账户每日联合买卖，分别盈利 1.47 亿元和 1.74 亿元。不久，证监会对李某和吴某的行为进行了处罚。证监会认定李某和吴某控制账户进行交易的违法行为包括两个方面：一是连续交易。如买入数量占市场成交量超过 10% 的有 25 个交易日，超过 20% 的有 18 个交易日，超过 30% 的有 6 个交易日；卖出数量占市场成交量超过 10% 的有 13 个交易日，超过 20% 的有 7 个交易日，超过 60% 的有 2 个交易日。二是在实际控制的账户间交易。二人在其实际控制的证券账户之间交易 A 股票 712 万股，占市场成交量比例超过 5% 的有 5 个交易日。

我国《证券法》第五条明确规定，证券的交易活动必须遵守法律、行政法规，禁止欺诈、内幕交易和操纵证券市场的行为。第五十五条规定，禁止任何人以下列手段操纵证券市场，影响或者意图影响证券交易价格或成交量：①单独或者通过合谋，集中资金优势、持股优势或者利用信息优势联合或者连续买卖；②与他人串通，以事先约定的时间、价格和方式相互进行证券交易；③在自己实际控制的账户之间进行证券交易等。因此，依据《证券法》的规定，李某和吴某的行为已构成影响证券交易价格或者证券交易量的操纵市场行为。

四、证券市场监管法律关系

法律关系由主体、内容、客体三要素构成。其中，法律关系主体是指在法律关系中依法享有权利和承担义务的当事人，即法律关系的参与者，包括自然人、法人等；法律关系内容是指参与者依据法律规定所享有的权利和所承担的义务，权利是当事人可以为或不为一定行为和可以要求他人为或不为一定行为的资格，义务是当事人必须为或不为一定行为的约束和负担；法律关系客体是指前述权利和义务所指向的对象，包括物、行为等。

在证券市场监管法律关系中，主体包括证券监督管理机构及各类市场主体，如发行人、证券公司、证券交易所、证券登记结算机构、证券服务机构；内容即前述主体依现行法律法规所享有的权利和承担的义务；客体则包括当事人在行使权利、履行义务过程中所实施的行为等。

五、证券市场监管法律体系

目前，我国证券监管法律体系可分为五个层面，具体如表 8-1 所示。

表 8-1　我国证券监管法律体系

序　号	形　式	制 定 机 构	法 律 规 范
1	法律	全国人大及其常委会	《中华人民共和国证券法》 《中华人民共和国证券投资基金法》
2	行政法规	国务院	《证券交易所风险基金管理暂行办法》 《证券公司监督管理条例》 《证券公司风险处置条例》
3	部门规章	国务院组成部门 / 直属机构 / 直属事业单位等	《证券、期货投资咨询管理暂行办法》 《证券发行上市保荐业务管理办法》 《信用评级业管理暂行办法》
4	司法解释	最高人民法院	《最高人民法院关于审理证券市场因虚假陈述引发的民事赔偿案件的若干规定》 《最高人民法院关于对与证券交易所监管职能相关的诉讼案件管辖与受理问题的规定》 《最高人民法院 最高人民检察院关于办理操纵证券、期货市场刑事案件适用法律若干问题的解释》
5	行业规定	证券交易所等	《关于上海证券交易所公开发行公司债券实施注册制相关业务安排的通知》 《深圳证券交易所关于公开发行公司债券实施注册制相关业务安排的通知》 《关于发布〈深圳证券交易所上市公司规范运作指引（2020年修订）〉的通知》

单元二　我国证券市场监管主体及其法律责任

我国证券市场经过几十年的发展，逐步形成了以国务院证券监督管理机构及其派出机构、证券交易所、证券业协会等为一体的监管体系和自律管理体系。下面就证监会、证券交易所和证券业协会的职责、权限及法律责任进行阐述。

一、中国证券监督管理委员会

我国证券市场监督管理机构是国务院证券监督管理机构，由中国证券监督管理委员会（简称中国证监会）及其派出机构组成，依法对证券市场实行监督管理，维护证券市场秩序，保障其合法运行。

中国证监会成立于1992年10月，是国务院直属事业单位，是全国证券、期货市场的主管部门，依照法律法规和国务院授权，统一监督管理全国证券期货市场，维护证券期货市场秩序，保障其合法运行。中国证监会的核心职责为"两维护、一促进"，即维护市场公开、公平、公正，维护投资者特别是中小投资者的合法权益，促进资本市场健康发展。

中国证监会派出机构包括中国证监会在省、自治区、直辖市和计划单列市设立的36个证券监管局，以及上海、深圳证券监管专员办事处。派出机构受中国证监会垂直领导，依法以自己的名义履行监管职责，负责辖区内的一线监管工作。

1. 国务院证券监督管理机构的主要职责

（1）依法制定有关证券市场监督管理的规章、规则，并依法进行审批、核准、注册，办理备案。

（2）依法对证券的发行、上市、交易、登记、存管、结算等行为，进行监督管理。

（3）依法对证券发行人、证券公司、证券服务机构、证券交易场所、证券登记结算机构的证券业务活动，进行监督管理。

（4）依法制定从事证券业务人员的行为准则，并监督实施。

（5）依法监督检查证券发行、上市、交易的信息披露。

（6）依法对证券业协会的自律管理活动进行指导和监督。

（7）依法监测并防范、处置证券市场风险。

（8）依法开展投资者教育。

（9）依法对证券违法行为进行查处。

2. 国务院证券监督管理机构的主要权限

国务院证券监督管理机构依法履行职责，有权采取下列措施：

（1）对证券发行人、证券公司、证券服务机构、证券交易场所、证券登记结算机构进行现场检查。

（2）进入涉嫌违法行为发生场所调查取证。

（3）询问当事人和与被调查事件有关的单位和个人，要求其对与被调查事件有关的事项做出说明；或者要求其按照指定的方式报送与被调查事件有关的文件和资料。

（4）查阅、复制与被调查事件有关的财产权登记、通信记录等文件和资料。

（5）查阅、复制当事人和与被调查事件有关的单位和个人的证券交易记录、登记过户记录、财务会计资料及其他相关文件和资料；对可能被转移、隐匿或者毁损的文件和资料，可予以封存、扣押。

（6）查询当事人和与被调查事件有关的单位和个人的资金账户、证券账户、银行账户以及其他具有支付、托管、结算等功能的账户信息，可以对有关文件和资料进行复制；对有证据证明已经或者可能转移或者隐匿违法资金、证券等涉案财产或者隐匿、伪造、毁损重要证据的，经国务院证券监督管理机构主要负责人或者其授权的其他负责人批准，可以冻结或者查封，期限为 6 个月；因特殊原因需要延长的，每次延长期限不得超过 3 个月，冻结、查封期限最长不得超过 2 年。

（7）在调查操纵证券市场、内幕交易等重大证券违法行为时，经国务院证券监督管理机构主要负责人或者其授权的其他负责人批准，可以限制被调查的当事人的证券买卖，但限制的期限不得超过 3 个月；案情复杂的，可以延长 3 个月。

（8）通知出境入境管理机关依法阻止涉嫌违法人员、涉嫌违法单位的主管人员和其他直接责任人员出境。

为防范证券市场风险，维护市场秩序，国务院证券监督管理机构可以采取责令改正、监管谈话、出具警示函等措施。

3. 国务院证券监督管理机构的主要法律责任

国务院证券监督管理机构或者国务院授权的部门如有未依据法律法规行使监督管理职权的，对其直接负责的主管人员和其他直接责任人员，依法给予处分。

对于不履行法律规定的职责，滥用职权、玩忽职守，利用职务便利牟取不正当利益，或者泄露所知悉的有关单位和个人的商业秘密的，依法追究法律责任。

二、证券交易所

证券交易所是经国务院批准设立的为证券集中交易提供场所和设施，组织和监督证券交易，实行自律管理，依法登记的法人组织。

1. 证券交易所的主要职责

（1）证券交易所应当为组织公平的集中交易提供保障，实时公布证券交易即时行情，并按交易日制作证券市场行情表，予以公布。

（2）证券交易所对证券交易实行实时监控，并按照国务院证券监督管理机构的要求，对异常的交易情况提出报告。

（3）证券交易所应当加强对证券交易的风险监测，出现重大异常波动的，证券交易所可以按照业务规则采取限制交易、强制停牌等处置措施，并向国务院证券监督管理机构报告；严重影响证券市场稳定的，证券交易所可以按照业务规则采取临时停市等处置措施并公告。

（4）证券交易所应当从其收取的交易费用和会员费、席位费中提取一定比例的金额设立风险基金。

2. 证券交易所的主要权限

（1）证券交易所可以按照业务规则的规定，决定上市交易股票的停牌或者复牌。

（2）因不可抗力、意外事件、重大技术故障、重大人为差错等突发性事件而影响证券交易正常进行时，为维护证券交易正常秩序和市场公平，证券交易所有权按照业务规则采取技术性停牌、临时停市等处置措施，并应当及时向国务院证券监督管理机构报告。

（3）因上述突发性事件导致证券交易结果出现重大异常，按交易结果进行交收将对证券交易正常秩序和市场公平造成重大影响的，证券交易所有权按照业务规则采取取消交易、通知证券登记结算机构暂缓交收等措施，并应当及时向国务院证券监督管理机构报告并公告。

（4）证券交易所根据需要，可以按照业务规则对出现重大异常交易情况的证券账户的投资者限制交易，并及时报告国务院证券监督管理机构。

（5）证券交易所有权依法制定上市规则、交易规则、会员管理规则和其他有关业务规则，并报国务院证券监督管理机构批准。

（6）在证券交易所从事证券交易，应当遵守证券交易所依法制定的业务规则。违反业务规则的，证券交易所有权给予纪律处分或者采取其他自律管理措施。

3．证券交易所的主要法律责任

（1）证券交易所及其在任期或者法定限期内的从业人员违法直接或者以化名、借他人名义持有、买卖股票或者其他具有股权性质的证券的，责令依法处理非法持有的股票、其他具有股权性质的证券，没收违法所得，并处以买卖证券等值以下的罚款。

（2）证券交易所及其从业人员作为证券交易内幕信息的知情人，违法从事内幕交易的，责令依法处理非法持有的证券，没收违法所得，并处以相应罚款。单位从事内幕交易的，还应当对直接负责的主管人员和其他直接责任人员给予警告，并处以相应罚款。国务院证券监督管理机构工作人员从事内幕交易的，从重处罚。因前述内幕交易行为给投资者造成损失的，责任人还应当依法承担赔偿责任。

三、我国的证券业协会

证券业协会是证券业的自律性组织，是社会团体法人。证券公司应当加入证券业协会。证券业协会的权力机构为全体会员组成的会员大会，其章程由会员大会制订，并报国务院证券监督管理机构备案。

1．证券业协会的主要职责

（1）教育和组织会员及其从业人员遵守证券法律、行政法规，组织开展证券行业诚信建设，督促证券行业履行社会责任。

（2）督促会员开展投资者教育和保护活动，维护投资者合法权益。

（3）制定和实施证券行业自律规则，监督、检查会员及其从业人员行为。

（4）制定证券行业业务规范，组织从业人员的业务培训。

（5）组织会员就证券行业的发展、运作及有关内容进行研究，收集、整理并发布证券相关信息，提供会员服务，组织行业交流，引导行业创新发展。

（6）对会员之间、会员与客户之间发生的证券业务纠纷进行调解。

2．证券业协会的主要权限

（1）依法维护会员的合法权益，有权向证券监督管理机构反映会员的建议和要求。

（2）有权对违反法律、行政法规、自律规则或者协会章程的会员及其从业人员，按照规定给予纪律处分或者实施其他自律管理措施。

案例链接

内幕交易害人害己

小明性格开朗，多年来一直投资股票，与同学朋友聚会时经常讨论炒股经验。在一次同学聚会时，做会计师的同学A告诉小明，自己正在给某上市公司重大资产重组项目提供财务顾问服务。小明心中暗自高兴，回家后就拿出自己的全部资金投资了这家上市公司，共买入公司股票 60 余万股，买入金额 1 000 余万元。不久后公司果然宣布停牌进行重组，股票复牌后，这家公司的股票价格连连涨停，小明赶紧卖出股票，获利 500 余万元。但是天有不测风云，小明还没来得及高兴，就因涉嫌内幕交易被立案调查。最终，小明的同学 A 因泄露内幕信息罪被判有期徒刑 3 年，并处罚金 10 万元；小明因涉嫌内幕交易被判有期徒刑 4 年，追缴违法所得并处罚金 300 万元。

依据我国《证券法》的第五十二条、五十三条、五十四条规定，证券交易活动中，涉及发行人的经营、财务或者对该发行人证券的市场价格有重大影响的尚未公开的信息，为内幕信息。证券交易内幕信息的知情人和非法获取内幕信息的人，在内幕信息公开前，不得买卖该公司的证券，或者泄露该信息，或者建议他人买卖该证券。禁止证券交易场所、证券公司、证券登记结算机构、证券服务机构和其他金融机构的从业人员、有关监管部门或者行业协会的工作人员，利用因职务便利获取的内幕信息以外的其他未公开的信息，违反规定，从事与该信息相关的证券交易活动，或者明示、暗示他人从事相关交易活动。内幕交易不仅包括利用内幕信息买卖证券，还包括泄露该信息或者建议他人买卖该证券的行为。根据我国《刑法》第一百八十条关于内幕交易和泄露内幕信息罪的规定，小明的同学 A 为法定内幕信息知情人，虽未直接交易公司股票，但在内幕信息尚未公开前泄露该信息，情节严重，已构成刑事犯罪。同时，小明利用该信息买卖股票，涉案金额巨大，情节严重，亦构成了刑事犯罪。内幕信息是不能说的秘密，内幕交易是不能碰的红线。许多从事内幕交易的人往往抱有侥幸心理，自认为神不知鬼不觉，殊不知监管部门对此具有严格的防控体系，内幕交易终归难逃法网。

单元三　证券市场其他主体及其法律责任

一、我国的证券服务机构

证券服务机构是指经国务院证券监督管理机构核准或经国务院证券监督管理机构和国务院有关主管部门备案的从事证券投资咨询业务及其他证券服务业务的会计师事务所、律师事务所以及从事证券投资咨询、资产评估、资信评级、财务顾问、信息技术系统服务的机构。

证券市场其他主体及其法律责任

1. 证券服务机构的主要职责

（1）证券服务机构应当勤勉尽责、恪尽职守，按照相关业务规则为证券的交易及相关活动提供服务。

（2）应当妥善保存客户委托文件、核查和验证资料、工作底稿以及与质量控制、内部管理、业务经营有关的信息和资料，任何人不得泄露、隐匿、伪造、篡改或者毁损。信息和资料的保存期限自业务委托结束之日起不得少于 10 年。

（3）证券服务机构应对证券的发行、上市、交易等证券业务活动制作、出具的各类报告或文件（如审计报告、鉴证报告、资产评估报告、财务顾问报告、资信评级报告、法律意见书）勤勉尽责。除此之外，对于制作前述报告或文件所依据的资料的真实性、准确性、完整性也需要进行核查和验证。

2．证券服务机构的禁止性规定

证券投资咨询机构及其从业人员从事证券服务业务禁止从事下列行为：

（1）代理委托人从事证券投资。

（2）与委托人约定分享证券投资收益或者分担证券投资损失。

（3）买卖本证券投资咨询机构提供服务的证券。

（4）法律、行政法规禁止的其他行为。

3．证券服务机构的法律责任

（1）证券投资咨询机构违反法律规定，擅自从事证券服务业务的，责令改正，没收违法所得，并处相应罚款；没有违法所得或者违法所得不足50万元的，处以相应罚款。对直接负责的主管人员和其他直接责任人员，给予警告，并处相应罚款。

（2）会计师事务所、律师事务所以及从事资产评估、资信评级、财务顾问、信息技术系统服务的机构违反《证券法》规定，从事证券服务业务未报备案的，责令改正，并可处相应罚款。

（3）证券服务机构违反法律规定，未勤勉尽责，所制作、出具的文件有虚假记载、误导性陈述或者重大遗漏的，责令改正，没收业务收入，并处相应罚款，没有业务收入或者业务收入不足50万元的，处以相应罚款；情节严重的，并处暂停或者禁止从事证券服务业务。对直接负责的主管人员和其他直接责任人员给予警告，并处相应罚款。

案例链接

乐视造假案余波未了，中介机构被立案调查

2022年1月17日山西证券发布公告，其控股子公司中德证券近期收到北京金融法院送达的民事起诉状，涉及上海君盈资产管理合伙企业（有限合伙）等2 000名原告对乐视网等21名被告提起的民事诉讼，2 000名原告要求乐视网赔偿因其虚假陈述行为造成的投资损失共计45.71亿元，要求其他20名被告承担连带赔偿责任。

除中德证券外，在1月26日监管层公布的因涉乐视网财务造假案而被正式立案调查的三家中介机构名单中，还包括信永中和会计师事务所、北京市金杜律师事务所。

据了解，三大机构受调查均与乐视网2016年定增项目相关。2021年4月，证监会披露行政处罚决定书，指出乐视网因2007—2016年10年财务造假，其报送、披露的IPO相关文件及2010—2016年年报存在虚假记载，未按规定披露关联交易，未披露为乐视控股等公司提供担保事项，未如实披露贾某芳、贾跃亭向上市公司履行借款承诺的情况，2016年非公开发行股票行为构成欺诈发行等违法事实，证监会对乐视网、贾跃亭等15名责任主体做出行政处罚，其中对乐视网罚款2.4亿余元，对贾跃亭罚款2.41亿余元。

在定增项目中，金杜律师事务所担任发行人律师；中德证券担任主承销商，信永中和担任审计机构。

因被调查，目前这三家中介机构参与的IPO项目已全部被中止审核。据不完全统计，此次受三大中介机构牵连的IPO项目达48个，其中包括不少明星项目，如华大九天、中集安瑞科、土巴兔装修、八马茶业、天津同仁堂等（见表8-2）。

表 8-2 已被中止审核的 IPO 项目

序 号	发行人	审核状态	保荐机构	律师事务所	会计师事务所
1	龙口联合化学	中止	中德证券	北京植德	和信
2	九江德福科技	中止	国泰君安	北京市金杜	永拓
3	浙江斯菱汽车轴承	中止	财通证券	北京市金杜	天健
4	海诺尔环保产业	中止	申万宏源	北京市嘉源	信永中和
5	深圳市和宏实业	中止	招商证券	北京市金杜	华兴
6	惠州仁信新材料	中止	万和证券	北京市康达	信永中和
7	天津同仁堂集团	中止	民生证券	北京金诚同达	信永中和
8	广东科茂林产化工	中止	银河证券	北京市中伦	信永中和

二、我国的证券登记结算机构

证券登记结算机构是经国务院证券监督管理机构批准的为证券交易提供集中登记、存管与结算服务，不以营利为目的，依法登记的法人组织。其职能主要包括：①证券账户、结算账户的设立；②证券的存管和过户；③证券持有人名册登记；④证券交易的清算和交收；⑤受发行人的委托派发证券权益；⑥办理与上述业务有关的查询、信息服务等。

1. 证券登记结算机构的主要职责

（1）证券登记结算机构应当向证券发行人提供证券持有人名册及有关资料。

（2）证券登记结算机构应当根据证券登记结算的结果，确认证券持有人持有证券的事实，提供证券持有人登记资料。

（3）证券登记结算机构应当保证证券持有人名册和登记过户记录真实、准确、完整，不得隐匿、伪造、篡改或者毁损。

（4）证券登记结算机构应当妥善保存登记、存管和结算的原始凭证以及有关文件和资料。其保存期限不得少于 20 年。

2. 证券登记结算机构的主要权限

证券登记结算机构为证券交易提供净额结算服务时，应当要求结算参与人按照货银对付的原则，足额交付证券和资金，并提供交收担保。如果结算参与人未按时履行交收义务，证券登记结算机构有权按照业务规则处理前款所述财产。

3. 证券登记结算机构法律责任

（1）证券登记结算机构未按照规定保存有关文件和资料的，责令改正，给予警告，并处相应罚款；泄露、隐匿、伪造、篡改或者毁损有关文件和资料的，给予警告，并处相应罚款；情节严重的，处相应罚款，并处暂停、撤销相关业务许可或者禁止从事相关业务。对直接负责的主管人员和其他直接责任人员给予警告，并处相应罚款。

（2）擅自设立证券登记结算机构的，由国务院证券监督管理机构予以取缔，没收违法所得，并处相应罚款；没有违法所得或者违法所得不足 50 万元的，处相应罚款。对直接负责的主管人员和其他直接责任人员给予警告，并处相应罚款。

职业提示 ▶

从"一行两会"到"一行一局一会"——中国金融监管迎来新变化

此前，我国的金融监管格局为"一行两会"。其中，一行指中国人民银行，两会分别指中国银行保险监督管理委员会、中国证券监督管理委员会。

随着 2023 年 3 月 16 日《党和国家机构改革方案》正式印发，我国的金融监管体系迎来了新一轮科学重塑。其中，最主要的就是在银保监会基础上设立国家金融监督管理总局，并将人民银行对金控公司的监督职能、人民银行和证监会对投资者保护的职能一并纳入。改革后，新组建的国家金融监督管理总局和中国证监会均成为国务院直属机构，成为拥有独立监督管理权限的行政部门。

金融监管体系由"一行两会"变为"一行一局一会"，从根本上理顺了机构监管和功能监管、宏观审慎和微观审慎、审慎监管和行为监管之间的关系，有助于实现金融监管的一致性和全覆盖。

复习思考题

一、单项选择题

1. 我国现行《证券法》自（　　）开始实施。
   - A. 2020 年 3 月
   - B. 2018 年 3 月
   - C. 2015 年 3 月
   - D. 1998 年 3 月

2. 依据现行法律规定，我国公开证券发行采取（　　）。
   - A. 核准制
   - B. 备案制
   - C. 注册制
   - D. 申请制

3. 目前，我国证券监督管理机构是（　　）。
   - A. 中国人民银行
   - B. 中国证监会
   - C. 国务院证券委员会
   - D. 国务院

4. 上市公司持有（　　）以上股份的股东、实际控制人、董事、监事、高级管理人员，以及其他持有发行人首次公开发行前发行的股份或者上市公司向特定对象发行的股份的股东，转让其持有的本公司股份的，不得违反法律、行政法规和国务院证券监督管理机构关于持有期限、卖出时间、卖出数量、卖出方式、信息披露等规定，并应当遵守证券交易所的业务规则。
   - A. 5%
   - B. 10%
   - C. 15%
   - D. 20%

5. 为证券发行出具审计报告或者法律意见书等文件的证券服务机构和人员，在该证券承销期内和期满后（　　）内，不得买卖该证券。
   - A. 3 个月
   - B. 6 个月
   - C. 9 个月
   - D. 12 个月

6. 收购要约约定的收购期限不得少于（　　　　），并不得超过（　　　　）。

    A．30日，30日   B．30日，60日

    C．60日，60日   D．60日，90日

7. 以协议方式收购上市公司时，达成协议后，收购人必须在（　　　　）内将该收购协议向国务院证券监督管理机构及证券交易所做出书面报告，并予公告。

    A．当日   B．1日   C．2日   D．3日

8. 在上市公司收购中，收购人持有的被收购的上市公司的股票，在收购行为完成后的（　　　　）内不得转让。

    A．12个月   B．16个月

    C．18个月   D．24个月

9. 证券服务机构应当妥善保存客户委托文件、核查和验证资料、工作底稿以及与质量控制、内部管理、业务经营有关的信息和资料，任何人不得泄露、隐匿、伪造、篡改或者毁损。上述信息和资料的保存期限不得少于（　　　　），自业务委托结束之日起算。

    A．1年   B．5年

    C．10年   D．20年

10. 国务院证券监督管理机构依法履行职责，进行监督检查或者调查，其监督检查、调查的人员不得少于（　　　　），并应当出示合法证件和监督检查、调查通知书或者其他执法文书。

    A．2人   B．3人

    C．4人   D．5人

二、多项选择题

1. 证券的发行、交易活动，必须遵循（　　　　）的原则。

    A．公开   B．公平   C．公正   D．透明

2. 证券发行、交易活动的当事人具有平等的法律地位，应当遵守（　　　　）的原则。

    A．自愿   B．有偿

    C．诚实信用   D．公平合理

3. 《证券法》制定的目的包括（　　　　）。

    A．规范证券发行和交易行为   B．保护投资者的合法权益

    C．维护社会经济秩序和社会公共利益   D．促进社会主义市场经济的发展

4. 证券市场监管法律主体包括（　　　　）。

    A．中国证监会   B．上海证券交易场所

    C．证券业协会   D．泰和泰（北京）律师事务所

5. 公司首次公开发行新股，应符合以下条件（　　　　）。

    A．具备健全且运行良好的组织机构

    B．具有持续盈利能力，财务状况良好

    C．最近3年财务会计报告被出具无保留意见审计报告

    D．发行人及其控股股东、实际控制人最近3年不存在贪污、贿赂、侵占财产、挪用财产或者破坏社会主义市场经济秩序的刑事犯罪

6. 证券交易内幕信息的知情人包括（   ）。

A. 发行人及其董事、监事、高级管理人员

B. 因职务、工作可以获取内幕信息的证券交易场所、证券公司、证券登记结算机构、证券服务机构的有关人员

C. 由于所任公司职务或者因与公司业务往来可以获取公司有关内幕信息的人员

D. 持有公司 5% 以上股份的股东及其董事、监事、高级管理人员，公司的实际控制人及其董事、监事、高级管理人员

7. 下列（   ）行为属于操纵证券市场，影响或者意图影响证券交易价格或者证券交易量。

A. 单独或者通过合谋，集中资金优势、持股优势或者利用信息优势联合或者连续买卖

B. 与他人串通，以事先约定的时间、价格和方式相互进行证券交易

C. 在自己实际控制的账户之间进行证券交易

D. 不以成交为目的，频繁或者大量申报并撤销申报

8. 下列（   ）行为属于损害客户利益的行为。

A. 违背客户的委托为其买卖证券

B. 不在规定时间内向客户提供交易的确认文件

C. 未经客户的委托，擅自为客户买卖证券，或者假借客户的名义买卖证券

D. 为牟取佣金收入，诱使客户进行不必要的证券买卖

9. 在收购要约确定的承诺期限内，收购人不得撤销其收购要约。收购人需要变更收购要约的，应当及时公告，载明具体变更事项，且不得存在（   ）情形。

A. 降低收购价格

B. 减少预定收购股份数额

C. 缩短收购期限

D. 国务院证券监督管理机构规定的其他情形

10. 经国务院证券监督管理机构核准，取得经营证券业务许可证，证券公司可以经营的证券业务包括（   ）。

A. 证券经纪

B. 证券投资咨询

C. 与证券交易、证券投资活动有关的财务顾问

D. 证券承销与保荐

三、简答题

1. 什么是公开发行？

2. 证券交易内幕信息的知情人包括哪些情况？

3. 简述证券公司的业务范围。

四、论述题

试述我国《证券法》对信息披露的相关法律规定。

能 力 训 练

证券市场违法行为法律关系分析

实训要求：

搜集证券监管相关诉讼案例。选择一类证券市场活动中的违法行为进行法律关系分析和相关法律依据梳理。

实训提示：

登录中国庭审公开网（http://tingshen.court.gov.cn）或中国裁判文书网（http://wenshu.court.gov.cn）等网站查找相关资料。

实训评价：

评 价 标 准	自我评价（40%）	教师评价（60%）
言行得当（20%）		
内容全面（20%）		
结构合理（20%）		
表达清晰（20%）		
结论恰当（20%）		
总分		

module 9

模块九

证券投资的基本分析

知识目标

了解证券基本分析的原理；掌握证券基本分析的方法。

能力目标

能运用宏观经济分析方法判断经济运行趋势；能运用行业分析方法比较行业前景；能运用公司分析方法对公司的偿债能力、盈利能力及投资获利能力做出判断；能综合运用基本分析所涉及的各种方法分析股票投资。

素质目标

通过了解有价证券的投资价值，增强职业道德观念、诚信观念和职业风险防范的意识。

案例导读

江山股份受益行业景气净利倍增

2022 年 4 月 19 日，国内老牌农药生产企业江山股份（600389）披露了 2021 年年度报告。年报显示，2021 年江山股份实现营业总收入 64.84 亿元，同比增长 26.6%；净利润 8.16 亿元，同比增长 143.76%，扣非净利润 8 亿元，同比增长 139.93%，经营活动产生的现金流量净额为 9.94 亿元，同比增长 40.53%。以上数据均创下历史最好成绩。

2021 年江山股份净利倍增主要得益于以下几方面：当前全球粮食价格不断上涨，全球农作物种植面积增速明显提升，受益于此，农药需求量增加；供应链等方面未能及时扩张，推动农药化肥价格上涨；国外企业增加了农药原药的采购量，国内农药原药出口形势好转，国内农药生产企业机遇到来。

2022 年，农药行业延续 2021 年的高景气，并且受政策利好的影响，农药产业迈入新发展格局。2022 年 1 月 29 日，为推进农药产业高质量发展，更好地保障粮食安全、农产品质量安全、生态环境安全，农业农村部会同国家发展改革委、生态环境部、市场监管总局等八部门联合印发《"十四五"全国农药产业发展规划》（下称《规划》）。《规划》提出，到 2025 年，农药产业体系更趋完善，产业结构更趋合理，对农业生产的支撑作用持续增强，绿色发展和高质量发展水平不断提升。推进农药生产企业兼并重组、转型升级、做大做强，培育一批竞争力强的大中型生产企业。到 2025 年，着力培育 10 家产值超 50 亿元企业、50 家超 10 亿元企业、100 家超 5 亿元企业，园区内农药生产企业产值提高 10 个百分点。包括江山股份在内的相关上市公司，迎来了广阔的发展空间。受政策利好提振，二级市场上，以江山股份（600389）为首的农药板块股价大幅上涨。

提出疑问：

1. 投资股票时要考虑哪些方面？
2. 宏观经济形势对证券市场有什么影响？
3. 什么是行业生命周期？它和股票的价格有什么关系？
4. 如何判断公司的整体实力？投资者应该从哪些方面对欲投资的公司进行分析？
5. 公司在行业中所处的地位对它的股价有何影响？

进入学习

证券投资分析是指对大量公开的信息（包括文字与数据）进行收集、整理、分析、综合，从而为投资者进行理性决策提供依据的过程。证券投资分析有三个基本要素——信息、步骤和方法，其中证券投资分析的方法直接决定了证券投资分析的质量。证券投资分析所采用的方法一般可以分成两大类：基本分析和技术分析。前者主要是根据经济学、金融学、投资学的基本原理推导出来的分析方法，属于科学研究的结晶；后者则是根据证券市场本身的变化规律得出的分析方法，属于经验总结。这两种分析方法既相互联系，又相互独立，共同构成对证券投资的完整分析。本模块主要介绍基本分析的内容。

单元一　证券投资基本分析概述

一、基本分析的概念及特征

1. 基本分析的概念

基本分析又称基本面分析，是指通过对决定证券投资价值及价格的基本要素，如宏观经济指标、经济政策走势、行业发展状况、产品市场状况、公司销售和财务状况等的分析，评估证券的投资价值，判断证券的合理价位，从而提出相应的投资建议的一种分析方法。

2. 基本分析的特征

基本分析法有以下特征：

（1）科学性。基本分析法是以价值理论为依据的分析方法，以公司的业绩为衡量投资价值的尺度，并据此选择投资对象。基本分析法有助于资金向具有潜在的经济价值的证券流动，更好地发挥市场配置资金的功能，因而对经济系统的健康运行有积极的意义。

（2）系统性。基本分析法认为公司的业绩取决于公司运营的经济环境，取决于各种投入资源的供求（价格），取决于公司产品或服务的供求（价格）。因此，基本分析的内容包括宏观经济、行业和公司三个层次的系统分析。

（3）前瞻性。基本分析法认为证券的内在价值表现为向投资者提供未来的收益。因此，这种方法完全建立在对未来基本经济要素供求关系的预测的基础上，具有前瞻性。

二、基本分析的内容及步骤

一般而言，应用基本分析得出的结论能够反映证券市场运行的总体状况和证券价格的预期走势。基本分析具有科学性、系统性和前瞻性，因此适用于中长线投资，对短线投资者的指导作用则比较弱。

1. 基本分析的内容

基本分析的内容主要包括宏观经济分析、行业分析与区域分析以及公司分析。

（1）宏观经济分析。宏观经济分析主要探讨各类经济指标和经济政策对证券价格的影响。经济指标分为三类：①先行指标，这类指标的变化将先于证券价格的变化；②同步指标，这类指标的变化与证券价格的变化基本趋于同步；③滞后指标，这类指标的变化一般滞后于证券价格的变化。除了经济指标之外，主要的经济政策有货币政策、财政政策、信贷政策、税收政策、利率与汇率政策、产业政策、收入分配政策等。

（2）行业分析与区域分析。前者主要分析产业所属的不同市场类型、所处的不同生命周期以及产业的业绩对于证券价格的影响，后者主要分析区域经济因素对证券价格的影响。行业分析与区域分析是介于宏观经济分析与公司分析之间的中观层次的分析。一方面，产业的发展状况对该产业上市公司的影响是巨大的，从某种意义上说，投资某个上市公司，实际上就是以某个产业为投资对象；另一方面，上市公司在一定程度上又受到区域经济的影响，尤其在我国，各地区的经济发展极不平衡，从而造就了我国证券市场所特有的"板块效应"。

（3）公司分析。公司分析是基本分析的重点，无论什么样的分析报告，最终都要落脚在某个公司证券价格的走势上。如果没有对发行证券公司的状况进行全面的分析，就不可能正确地预测其证券的价格走势。公司分析主要是对公司的财务状况、产品与市场，以及公司证券投资价值与投资风险等方面进行分析。

2. 基本分析的步骤

（1）充分收集信息。对影响证券市场运行的基本因素展开准确分析的前提是要快捷、充分地收集各种信息。这些信息包括：国际经济关系的变动、国民经济整体运行状况及其指标、政府经济政策动向等宏观经济信息；政府重点支持产业的确立、产业竞争状况与产业结构的演变等产业经济信息；公司业绩增长状况、公司竞争能力、公司重大投资项目及公司管理层更迭等公司经营信息。

（2）判断经济变量之间的因果关系。在充分占有各类经济信息的基础上，展开信息的整理、分析，判断这些因素与证券市场走势之间的因果关系，估测各种因素对证券市场走势的影响力度。一般而言，宏观经济因素的变动会对整个证券市场产生影响；产业经济因素的变动主要对某个或某些行业产生影响；而微观经济因素的变化主要是对某个或某些公司产生影响。

（3）预测证券市场的未来走势。在综合分析的基础上，依据基本因素与证券市场的内在关系，预测证券市场的未来走势。这是基本分析的归宿点。

单元二　证券投资宏观分析

宏观分析是对影响证券市场及其价格变动的各种宏观外界因素进行分析，这是基本分析的重要方面。任何公司的经营管理及未来的盈利状况都会受到外部政治、经济形势的影响，尽管这种影响是间接的，但却是决定性的。宏观分析主要包括政治因素分析、经济因素分析和经济政策分析。

证券投资基本
分析——宏观分析

一、政治因素分析

在现代社会中，政治与经济息息相关、密不可分，政局的变化往往可以导致经济翻天覆地的变化。证券市场是一个非常敏感的市场，尤其是二级交易市场，国际或国内任何一种政治经济形势的细微变化都有可能导致证券的市场价格出现剧烈的波动。政治因素分析主要分析国内政治环境、国际政治环境和突发政治事件等因素可能对证券价格造成的影响。

1. 国内政治环境

一个国家政局稳定，就为国内的经济发展和公司的经营提供了良好的政治环境，为证券投资者获取证券收益提供了稳定的基础，从而有利于证券市场的平稳发展；相反，一国政局不稳，如发生政治动乱，人们就会对该国的经济失去信心，大量抛售该国证券，转而购买能保值的黄金、白银或将资金转移到其他国家，从而导致该国证券价格急剧下跌。

2. 国际政治环境

国际政治局势对一国证券市场的影响与该国的经济开放程度及政治军事实力相关。一般而言，一国经济开放程度越大及政治军事实力越小，其国内证券市场受国际政治局势的影响越大。国际政局动荡不安，必然妨碍正常的国际经贸活动，甚至危及某些国家国内的政局稳定。因此，那些开放程度大且弱小的国家或地区的经济和证券市场就容易受到国际政局变动的损害。

3. 突发政治事件

突发政治事件对证券价格的影响比较复杂。在短期内，突发政治事件往往造成证券价格下跌，这是因为短时间内人们难以判断突发政治事件会对政局和经济造成什么影响，为了躲避风险人们会暂时抛出证券，从而导致证券价格下跌。就中长期而言，突发政治事件对证券市场的影响应具体问题具体分析，没有固定的规律可循。突发政治事件对证券市场有什么影响、影响时间的长短取决于该政治事件对政局和经济的实质影响及人们对这种影响的评价。

二、经济因素分析

在证券投资中，经济因素分析是一个重要环节。只有把握住宏观经济发展的大方向，才能把握证券市场的总体变动趋势，做出正确的投资决策。把握宏观经济形势重在找出影响经济变动的因素，并掌握各种因素在不同时期、不同条件下对宏观经济乃至对证券发行公司的影响程度，这样才能抓住证券投资的市场时机。经济因素分析主要分析经济周期、利率、汇率、通货膨胀、失业率和国际收支等因素对证券价格的影响。

1. 经济周期

市场经济的运行总是呈现周期性波动，由衰退、萧条、复苏和繁荣四个阶段构成，周而复始，螺旋攀升。这种周期性的变动对公司的经营运作与证券市场的行情都有着极大的影响。因此，经济的周期性变动一般与证券市场的行情变化有着联动效应。

（1）衰退期。在经济衰退期，公司的产品滞销，公司生产减少，利润相应下降，从而导致股息红利减少。公司股东因收益的减少而纷纷抛售股票，致使股价一跌再跌。

（2）萧条期。公司经营状况的恶化在经济萧条期达到了极点，整个经济生活处于瘫痪状态，公司纷纷倒闭。公司股东由于普遍看淡经济形势，所以纷纷不计成本地抛售股票，使得股价跌至最低点，市场人气低迷，成交清淡。市场处于极度的萧条之中。

（3）复苏期。当国民经济走出最低谷而出现缓慢回升迹象时，公司的生产与销售也略有回升，利润有所增加，股东的收益也有所增加。此时，敏感的投资者预感到经济的复苏期可能到来，所以开始逐步介入证券市场进行试探性投资，股价开始缓慢回升。由于经济复苏初期的市场利率水平较低，公司进行扩大再生产的资金使用成本相对较低，因而很快会出现经济的快速增长，股价开始迅速攀升。

（4）繁荣期。当国民经济由复苏期进入繁荣期后，公司的生产规模扩大，产量大幅增加，产品畅销，公司利润大增。人们对股息红利的期望值也越来越高，股价随之上涨。进入繁荣中期后，由于社会资金供不应求，市场利率开始大幅度升高，而投资者对收益的预期不降反升，进而推动经济进入繁荣期的高潮阶段，股价也达到了最高点。

经济进入繁荣期的高潮阶段后，由于生产成本增加，使得公司的利润开始减少，股东的收益也会随之减少，股票的抛售行为也会慢慢增多，势头也会越来越强，从而逐步进入了一个新的衰退期。新的一轮经济周期又开始了。

证券价格的变动可以作为经济周期变化的先行指标。例如，美国战后股市高峰与经济高峰的时差平均为 3.5 个月，股市低谷与经济低谷的时差平均为 5.25 个月。由于我国证券市场的发展时间短，市场本身以及投资者都还不成熟，经济周期的特征更多是以不"规则"的形式显现出来的。

2．利率

证券价格对利率变动比较敏感。一般而言，利率与证券价格呈反向变化。利率降低，证券价格会上升；反之，利率升高，证券价格会下跌。利率主要从以下三方面影响证券价格：

（1）利率水平的变动直接影响公司的融资成本，从而影响证券价格。大多数公司都向银行借款以弥补自有资本的不足，因此，利率水平对公司的财务成本有重大的影响。当利率上升时，公司融资成本加重，相应地，利润降低，可分配的股利相对减少，甚至无能力兑付到期的债券，从而使证券价格降低；利率降低则可使公司成本负担减轻，盈利相对增加，每股股利也可提高，偿债能力也相对增强，从而使证券价格上升。

（2）利率的升降会改变证券的投资价值区间，从而使证券价格相应调整。以股票为例，股票的价格水平即市盈率，在标准市盈率（或略高于标准市盈率）以下的范围，可认为是股票的投资价值区间，而标准市盈率等于 1 年期定期存款利率的倒数。利率上升时，投资者据以评估投资价值的标准市盈率下降，股票的投资价值因此会下降，从而也会使股票价格相应下降；反之，利率下降时，股票价格就会上升。

案例链接

央行 MLF "降息"，A 股应声大涨

2020 年 2 月 17 日，为对冲央行逆回购到期等因素的影响，维护银行体系流动性合理充裕，央行开展了 2 000 亿元中期借贷便利（MLF）操作和 1 000 亿元 7 天期逆回购操作。值得一提的是，MLF 中标利率较此前下调了 10 个基点至 3.15%。当日早盘，三大指数悉数高开高走。截至收盘，沪指涨 2.28%，深证成指涨 2.98%，创业板指涨 3.72% 创 3 年新高。两市超过 3 600 只个股飘红，其中 182 只（不计 ST 类股）个股涨停。

央行 MLF 和逆回购操作情况分析：

1）为维护特殊时期银行体系流动性合理充裕，央行以利率招标方式开展了逆回购操作，而且逆回购的中标利率分别下降，1 年期 MLF 中标利率为 3.15%，7 天期逆回购操作中标利率 2.4%。其中，MLF 操作利率较之前下降了 10 个基点。这表明央行实施政策利率联动调整，释放逆周期调节力度加大信号，市场资金面进入偏宽松状态。

2）MLF 的利率变化直接关系到贷款市场报价利率（LPR）的变化。根据 LPR 的形成机制，LPR 是由 18 家报价行在公开市场操作利率（主要指 MLF 利率）基础之上加点形成。市场整体利率变化，会在贷款利率方面得到反映。金融市场、货币市场利率变化会影响 LPR 预期。金融市场流动性充足，货币市场和债券市场利率下行，用 MLF 置换部分到期逆回购，一方面可以拉长资金投放的期限，稳定市场预期；另一方面下调 MLF 利率，为 LPR 利率下降打开空间。这将直接推动企业贷款利率下调。

3）此外，由于宏观经济及房地产行业均存在一定下行压力，一些地区正在对房地产调控政策进行松绑式微调。5 年期 LPR 小幅下调有助于稳定房地产市场运行，符合宏观及行业政策强化逆周期调节的整体方向。

（3）利率的升降会引起资金在不同的金融市场上流动，直到达到某种均衡。利率水平变动会影响人们在证券投资和其他替代金融资产如银行存款上的资金分配，从而影响证券价格。利率高时，银行存款的收益率上升，投资者会将部分资金抽离证券市场，转存银行，从而会减少对证券的需求，使证券价格下降；反之，则会使证券的价格上扬。

3. 汇率

在当代国际贸易迅速发展的潮流中，汇率对一国经济的影响越来越大。任何一国的经济在不同程度上都受到汇率变动的影响。随着我国对外开放的不断深入，以及世界贸易开放程度的不断提高，我国证券市场受汇率的影响也越来越显著。

汇率变动对证券市场的影响是复杂的。如果以单位外币的本币标值来表示汇率，汇率主要从以下几方面影响证券价格：

（1）汇率上升，本币贬值，出口型公司因产品竞争力增强而受益，其证券价格上扬；相反，依赖于进口的公司成本增加，利润受损，证券价格下跌。汇率下降的情形与此相反。

（2）汇率上升，本币贬值，将导致资本流出本国，资本的流失将使得本国证券市场需求减少，从而使市场价格下跌。汇率下降的情形与此相反。一般来讲，汇率变动对短期资本的流动影响较大，短期资本主要是在金融市场上做投机交易，当一国汇率上升时，外国投机者为了避免损失，会竞相抛售所拥有的该国金融资产，转兑外汇，而这种行为会进一步加剧该国汇率的上升，有可能导致金融危机。

（3）汇率上升时，为维持汇率稳定，政府可能动用外汇储备，抛售外汇，从而减少本币的供应量，使得证券市场价格下跌，直到汇率回落恢复均衡，反面效应可能使证券价格回升。如果政府利用债市与汇市联动操作达到既控制汇率的升势又不减少货币供应量，即抛售外汇的同时回购国债，则将使国债市场价格上扬。

4. 通货膨胀

所谓通货膨胀，是指一般物价水平的持续上涨。它是影响证券市场以及证券价格的一个重要的宏观经济因素，但它对大势的影响比较复杂。通货膨胀对证券市场的影响体现在以下两方面：

（1）适度的通货膨胀对证券市场有利，对证券价格有推动作用。当通货膨胀率很低（如5%以内）时，商品价格会缓慢上涨，且幅度不是很大，当物价上涨率大于借贷利率的上涨率时，产品价格上涨的幅度高于借贷成本的上涨幅度，公司利润上升，从而增加可分派股息。股息的增加会使证券更具吸引力，证券价格将上涨，还会使市场对证券的需求增加，促进证券市场的繁荣。

（2）过度的通货膨胀对证券市场产生负效应，证券价格水平将显著下降。一方面，当通货膨胀率较高且持续到一定阶段时，企业所需要的原材料价格上涨过快，致使生产成本大幅上升。公司既不可能通过技术改造和加强管理等措施进行内部消化，又难以全部转嫁给消费者，利润必然下降，甚至出现亏损。投资者因此会对证券投资失去信心，证券市场行情随之下滑。另一方面，政府为了应对过度的通货膨胀，必然会采取紧缩的财政政策和货币政策等手段，这就会增加税收，提高市场利率水平，从而使证券价格下降。此外，物价持续上涨也会使投资者从证券市场撤出，转而投资于保值性强的商品，最终引起证券价格下跌。

5. 失业率

当失业率上升，人们的可支配收入降低，证券市场中的投资者就会减少，从而导致证券价格下跌。反之，当失业率降低时，证券价格上扬。

6. 国际收支

国际收支状况对证券市场的影响主要体现在国际收支总额的平衡状况上。如果一国国际收支状况逆差增加，本币贬值、外币升值，国内资金持有者和外国投资者为防范汇率风险，纷纷卖出本币、买入外币，国内资本外流，股市中资金抽出，这时股票价格一般看跌。但对于不同类型的企业，其影响不同。对于出口型企业来说，本币贬值、外币升值，意味着在国际市场的竞争力加强，市场扩大，销售收入提高，从而使企业经营业绩提高，股票价格自然上扬；相反，依赖于进口的企业成本增加，利润受损，股票价格下跌。如果一国国际收支状况顺差增加，本币升值、外币贬值就会吸引外国资本涌入本国，其中一部分进入股市，这时股票价格一般看涨。此时出口型企业股票价格会下跌，进口型企业股票价格会上涨。

三、经济政策分析

市场经济国家的政府为了保证国民经济持续稳定的发展，往往采取宏观经济政策对国民经济加以控制和调整，这必然会对证券市场有所影响。宏观经济政策包括货币政策、财政政策、收入政策、产业政策等。

1. 货币政策

货币政策是指政府为实现一定的宏观经济目标所制定的关于货币供应和货币流通组织管理的基本方针和基本准则，其目的主要是控制通货膨胀，保持物价稳定，谋求国际收支平衡，以实现充分就业和经济的稳定增长。货币政策工具主要包括法定存款准备金率、再贴现政策和公开市场业务等一般性政策工具和直接信用控制、间接信用指导等选择性政策工具。从总体上看，货币政策通过调控货币供应量，调节社会总需求和总供给的比例，进而影响证券市场的运行。一般来说，"紧"的货币政策会促使证券市场价格下跌，"松"的货币政策则会促使证券市场价格上扬。

（1）"紧"的货币政策的运行对证券市场的影响。在经济过度扩张，社会需求过度膨胀，社会总需求大于社会总供给时，政府常常运用"紧"的货币政策，具体措施通常表现为：提高法定准备金率、再贴现率、利率，加强信贷控制，在证券市场上出售公债等。这些措施的实施，一方面会减少社会货币供应量，抑制证券市场投资需求的膨胀；另一方面由于利率上升，公司筹资成本增加，利润率下降，证券投资成本和投资风险增大，公司债券和股票价格下跌。同时，利率上升会使部分投资者从证券市场上撤出资金，转向储蓄。此外，政府在证券市场上出售公债，直接增大了公债的供给量，证券市场因投资需求下降、供给增加而产生价格下跌的可能。

（2）"松"的货币政策的运行对证券市场的影响。在经济出现衰退，社会总需求小于社会总供给时，政府常常运用"松"的货币政策调节宏观经济，具体措施通常表现为：降低法定准备金率、再贴现率、利率，放松信贷控制，在证券市场上回购公债等。此时，一方面会增加货币供应量，刺激证券市场投资需求的增长；另一方面由于货币供应量增加，利率下降，公司筹资成本降低，公司利润率上升，证券投资成本和投资风险降低，证券市场价格逐渐上升。同时，利率下降会使部分货币持有者由储蓄转向证券投资。此外，政府在证券市场上公开回购公债，直接增大了公债的购买需求，进一步刺激证券投资的需求，从而导致证券市场价格的上升。

2. 财政政策

财政政策是政府为实现一定时期宏观调控目标而制定的运用财政工具的方针、行为准则、方式和方法的总称。财政政策通过政府财政工作和处理国家财政关系发挥着其调节宏观经济的职能。从总体上看，"紧"的财政政策将使得过热的经济受到控制，证券市场也将走弱；而"松"的财政政策将刺激经济发展，证券市场将走强。

财政政策主要通过财政支出政策和税收政策对证券市场产生影响。

（1）财政支出政策。财政支出政策的主要内容包括公共工程支出、政府对商品和劳务的购买、政府对居民户的各种支付。当国民经济处于经济周期的衰退期和萧条期时，社会的有效需求明显不足，从而严重制约公司的生产发展。这时，政府往往采取增加财政支出的方法来缓解矛盾，解决有效需求不足的问题。社会有效需求的增加会使公司有条件扩大生产规模，降低生产成本，提高公司利润，从而导致证券价格上升。加之居民货币收入增加，一部分增量资金投入证券市场，也会促进证券价格上扬，人气趋旺，证券市场活跃。相反，当国民经济处于经济周期的繁荣期时，社会的总需求膨胀，公司利润急剧上升，同时公司的生产成本也会大幅提高。此时，政府往往采取削减财政支出的手段来控制国民经济过度膨胀。当政府减少财政支出时，社会总需求水平下降，经济活动将受到抑制，经济增速放缓，公司盈利率降低，证券价格也会因此回落。

（2）税收政策。税收政策分为增加税收和减少税收。政府可以通过不同的税收政策来直接调控国民经济发展的结构、规模与速度。当经济发展不景气或政府试图扶植某个行业的发展时，国家可针对其规定较低的税率，通过实行税收政策倾斜引导社会资金的流向，从而使被扶植的行业和公司降低生产成本，增加利润，促进其证券价格的上扬；当经济发展过热或政府试图限制某个行业的发展时，国家可针对其规定较高的税率，从而增加被抑制行业和公司的生产成本，降低利润，引导社会资金流向利润更高的行业，减少社会资金流向被抑制的行业和公司，导致其证券价格下跌。另外，税收的增加也会使居民个人的可支配收入下降，这样用于证券投资的资金就会相应减少，从而对证券价格产生负面影响。与之相反，减税则有利于证券价格的上扬。

3. 收入政策

收入政策是国家为实现宏观调控总目标和总任务，针对居民收入水平高低、收入差距大小在分配方面制定的原则和方针。与货币政策、财政政策相比，收入政策具有更高层次的调节功能，它制约着货币政策和财政政策的作用方向和作用力度，而且收入政策最终也要通过货币政策和财政政策来实现。

收入政策的主要内容包括收入总量的控制政策和收入结构的调整政策。收入总量控制着眼于近期的宏观经济总量平衡，着重处理积累与消费、人们近期生活水平改善与国家长远经济发展的关系，以及失业与通货膨胀的问题。收入结构调整则着眼于处理各种收入的比例，以解决公共消费与私人消费、收入差距等问题。收入总量的控制和收入结构的调整主要通过财政、货币机制来实施，财政机制通过预算控制、税收控制、补贴调控和国债调控等手段贯彻收入政策，货币机制通过调控货币供应量、调控货币流通量、调控信贷方向和数量、调控利息率等手段贯彻收入政策，因而收入政策主要是通过财政政策和货币政策的传导对证券市场产生影响的。此外，收入政策还可以通过行政干预和法律调整等机制来实施。

4. 产业政策

产业政策是政府为了促进国民经济稳定协调发展，对一国产业结构、产业组织结构进行某种形式干预的经济政策。产业政策着眼于调节长期供给总量，进而影响社会供求总量均衡。其主要内容包括有关产业的一般基础设施政策、有关产业之间资源分配政策、有关产业的组织政策等。产业政策主要也是通过财政政策和货币政策的传导来实现其对证券市场的影响的。

（1）在产业政策的支持下，支柱产业和瓶颈产业快速发展，对国民经济长期持续稳定的发展具有重要意义。国民经济的长期良性运转会促进证券市场的有序运行。

（2）产业政策是社会经济长期发展战略的体现，具有相对的稳定性，对短期财政政策、货币政策的运用具有导向作用，这种导向作用也会指导证券投资者预期国家财政、货币政策的可能变化，以及这种可能变化对证券市场价格产生的可能影响。

（3）即使在"紧"的财政、货币政策下，国家优先发展、重点发展的产业仍会得到税收、利率、贷款条件、财政补贴等方面的优惠，这些产业内的企业在经济衰退时期也会保持一定的利润水平，而且有良好的发展前景。与这些产业有关的证券投资，其风险大大降低，这会增大投资者对证券投资的积极性，从而带动证券市场价格的上扬。

单元三　证券投资行业分析

行业分析是介于宏观与微观之间的一种分析方法。行业分析是公司分析的基础，也是投资者进行证券投资组合时必须分析的要素之一。

证券投资基本
分析——行业分析

一、行业分析的意义及行业分类

1. 行业分析的意义

分析上市公司所属的行业与股票价格变化关系的意义非常重大：

（1）它是国民经济形势分析的具体化。在分析国民经济形势时，根据国民生产总值等指标可以知道或预测某个时期整个国民经济的状况，但是整个经济的状况与构成经济总体的各个行业的状况并非完全吻合。当整体经济形势好时，只能说明大部分行业的形势较好，而不是每个行业都好；反之，经济整体形势恶化，则可能是大多数行业面临困境，而某些行业的发展仍然较好。例如，20世纪初，美国的铁路处于鼎盛时期，铁路股票炙手可热。但是在今天，约有一半以上的美国人没有坐过火车，铁路股票已不能再引起人们的兴趣。相反，过去被人们冷落的一些科技产业的股票现在已是门庭若市。这些事例说明，进行国民经济形势分析只能了解某个行业的笼统、模糊的轮廓，只有进行行业分析，才能更加明确地知道某个行业的发展状况，以及它所处的行业生命周期的位置，并据此做出正确的投资决策。

（2）进行行业分析可以为更好地进行企业分析奠定基础。如果只进行企业分析，虽然可以知道某个企业的经营和财务状况，但不能知道其他同类企业的状况，无法通过横向比较明确目前企业在同行业中的位置。另外，行业所处生命周期的位置制约着或决定着企业的生存和发展。例如，汽车诞生以前，欧美的马车制造业是市场的主流，但今天连汽车业都已进入生命周期中的成熟期。这说明，如果某个行业已处于衰退期，则属于这个行业中的企业，不管其资产多么雄厚，经营管理能力多么强，都不能摆脱其暗淡的前景。投资者在考虑新投资时，不能投资到那些快要没落和将被淘汰的"夕阳"行业。投资者在选择股票时，要分析和判断企业所属的行业是处于初创期、成长期、成熟期还是衰退期。

行业分析的主要内容包括行业的竞争程度分析、市场结构分析、生命周期分析、景气状况分析以及影响行业发展的有关因素。

2．行业分类

行业是介于宏观经济与微观经济之间的重要经济因素，是由具有共同特征的公司群体组成的。由于同一行业内的公司成员在生产经营上存在着相似性，其产品有很强的替代性，行业内公司成员彼此间处于一种紧密联系的状态。

世界上大多数证券交易所都会对在其交易所上市的公司的证券按行业标志进行划分，以编制交易所的股票价格指数。不同的证券交易所对上市公司的分类也不尽相同：

（1）道琼斯分类法。道琼斯分类法是证券指数统计中最常用的分类方法之一。它将上市公司的股票分为三大类：工业（包括采掘业、制造业、商业等），运输业（包括航空运输、铁路运输、公路运输、船舶运输等）和公用事业（包括电信业、供水业、煤气供应业等）。然后从三大类中分别选出有代表性的一定数量的公司股票，分别计算编制各类别的股票平均价格指数。例如道琼斯工业平均指数，是根据在工业类上市公司中所选出具有代表性的30种大工业公司的股票的平均价格编制而成的。最后根据这三大类股票平均价格指数，计算道琼斯综合指数，以反映不同行业股价变化及整个市场的股价变动趋势。

（2）恒生指数分类法。它是1969年中国香港恒生银行为编制中国香港股票交易所的价格指数，即中国香港恒生指数，对其上市公司采取的一种分类法。这种分类法将其上市公司分为工业、商业、地产业及其他行业等几大类，再分别从不同类别中选出有代表性的数量不等的股票，分别计算和编制股票平均价格指数，以反映中国香港股市的价格变动情况。

（3）上证指数分类法。它是上海证券交易所为编制沪市成分指数，对沪市上市公司采取的分类法。它将其全部上市公司分为工业、商业、地产业、公用事业和综合类五大类，并分别计算和发布各分类股票价格指数。

（4）深证指数分类法。它是深圳证券交易所为编制深市成分指数，对深市上市公司采取的分类法。它将其全部上市公司分为工业、商业、金融业、地产业、公用事业和综合类六大类，并分别计算和发布各分类股票价格指数。

二、行业分析的内容

1．行业的竞争程度分析

根据公司数量、产品差异性、价格控制力等因素，可将国民经济各行业分为完全竞争、不完全竞争、寡头垄断和完全垄断四种类型，其特征如表9-1所示。

表9-1　行业市场类型特征

项　　目	完 全 竞 争	不 完 全 竞 争	寡 头 垄 断	完 全 垄 断
公司数量	很多	较多	很少	一家
产品差异性	同质	有差异	有差异或无差异	独特
价格控制力	无	较小	较大	相当大
行业壁垒	无	较小	很大	绝对大
非价格竞争	无	有	有	主要为公关宣传
超额利润	短期、长期均无	短期有、长期无	短期、长期一般有	短期、长期均有
典型行业	农产品	轻工业	重工业	公用事业

（1）完全竞争。完全竞争又称纯粹竞争，是指不受任何阻碍和干扰的市场情形。其市场特点是公司数量很多，各公司生产的产品具有同一性特征，进入该行业的门槛较低，即对劳动力、资金、设备、技术等要素标准低。因此，该行业的产品价格、公司利润主要取决于市场供求关系。这一特征也决定了这类行业经营业绩波动较大，股票价格受此影响波动也较大，投资风险相应提高。

（2）不完全竞争。不完全竞争是指许多生产者生产同种但不同质产品的市场情形。其市场特点是公司数量仍然很多，虽然各公司生产的产品仍具同一性特征，但在质量、服务、特性以及由此而产生的品牌上存在一定程度的差异。因而，该行业各公司的产品价格在市场平均价格的基础上也存在一定程度的差异，公司利润也因此受到产品品牌、质量、服务、特性等因素的相应影响。这一特征也决定了这类行业公司的分化较大。那些生产规模大、质量好、服务优、品牌知名度高的公司在同行业中具有较强的竞争能力，受此影响，其经营业绩一般较好且相对稳定，投资风险相对较小。

（3）寡头垄断。寡头垄断是指相对少量的生产者在某种产品的生产中占据很大市场份额的市场情形。其市场特点是公司数量很少，各公司生产的产品仍具同一性且相互替代性强，进入该行业的门槛较高，一般为资金密集型或技术密集型，资金、技术等因素往往限制了新公司的进入，因而个别公司对其产品价格有较强的控制力。

（4）完全垄断。完全垄断是指整个行业的市场完全处于一家公司控制的状态。其市场特点是该行业为独家公司生产经营，产品价格与市场也为独家公司所控制。这类行业主要是公用事业，如电力、煤气、自来水公司，其产品为社会生产、人民生活不可缺少，但又高度垄断。政府为稳定社会生产与人民生活，通常对其价格的确定及变动有较为严格的控制。

通过表 9-1 可以看出，各行业市场的竞争程度是从完全竞争到完全垄断类型而逐次递减的。一般说来，竞争程度越高的行业，公司进入市场的成本越小，其盈利受市场供需状况的影响越大，投资者承担的风险也越大；反之，竞争程度越低的行业，公司进入市场的成本越高，其产品往往有相对固定的客户，受市场供需状况的影响越小，投资风险就越小。

2．行业的生命周期分析

行业的生命周期是指每个产业都要经历的一个由成长到衰退的发展演变过程。行业的生命周期可分为初创期、成长期、成熟期和衰退期，如图 9-1 所示。

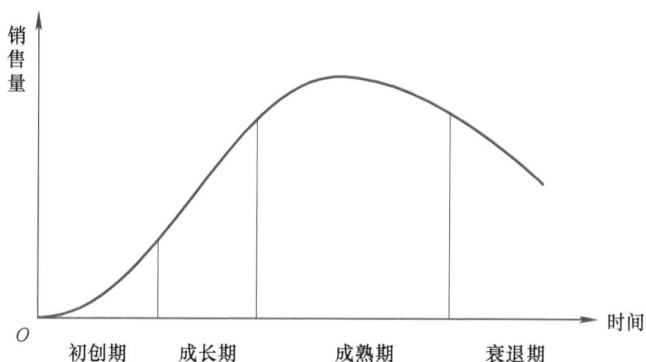

图 9-1 行业生命周期图

不同的阶段，证券投资者可能获得的收益和面临的风险是有重大差别的，投资者应对行业的生命周期进行分析、判断，以便做出正确的选择和采取相应的投资策略。

（1）初创期。在行业的初创期，由于新技术刚刚出现，产品的研究开发费用和公司创设成本较高，加之新产品鲜为人知，市场需求不大。为了增加知名度，公司又必须在产品的开发研究与宣传上进行大量投入，因而公司不但没有盈利，反而普遍亏损。另外，该行业的发展前景此时也难以断定。因此，在初创期，投资于公司的证券将面临较大的风险。但是，高风险也孕育着高收益。

（2）成长期。新行业的产品经过一定时间的广告宣传和市场检验，逐渐为用户所认识，市场需求逐步扩大，新行业便逐步进入成长期。在这一阶段由于市场需求逐步扩大，公司的生产规模相应扩大，加之生产技术和经营管理水平的逐渐提高，公司的生产成本迅速下降，盈利迅猛增加，由此会吸引大量公司进入该行业，使得公司间的竞争日趋激烈，破产率和兼并率相应提高。在成长期，整个行业的风险在降低，而每个公司的风险却在增加。若投资者此时投资于此类证券，尽管也需要承担一定的风险，但由于公司的盈利状况较好，所以投资回报也较高。

（3）成熟期。在激烈的市场竞争中，许多财力不济、技术力量较弱、经营不善的公司纷纷倒闭或被兼并，最后形成几家实力雄厚、经营效率高且竞争力强的大公司分割市场的局面，行业进入了稳定发展的时期。公司的销售利润持续增长，并且多高于国民经济的增长水平。此时，其他公司要进入市场，难度相当大。此类行业的股票多为绩优股，若投资者投资于此类证券，承担的风险相对较低，并且投资回报较为丰厚。

（4）衰退期。随着消费水平的提高和新技术的出现，社会对该行业的需求日益减小，公司产品的销售量开始下降，利润减少，社会资金开始向其他新兴行业转移，该行业即进入了衰退期。若投资者投资于此类证券，尽管其风险并不大，但由于公司收益的减少，投资者也不会获得较丰厚的回报。

上述行业生命周期各阶段的特征及其相应的投资策略总结如表 9-2 所示。

表 9-2　行业生命周期特征

项　　目	初　创　期	成　长　期	成　熟　期	衰　退　期
公司数量	少	增加	减少	少
利润	逐步提高	增加	高→下降	减少→亏损
风险	高	高	降低	低
股价	变动大	不断上升	开始下降	较低

3. 行业和经济景气度分析

在国民经济发展中，行业的兴衰常常与国民经济总体运动的周期性变动有明显的相关性，每一个行业都不同程度地受到经济景气变动的影响。根据行业变动与宏观经济周期性波动的相关程度，可将行业分为以下三种类型：

（1）增长性行业。增长性行业的运动状态与经济周期无大关系，该类行业收入增加的速率并不会一直随着经济周期的变动而出现同步变动，因为它们主要依靠技术进步、推出新产品和提供更优质的服务，来使其经常呈现出增长形态。例如，美国 20 世纪 90 年代的增长性行业包括生物基因工程、网络工程、计算机软件开发工程等。而我国目前的增长性行业主要是生物制药、移动通信业、计算机产业等。当经济周期开始进入下降阶段时，在适当的价位投资于增长性行业可能使投资者的资金保值，但由于这些行业的股票价格不随经济周期的变化而变化，所以投资者难以把握精确的购买时机。

（2）周期性行业。周期性行业的运动状态直接与经济周期相关。当经济上升时，这些行业会紧随其扩张；当经济衰退时，这些行业也相应跌落。高档消费品生产行业以及其他随着经济的改善需求相应增加从而使公司收入也增加的行业均属于周期性行业。对于能够把握经济周期变化的投资者而言，可选择周期性行业作为投资对象。

（3）保守性行业。保守性行业又称防守性行业、防御性行业。这些行业运动形态的存在是因为该行业的产品需求相对稳定，不受经济周期处于衰退阶段的影响。如食品业和公用事业，其产品的需求收入弹性较小，公司的收入相对稳定。对于难以把握经济周期变动趋势的投资者而言，选择保守性行业作为投资对象的风险较小。

三、影响行业发展的主要因素

每个行业都处在一定的环境之下，不可避免地会受到外部环境的制约和影响。构成行业外部环境的因素很多，如政策法规、技术进步、社会习惯改变、相关行业变动等。

1. 政策法规

这里所说的政策法规是指有关某行业的政策法规。政府为了保证整个国民经济协调、持续、健康地发展和各个行业生产经营活动有序、高效地进行，通常会制定和颁布一系列的产业政策和行业法规。这些政策法规对各个行业构成制约和影响，主要表现在以下三个方面：

（1）对行业进入资格的影响。政府对国民经济的枢纽行业或与公众利益密切相关的行业，都会规定进入行业的基本条件，如对银行、保险等金融行业，航空、航天、铁路等运输行业，广播电视、邮电通信、电力、供水、供气等公用事业行业，通过限制进入行业的公司总量，控制行业的发展规模和结构，避免由于恶性竞争所造成的巨大损失。

（2）对行业中公司经营管理方面的影响。例如，被政府授权在指定地区从事某种行业经营的公司，成为这一地区和这些行业的合法垄断者，它们的生产、经营的某些方面，会受到政府的干预。如产品的定价、公司获利的平均水平等都有可能受到政府一定程度的控制。

（3）对行业发展的影响。根据宏观调控目标，政府可能运用产业政策、财政政策、货币政策，通过优惠税收、财政补贴、有利的关税等措施保护某些行业的发展，并刺激这些行业的规模扩张，或通过相应政策限制某些行业的发展速度和规模。

2. 技术进步

在科学技术发展日新月异的今天，新技术向实用技术的转化过程被大大缩短，技术进步对行业的生存和发展会产生深刻的影响，有时甚至是决定性的影响。这主要表现在以下两个方面：

（1）每一次重大的技术进步都会引起社会经济革命性的变化，重大的技术革新会促成新的产业产生和迅速发展，从而导致旧产业的衰落，甚至逐渐被淘汰。例如，电的发明与运用，宣告了蒸汽机动力时代的结束。

（2）每一种生产方法革新或每一种生产组织形式的改进都有可能导致行业内竞争格局的变化。例如，在汽车制造业中，将零部件制造、整车装配分开，实行专业化、标准化、规模化生产的公司，其竞争能力远远高于集零部件制造、整车装配为一体的"大而全"型公司。

3. 社会习惯改变

社会习惯对行业发展的影响主要是由消费者习惯、消费方式、消费心理的改变而引起的，主要表现在以下三个方面：

（1）通过消费者和政府表现出来的社会倾向影响行业的发展。目前，这种社会倾向主要表现在三个方面：①对产品生产过程和使用过程的要求，主要是要求防止环境污染，维持生态平衡；②对产品质量安全的要求，例如汽车排放的废气、噪声应符合环境标准等；③对产品功能的要求，例如，对服装已由追求结实耐穿转为追求款式美观大方。总之，社会倾向会对行业的经营活动、生产成本和收益水平产生一定的影响。

（2）新的社会消费习惯的形成促进了相关行业的发展。随着经济的发展，居民生活水平逐步提高，许多新的消费观念产生，带动了新产业的发展。例如，人们对美的追求促成了美容、健身行业的产生和发展，与此同时，也促进了有关化妆用品制造、健身设施制造业的迅速发展。

（3）旧的社会消费习惯的改变也会影响行业的发展。例如，随着经济水平的提高、生活节奏的加快和人们消费观念的更新，大多数消费者已习惯从商场或网上购买成衣，手工缝纫业和家用缝纫机、手工缝纫机制造业逐渐衰落，而工业缝纫设备制造业和成衣制造业得到了长足的发展。

4. 相关行业变动

某一行业的相关行业主要是上游行业、下游行业、替代产品行业、互补产品行业。这些行业的变动都会对本行业产生正面或负面的影响。

（1）上游行业。上游行业是指为本行业提供机器设备和原材料的行业。如果上游行业产品的价格上升，本行业的生产成本就会提高，进而利润下降；反之，则利润上升。利润的升降必然牵动公司证券价格的涨落。例如，钢材价格上涨，就可能会使制造机床的公司股票价格下跌。

（2）下游行业。下游行业是指对本行业产品构成需求的行业。如果下游行业快速增长，对本行业的需求也会随之增加，带动本行业产品的销量和销售价格上升，本行业公司的利润就有可能显著增长；相反，如果下游行业出现衰退，本行业公司的利润就可能随之降低。例如，建筑行业不景气，生产建筑材料的公司必然受到损害。

（3）替代产品行业。替代产品行业是指产品能够替代本行业产品的行业。如果替代产品的价格上涨，其用户有可能转而购买本行业的产品，使本行业的市场需求增加，本行业公司将因此受益；相反，替代产品价格下跌，本行业的市场需求有可能缩小。例如，鸡蛋价格下跌，使其需求增加，对肉类的需求就可能减少。

（4）互补产品行业。互补产品行业是指其产品与本行业产品构成互补关系的行业。例如，汽油和汽车互为互补产品。互补产品的需求减少，本行业产品的需求也必然减少；相反，互补产品的需求增加，本行业产品的需求也必然增加。

单元四　证券投资公司分析

公司分析是基本分析中最为关键的一环。在同样的宏观经济环境以及同样的行业背景下，不同规模、不同财力、不同技术条件、不同经营能力的公司，其经营成果以及发展潜力各不相同，这些基本要素决定了公司证券的投资价值。

对公司的分析主要包括基本素质分析和财务分析两大部分：基本素质分析侧重于考察公司的经营管理能力和竞争能力；财务分析则通过分析公司的财务指标考察其资本结构、偿债能力和获利能力等。此外，投资项目、资产重组、关联交易等因素对公司的发展前景也会产生至关重要的影响。

一、基本素质分析

1. 公司竞争地位分析

公司的竞争地位是指公司竞争能力或实力在同行业公司中所处的位置。所欲投资的公司在本行业中的竞争地位是公司基本素质分析的首要内容。对公司竞争地位的分析可从以下几方面入手：

（1）技术水平。一个公司所拥有的技术水平、配备的技术设备状况，决定了该公司所采用的生产手段和管理方法的先进程度，因而在一定程度上决定了公司的竞争实力。采用先进技术可以提高公司的劳动生产率，并降低产品成本；同时，迅速掌握先进技术，则意味着拥有新产品、新市场开发的主动权，可以提高公司的市场开发能力。

（2）市场占有率和销售额增长率。一个公司在同行业中的竞争地位，可用市场占有率和销售额增长率等指标来衡量。①市场占有率反映的是一个公司占据市场份额的比重。市场占有率越高，公司对市场的影响力越大，公司的竞争能力越强。因此，市场占有率反映了同一行业内各个公司的相对竞争能力，说明了当前的状况，没有涉及未来趋势。②销售额增长率可用来说明市场竞争力，销售额增长率高于平均水平，说明公司市场占有率会逐步提高，竞争地位将不断巩固，反之亦然。

（3）资本规模。对一个特定的公司而言，其所拥有的资本数量总是有限的，而公司资本规模制约着公司的市场竞争能力。①资本的规模制约着公司进入市场的能力。受行业技术的要求以及行业自身发展特点的限制，不同行业对公司进入的最低资本拥有量的要求不尽相同，低于该行业最低资本拥有量的公司，一般难以进入该行业所对应的市场。②资本的规模制约着公司发展的状况。对行业内的公司而言，其所拥有或控制的资本数量的大小决定着公司经营规模的大小与发展速度。在其他条件相同的情况下，公司经营规模越大，其单位产品所摊得的固定成本份额越小，单位产品成本越低，如按同一价格销售，所获得的利润也就越多，公司在市场上就会处于较为有利的竞争地位。因此，资本规模大、结构好的公司，对市场风险的承受能力较强；资本规模小、结构差的公司，对市场风险的承受能力较弱。

（4）新产品开发及项目储备。任何产品都有其发展周期，一种新产品被推出，都要经历投入期、成长期、成熟期和衰退期四个阶段。在科学技术发展日新月异的今天，产品更新的速度越来越快。公司只有不断进行产品开发、技术改造，才能立于不败之地。

2. 公司经营管理能力分析

在激烈的市场竞争中，一个公司的经营管理水平决定着其组织和使用各种资源捕捉市场机会、适应环境变化的效率和能力。一个公司如果不能依据外部条件变化而及时、高效地组织和使用各种资源去适应这种变化，则很难获得较高的收益，甚至会被市场所淘汰。因此，对投资者来说，分析公司的经营管理水平是至关重要的。经营管理分析可以从以下两个方面展开：

（1）公司管理人员的素质分析。公司管理人员可以分成高层决策管理人员、职能管理人员和基层管理人员。其中，以董事长、总经理为首的高层决策管理人员即管理者，在公司经营管理活动中起着主导和决定性的作用。他们是公司的神经中枢，负责公司一切重大经营管理事项的决策，他们的素质是公司经营效益的重要保证。公司管理者的素质主要反映在其个人所具有的品德、能力、学识、修养和领导艺术方面。处于不同发展阶段的公司对于管理者的素质要求有不同的侧重：成长型公司需要具有创造性思维能力、开拓精神和号召力强的管理者；经营稳定、防御型公司，例如公用事业的公司，需要稳健、讲究效率的管理者；周期型公司则需要能够明察秋毫、随机应变、精明灵活的管理者。

（2）公司经营效率分析。评价公司的管理水平，最终还要衡量经营管理的效率，即考察公司的生产能力和经营能力的利用程度。公司现有的厂房、设备、人员和资金等资源的利用率越高，说明公司的管理水平越高。衡量经营管理效率的指标有很多，除了净资产收益率之外，还有投入产出比例、公司人均产值、设备能力的利用率等。上述指标的值越大，公司的经营效率越高。

二、财务分析

财务分析是证券投资基本分析中的重要内容。通过对公司财务数据进行统计、分析和比较，投资者能够掌握公司财务状况和营运情况，预测公司未来的经营前景，判断公司证券的价值，做出合理的投资决策。

1. 财务分析的对象和功能

财务分析的对象是上市公司定期公布的财务报表。财务报表是对公司资金运行与财务状况的定量描述，主要包括资产负债表、利润表和现金流量表。

（1）资产负债表。资产负债表是反映公司在某一特定日期（往往是年末或季末）财务状况的静态报告，反映公司资产、负债以及所有者权益之间的平衡关系。通过分析资产负债表可以了解公司的财务状况，对公司的偿债能力、资本结构是否合理、流动资金充足性等做出判断。

（2）利润表。利润表是反映公司在一定时期内（通常是 1 年或 1 个季度内）的经营成果，体现收益和损耗情况的财务报表。通过分析利润表可以了解分析公司的盈利能力、盈利状况、经营效率，对公司在行业中的竞争地位、持续发展能力做出判断。

（3）现金流量表。现金流量表是反映公司在一定会计期间内现金和现金等价物流入和流出情况的财务报表。通过分析现金流量表可以了解和评价公司获取现金和现金等价物的能力，并据以预测公司未来的现金流量。

2. 财务分析的方法

分析财务报表通常采用趋势分析法和比率分析法两种方法。

（1）趋势分析法。趋势分析法又称时间序列分析法，是将连续若干期的财务指标或比率进行对比，从而计算出它们增减变动的方向、数额以及变动幅度的一种方法。采用这种方法可以从公司的财务状况和经营成果发展变化中寻求其变动的原因、性质，并由此预测公司未来的发展趋势。趋势分析法又分为绝对数趋势分析和相对数趋势分析。

（2）比率分析法。比率分析法是将同一时期的相关联的项目进行对比，计算其比值，揭示它们之间的内在关系，以评价公司的财务状况和存在的问题。通过对本公司不同时期的财务比率进行比较，可对公司的持续经营能力、财务状况变动趋势、盈利能力做出分析；通过将公司的财务比率与同行业的平均水平比较，可以评价公司在行业中的竞争能力。

3. 财务分析的内容

尽管不同性质的投资者进行公司财务分析时各有侧重，但就总体而言，财务分析的内容可归纳为偿债能力分析、营运能力分析、盈利能力分析和投资者获利能力分析。

（1）偿债能力分析。公司的偿债能力是判定投资安全性的重要依据。它主要是由借入资金在公司全部资金来源中所占比例和公司可用于偿还债务的资产占各种债务的比例等指标反映出来的。偿债能力分析包括短期偿债能力分析和长期偿债能力分析。其中，衡量短期偿债能力的常用指标有流动比率和速动比率；衡量长期偿债能力的常用指标有负债比率、股东权益对负债比率和利息保障倍数。

1）流动比率。流动比率是指流动资产与流动负债的比率。其计算公式为

$$流动比率 = 流动资产总额 / 流动负债总额 \qquad (9-1)$$

它表明公司每1元流动负债有多少流动资产作为偿付保证。

流动比率反映公司短期偿债能力。如果这个比率太低，说明企业偿还短期债务的能力不足。当然，如果这个比率太高，对企业同样不利，因为它可能表明企业的某些流动资产利用效率低，未能有效地投入生产活动之中。根据经验，该比率最好在2左右。

2）速动比率。速动比率又称酸性试验比率，是指速动资产与流动负债的比率。其计算公式为

$$速动比率 = 速动资产 / 流动负债 \qquad (9-2)$$

其中：

$$速动资产 = 流动资产 - 存货 \qquad (9-3)$$

速动比率比流动比率更为严谨地反映了公司短期偿债能力。由于速动比率在计算时扣除了变现能力差的资产项目，考虑了风险承受能力，更为实际地反映了公司流动资产的变现能力。在公司面临财务危机，而存货难以变现等情况下，速动资产的大小对短期偿债能力有决定性的意义。根据经验，该比率一般应不低于1。

3）负债比率。负债比率是公司的负债总额与资产总额的比率。其计算公式为

$$负债比率 = 负债总额 / 资产总额 \qquad (9-4)$$

负债比率反映了公司总资产中，由债权人提供的资产所占的比率。对债权人来说，负债比率越低，表明股东权益的比率越大，债权人的利益得到保护的可能性越大，公司长期偿债能力越强；反之，负债比率越高，则表明公司长期偿债能力越弱。

4）股东权益对负债比率。该比率是公司股东权益与负债的比率。其计算公式为

$$股东权益对负债比率 = 股东权益总额 / 负债总额 \qquad (9-5)$$

股东权益对负债比率反映债权人的债权受到保障的程度。比率越大，表明负债数额越小，债权人的债权得到的保障程度越大；反之，比率越小，债权人的保障程度越小。

5）利息保障倍数。利息保障倍数又称利息赚取倍数，是公司息税前利润与利息费用的比率。其计算公式为

$$利息保障倍数 = 息税前利润 / 利息费用 \qquad (9-6)$$

其中：

$$息税前利润 = 税前利润 + 利息费用 \qquad (9-7)$$

利息保障倍数可用以衡量借入资本盈利小于利息费用的风险大小，还可反映公司支付利息和偿付债务的能力。该指标值越大，表明公司支付利息的能力越强；指标值越小，表明公司支付利息的能力越弱，这将引起债权人的不安，导致债权人采取某种对公司不利的行动。一般认为，利息保障倍数达到3时，表明公司具有良好的偿付借款利息的能力。

（2）营运能力分析。营运能力分析是对公司运用现有经济资源能力的分析。通过对相应比率的分析，可以了解公司资产的运用是否合理，是否有多余的资产闲置等。公司的营运能力直接影响其偿债能力和盈利能力，也是公司经营业绩的重要反映。能够反映公司营运能力的财务指标主要有：

1）应收账款周转率与应收账款周转天数。应收账款周转率是公司在一定时期内销售收入与应收款项平均余额的比率；应收账款周转天数是公司在一定时期的应收款项与年平均每日销售收入之间的比率。其计算公式分别为

$$应收账款周转率 = 销售收入 / 平均应收账款 \qquad （9-8）$$

$$应收账款周转天数 = 360/ 应收账款周转率$$

$$= 平均应收账款 \times 360/ 销售收入 \qquad （9-9）$$

这两个财务指标反映了公司应收账款的周转速度和对货款的回收能力。应收账款周转率越高，应收账款周转天数越短，说明公司在短期内收回贷款、利用营运产生的资金支付短期债务的能力越强，资金运用和管理效率高；反之，应收账款周转率越低，应收账款周转天数越长，说明公司的营运资金过多地滞留在应收账款上，影响正常的资金周转。

2）存货周转率与存货周转天数。存货周转率是公司某一特定期间的销货成本与期间平均存货余额的比率；存货周转天数是公司某一特定期间的存货周转一次平均所需的时间。其计算公式分别为

$$存货周转率 = 销货成本 / 平均存货 \qquad （9-10）$$

$$存货周转天数 = 360/ 存货周转率$$

$$= 平均存货 \times 360/ 销货成本 \qquad （9-11）$$

这两种财务指标反映了公司的存货在特定期间通过销售实现周转的速度及其利用效率。存货周转率越高，存货周转天数越短，表明存货的使用效率越高，存货积压的风险相对减小，公司通过销售实现的营运资金偿还短期债务的能力越强；反之，存货周转率越低，存货周转天数越长，表明公司营运能力越低，存货积压的风险相对越大，偿还短期债务的能力越弱。

3）固定资产周转率。固定资产周转率又称固定资产利用率，是销售收入与平均固定资产的比率。其计算公式为

$$固定资产周转率 = 销售收入 / 平均固定资产 \qquad （9-12）$$

固定资产周转率反映公司的厂房、设备等固定资产的利用效率。该比率越高，表明公司在一定时期内固定资产的周转次数越多，说明利用率越高，管理水平越好；反之，该比率越低，说明固定资产的利用效率越低。

4）总资产周转率。总资产周转率又称总资产利用率，是销售收入与平均资产总额的比率。其计算公式为

$$总资产周转率 = 销售收入 / 平均总资产 \qquad （9-13）$$

总资产周转率反映公司全部资产的使用效率。该比率越高，表明公司总资产周转的速度越快，资产的利用效率越高，在其他条件相同时，公司实现的销售收入就越多，公司的盈利能力和偿债能力也进一步增强；反之，该比率越低，表明资产周转速度越慢，资产利用效率越差。

（3）盈利能力分析。公司盈利能力是指公司获取利润的能力，主要表现在公司经营业绩、资产收益效率、投资效益等方面。能够反映公司盈利能力的财务指标主要有：

1）毛利率。毛利是指公司在一定时期内，实现的销售收入与产品销售成本之间的差额。毛

利率是公司一定时期的销售毛利与销售收入的比率。其计算公式为

$$毛利率 = 销售毛利 / 销售收入 \tag{9-14}$$

毛利率反映公司销售产品收回成本的能力，从而反映获利潜力。毛利率越大，说明公司销售能力和成本控制能力越强，通过销售获利能力越强。销售毛利是形成公司净利润的初始基础，没有足够大的毛利率，公司就不可能盈利。

2）销售净利率。销售净利率是公司在一定时期内实现的税后净利润与销售收入的比率。其计算公式为

$$销售净利率 = 税后净利润 / 销售收入 \tag{9-15}$$

销售净利率反映公司通过销售赚取利润的能力。销售净利率越高，表明公司通过扩大销售量获取收益的能力越强；反之，该比率越低，表明公司的获利能力越差。

3）主营业务利润率。主营业务利润率是公司主营业务利润与主营业务收入的比率。其计算公式为

$$主营业务利润率 = 主营业务利润 / 主营业务收入 \tag{9-16}$$

主营业务利润率反映了公司主营业务的获利能力。该比率越高，表明公司主营业务突出，发展稳定，在竞争中的优势明显。

4）资产报酬率。资产报酬率又称资产收益率，是公司的税后净利润与平均资产总额的比率。其计算公式为

$$资产报酬率 = 税后净利润 / 资产总额 \tag{9-17}$$

资产报酬率反映公司利用资产获取利润的能力，该比率大小取决于公司销售净利率的高低和资产周转速度的快慢。该比率越高，表明公司在增收节支方面的业绩越好，全部资产获利的能力越强；反之，该比率越低，说明公司资产的获利能力越弱。

5）所有者权益收益率。所有者权益收益率又称净资产收益率，是一定时期公司净利润与平均所有者权益的比率。其计算公式为

$$所有者权益收益率 = 净利润 / 平均所有者权益 \tag{9-18}$$

所有者权益收益率反映公司所有者权益的收益水平。该比率越高，表明投资带来的收益越高。一般而言，债权人更看重资产报酬率，而投资者更关心所有者权益收益率。

6）投资收益率。投资收益率是公司投资收益与平均投资额的比率。其计算公式为

$$投资收益率 = 投资收益 / 平均投资额 \tag{9-19}$$

其中：
$$平均投资额 = （期初长短期投资 + 期末长短期投资）/2 \tag{9-20}$$

投资收益率反映公司在日常经营活动外，运用资金进行投资活动的获利能力。该比率越高，表明公司投资获利能力越强；该比率越低，表明公司投资效率越差。

7）成本费用利润率。成本费用利润率是公司利润总额与成本费用总额的比率。其计算公式为

$$成本费用利润率 = 利润总额 / 成本费用总额 \tag{9-21}$$

成本费用利润率反映公司为取得利润而付出的代价。该比率越高，说明公司为取得利润而付出的代价越小，获利的能力越强。因此，利用该指标，不仅可以评价公司获利能力的高低，也可以评价公司对成本费用的控制能力和经营管理水平。

（4）投资者获利能力分析。投资者获利能力分析是指从公司所有者即股东的角度，分析其投资获利的能力。分析时常用以下财务指标：

1）每股收益。每股收益又称普通股每股净收益，是公司本年度的净利润扣除优先股股利后的余额与普通股发行股数的比值。其计算公式为

$$每股收益 = （净利润 - 优先股股利）/ 普通股发行股数 \qquad (9-22)$$

每股收益反映在一定时间内公司普通股的每股净收益。每股收益越高，表明股东的投资效益越高；每股收益越低，表明股东的投资效益越低。

2）股息发放率。股息发放率是普通股股东所分得的每股股息与可供普通股股东分配的每股收益的比率。其计算公式为

$$股息发放率 = 每股股息 / 每股收益 \qquad (9-23)$$

股息发放率反映公司普通股股东实际分得股利的情况。该比率越高，表明普通股股东从每股的全部净收益中分得的部分越多。公司股息发放率的高低取决于公司的股利分配政策，以及公司对资金的需求状况。

3）市盈率。市盈率是普通股每股市价与每股净收益之间的比率。其计算公式为

$$市盈率 = 每股市价 / 每股净收益 \qquad (9-24)$$

市盈率一方面反映投资者对公司的单位净利润的评价，另一方面也反映出投资者的风险状况。市盈率较高，表明公司未来的成长潜力较大；市盈率过低，同时资产收益率也低时，表明公司的成长潜力较小。但是，过高的市盈率，表明公众对公司股票盈利能力预期过高，市场风险较高。

4）每股净资产。每股净资产是公司净资产与发行在外的普通股股数的比率。其计算公式为

$$每股净资产 = 净资产 / 发行在外的普通股股数 \qquad (9-25)$$

每股净资产反映公司普通股每股所代表的股东权益。该比率越大，表明普通股每股所代表的权益额越大；该比率越小，表明普通股每股所代表的股东权益额越小。

5）市净率。市净率是每股市价与每股净资产的比值。其计算公式为

$$市净率 = 每股市价 / 每股净资产 \qquad (9-26)$$

市净率反映市场对公司资产质量的评价，是投资者判断某股票投资价值的重要指标。从静态意义上讲，市净率越低，表明投资者的投资价值越高，股价的支撑越有保证，从而投资风险越小；反之，市净率越高，则投资价值越低。从动态意义上讲，公司每股净资产是变动的，它的增长最终来自公司盈利的增长。因此，公司每股净资产的变动取决于公司的发展前景与盈利水平。但相对每股净收益而言，每股净资产的变动幅度较小，因此，市净率的变动幅度要比市盈率的变动幅度小。

4. 财务分析应注意的问题

（1）财务分析的局限性。公司对外报送的财务报告，是投资者进行公司财务分析所需信息中最重要的也是最主要的来源。由于财务报表自身存在着局限性，使得用于分析的数据也存在着局限性，主要体现在以下几个方面：

1）会计处理方法限制了财务报表的信息质量。财务报表编制总存在一些假定前提，财务报表的编制方法必须符合会计准则。在编制报表时，会计处理方法可以符合准则规范，但不完全反映公司的客观实际。

2）会计处理方法的可选择性限制了财务报表的可比性。财务信息的可比性，取决于同类事项是否按相同的方法进行会计处理。对不同公司来说，在准则允许的范围内所选择的特定的

会计方法常常不一样，这使得以报表为主要信息来源的财务分析难以有完全可比的基础。

3）货币计量的局限性。财务报表提供的是以货币为计量单位所反映的会计数据，而公司的许多重要方面又是难以用货币单位计量的。例如，财务报表中很少涉及公司员工的特点、经验、精神面貌和年龄构成等人力资源要素，也没有说明公司管理层的合作与协调程度以及企业成功是否因为个别杰出人物的贡献，等等。

4）财务报表的简化。公司的经营活动是复杂多样的，运用财务报表这种形式反映高度复杂、多样比的经济活动，就需要进行一定程度的简化、综合、判断和预测。从财务报表的简化过程来看，要保持高度的概括性就不可避免地降低了清晰和详细程度。甚至这种简化产生的疏漏会超过许可的范围，过多地丧失了数据的清晰性和准确性。

5）人员的素质。要编制财务报表就不得不运用个人判断。在编制报表过程中，会计人员表现出的判断力和判断水平并不完全相同，会计报表的质量和可靠性因编制水平的高低而有所不同，这些对投资者来说是不能直接控制的因素。

6）会计分期和预估成分。财务报告反映的是企业整个经营期限中某一会计期间的经营活动及其成果。为了提高会计信息的有用性，就必须保证会计信息的及时性，因此，这种经常性的报告，特别是对经营成果的报告中，包含着大量的预估成分。这种预估的成分越多，财务报告中包含的不确定性就越大。

7）财务分析没有考虑资金的时间价值。以财务报表分析、财务指标分析为内容的公司财务分析，大都是以账面的价值或收益为基础的，在分析公司的经营业绩、盈利能力时，忽略了资金时间价值的存在，从而影响了分析的可靠性。

（2）财务分析局限性的克服。由于上述局限性的存在，财务报表数据的准确性、真实性与可靠性就大打折扣，因此在应用这些数据进行分析时，应力求全面、综合，注意各种分析方法的配合使用，争取较为准确的分析结果。另外，还必须结合诸如宏观经济等其他基本面的分析，以及市场技术面的分析。

案例链接

康美药业造假案

2021 年 11 月 17 日，广东省佛山市中级人民法院对马某以操纵证券市场罪、违规披露、不披露重要信息罪、单位行贿罪判处有期徒刑 12 年，并处罚金 120 万元；康美药业原副董事长许某等其他 11 名被告人分别被判处有期徒刑 6 年至 6 个月，并处罚金。

康美药业股份有限公司（简称"康美药业"）是一家以中药饮片、化学原料药及制剂生产为主导的国家级重点高新技术企业。其创立于 1997 年，自 2007 年以来，康美药业开始战略布局，以中药饮片产业化为核心，延伸产业链的上下游，即"中药材—中药饮片—医院"，走在中医药行业的前列。

作为中医药行业的领头羊，康美药业却爆出 2016—2018 年年报存在重大财务造假的丑闻，惊动了整个资本市场。康美药业通过大举借债，资产负债率从 2016 年的 46.4% 飙升至 2018 年的 62.08%，2018 年末债务合计 357.90 亿元。

2018 年 12 月 28 日，中国证监会向康美药业发布调查通知书，并要求其积极配合调查。

2019 年 4 月 30 日，康美药业发布会计差错更正公告，2018 年之前康美药业财务报表账实不符达 14 处，其中包括营业收入、营业成本、费用及款项收付等方面，2017 年财报中虚增货币资金近 300 亿元。

5 月 1 日，因深陷舆论漩涡，董事长马某签发了致股东信致歉。

5 月 12 日，连续收到上交所监管函、问询函，甚至年报问询函。

5 月 17 日，证监会通报康美药业财务报告造假，涉嫌虚假陈述等违法违规行为。

5 月 21 日，康美药业主动"戴帽"变"ST 康美"。

职业提示

低碳转型　绿色发展

习近平总书记在党的二十大报告中指出："必须牢固树立和践行绿水青山就是金山银山的理念，站在人与自然和谐共生的高度谋划发展。"中国一直是生态文明的践行者，全球气候治理的行动派，为《巴黎协定》的达成和生效实施做出了重要贡献。在 2020 年第七十五届联合国大会一般性辩论上，习近平主席正式宣布："中国将提高国家自主贡献力度，采取更加有力的政策和措施，二氧化碳排放力争于 2030 年前达到峰值，努力争取 2060 年前实现碳中和。"实现碳达峰、碳中和，是以习近平同志为核心的党中央统筹国内国际两个大局做出的重大战略决策，是着力解决资源环境约束突出问题、实现中华民族永续发展的必然选择，是构建人类命运共同体的庄严承诺。

2021 年 10 月，中共中央、国务院印发《关于完整准确全面贯彻新发展理念做好碳达峰碳中和工作的意见》（以下简称《意见》），就确保如期实现碳达峰、碳中和做出全面部署，充分彰显了我国推进绿色低碳转型和高质量发展的巨大勇气、坚定信心和空前力度，充分展现了我国积极参与和引领全球气候治理的大国担当。

此次印发的《意见》，为实现碳达峰、碳中和目标制定了"时间表""路线图"，是我国推动高质量发展、加强生态文明建设、维护国家能源安全、构建人类命运共同体的重大举措。《意见》的实施，将为我国建设人与自然和谐共生的现代化做出更大贡献，也将为全球实现应对气候变化《巴黎协定》目标注入强大动力。

加快发展方式绿色转型，是党中央立足全面建成社会主义现代化强国、实现第二个百年奋斗目标，以中国式现代化全面推进中华民族伟大复兴做出的重大战略部署，具有十分重要的意义。

复习思考题

一、单项选择题

1. 当经济衰退至尾声，投资者已远离证券市场，每日成交稀少时，可以断定（　　）。

　　A. 经济周期处于衰退期　　　　　　　B. 经济周期处于下降阶段

　　C. 证券市场将继续下跌　　　　　　　D. 证券市场已经处于底部，可以买入

2. 道琼斯分类法把大多数股票分为（　　）。

　　A. 3 类　　　　　　B. 5 类　　　　　　C. 6 类　　　　　　D. 10 类

3．一般地，在投资决策过程中，难以把握经济周期变动，并且追求稳定收益的投资者应选择的投资行业是（　　）。

A．增长性　　　　　B．周期性　　　　　C．防御性　　　　　D．初创性

4．一国货币贬值，通常会使股市（　　）。

A．上升　　　　　B．盘整　　　　　C．下跌　　　　　D．无影响

5．可以衡量企业短期偿债能力的是（　　）。

A．流动比率　　　B．资产负债比率　　C．长期负债比率　　D．市盈率

6．宏观基本面分析的主要内容不包括（　　）。

A．经济运行状况　　　　　　　　B．财政政策与货币政策

C．公司所处的产业领域　　　　　D．成交价格

7．用以反映公司营运能力的指标是（　　）。

A．利息支付倍数　　　　　　　　B．流动比率

C．速动比率　　　　　　　　　　D．应收账款周转率

8．某一行业有如下特征：企业的利润持续增长，并且多高于国民经济的增长水平，新企业难以进入。那么这一行业最有可能处于生命周期的（　　）阶段。

A．初创期　　　　　B．成长期　　　　　C．成熟期　　　　　D．衰退期

9．下列（　　）项政策会导致证券价格下跌。

A．增加税收　　　　　　　　　　B．增加公共工程支出

C．加大政府采购　　　　　　　　D．增加政府对居民户的各种支付

10．反映股东权益收益水平的指标是（　　）。

A．总资产周转率　　　　　　　　B．投资收益率

C．普通股每股净收益　　　　　　D．资产收益率

二、多项选择题

1．反映公司偿债能力的指标有（　　）。

A．流动比率　　　　　　　　　　B．股东权益对负债比率

C．速动比率　　　　　　　　　　D．主营业务利润率

2．下列会导致证券市场价格上扬的货币政策有（　　）。

A．提高再贴现率　　　　　　　　B．在证券市场上回购公债

C．放松信贷控制　　　　　　　　D．降低法定准备金率

3．公司竞争地位的分析对象包括（　　）。

A．各层管理人员的素质及能力　　B．技术水平

C．公司经营效率　　　　　　　　D．市场占有率

4．下列属于公司经营管理能力分析的内容有（　　）。

A．各层管理人员的素质及能力　　B．技术水平

C．公司经营效率　　　　　　　　D．市场占有率

5．反映公司盈利能力的指标有（　　）。

A．资产报酬率　　　　　　　　　B．净资产收益率

C．负债比率　　　　　　　　　　D．股东权益对负债比率

6. 财务报表是对公司资金运行与财务状况的定量描述，主要包括（　　　）。

    A. 资产负债表　　　　B. 利润表　　　　C. 现金流量表　　　　D. 收支平衡表

7. 分析财务报表通常采用（　　　）。

    A. 趋势分析法　　　　B. 对比分析法　　　　C. 比率分析法　　　　D. 总量分析法

8. 财务分析的内容可归纳为（　　　）。

    A. 偿债能力分析　　　　　　　　　　B. 营运能力分析

    C. 盈利能力分析　　　　　　　　　　D. 投资者获利能力分析

9. 证券投资基本分析的理论基础主要来自（　　　）等方面。

    A. 经济学　　　　　B. 财政金融学　　　　C. 财务管理学　　　　D. 投资学

10. 基本分析的步骤包括（　　　）。

    A. 充分收集信息　　　　　　　　　　B. 判断经济变量之间的因果关系

    C. 决定买卖价格　　　　　　　　　　D. 预测证券市场的未来走势

三、简答题

1. 简述基本分析的内容。

2. 影响行业发展的主要因素有哪些？

四、论述题

1. 选择我国某一时期的宏观经济数据，分析该时期宏观经济的运行状况及其对 A 股市场的影响。

2. 就某一时期的货币政策和财政政策，分析其对证券市场的影响。

───────── 能 力 训 练 ─────────

证券投资基本分析

实训目的：

掌握宏观分析、行业分析和公司分析的基本内容和方法。

实训工具：

东方财富网、同花顺、通达信等证券行情分析软件。

实训步骤：

1. 下载安装证券行情分析软件，以东方财富网为例。

2. 宏观经济指标的观察与分析，具体可选择"数据"—"宏观数据"栏目，可看到某项指标的历史数据及其走势，如 GDP、通货膨胀率、采购经理人指数、利率、存款准备金率、货币和财政政策等。

3. 行业相关信息查询及分析：选择东方财富网的"板块监测"，可看到板块涨跌幅及个股排名；选择"资讯"，可以看到行业新闻、行业研究等；选择"研究报告"，可以看到行业研报专栏。

4．公司相关信息查询及分析：输入某股票代码，按回车键进入股票界面；按 F10 键，可以查看公司的详细信息，如公司概况、经营分析、股东研究、财务分析、研究报告、公司高管、资本运作等。

实训结果：

1．通过宏观经济指标分析，了解宏观经济指标与股票指数（上证指数）的关系，正确理解宏观经济政策对证券市场的影响。

2．通过行业结构和周期特征对细分行业的若干公司进行比较分析。

3．通过对公司基本素质和财务分析，选出最具投资价值的公司。

4．形成简易的证券投资分析报告。

实训注意事项：

1．基本分析只是帮助投资者解决投资什么样的标的的问题，具体买卖操作还要结合技术分析，确定合适的买卖点，采取适当资金管理和交易策略。

2．分组完成，发挥集体智慧。

实训评价：

评 价 标 准	自我评价（40%）	教师评价（60%）
言行得当（20%）		
内容全面（20%）		
结构合理（20%）		
表达清晰（20%）		
结论恰当（20%）		
总分		

module 10

模块十
证券投资的技术分析

学习目标

知识目标

掌握技术分析的基本假设；熟悉证券技术分析的方法；了解切线分析方法；了解常用的形态分析方法；掌握典型技术指标分析方法。

能力目标

能运用切线分析方法判断重要支撑位、压力位；能运用常用形态分析方法判断行情反转、持续走势；能运用典型技术指标判断买卖信号；能够综合运用技术分析方法，判断股票合理的买卖点及趋势。

素质目标

通过了解证券投资技术分析理论，树立爱岗敬业、诚实守信、办事公道、服务群众、奉献社会的职业道德。

案例导读

"指标大师"韦尔德的大逆转

韦尔德（J. W. Wilder）是技术分析领域一位有名的人物，尤其在技术指标方面，可称之为领军人物。韦尔德曾经是个机械工程师，精于数学分析，他于1978年出版的《技术交易系统新概念》一书是有关技术指标的经典之作。与大多数技术分析派人士一样，在开始阶段，韦尔德热衷于技术指标的测试系统，凭着自己深厚的数学功底和执着的钻研，他发明了一系列技术辅助指标，包括相对强弱指数（RSI）、抛物线（PAR）、摇摆指数（SI）、转向分析（DM）、动力指标（MOM）、变异率（VOL）等。上述技术指标尤其是相对强弱指数（RSI）大行其道，深受技术派人士的欢迎，也使韦尔德一举成名，奠定了他在技术分析尤其是技术指标测试领域不可撼动的地位。

但令人惊奇的是，这位"指标大师"却在不久之后就发表了自打耳光的言论。1980年，韦尔德在中国香港地区演讲时说了这么一番话："过去7年里，这是一套卓越的系统（指其发明的指标系统），但要记住一点，交易系统具有一种难以捉摸的能力，每当我们教授该系统之后，它便会暂时停止发挥功能。"7年后，韦尔德经过反省检讨，认识到每一种指标都有其缺陷与误区，没有任何分析工具可以绝对准确地预测市势的趋向。他悟到"顺势而为"的重要性，深明"无招胜有招"的真谛，于是摒弃了他自己发明的包括相对强弱指标在内的指标系统，于1987年推出新作《亚当理论》，副题为"最重要的是赚钱"。亚当理论的精髓就是指出每一套技术分析工具都有其固有的内在缺陷，依赖这些并不完善也无法完善的技术分析指标和工具去推测去向不定、变幻莫测的后市趋向，显然将出现许多失误。其主要思想是指导投资者摒弃所有的主观分析，不管这些指标或技术工具是定性还是定量地给出定义，都应该坚决地放弃迷信技术指标或工具的做法。因为没有人能够准确地预料到市场涨、跌何时结束，盲目、主观地逃顶或抄底都在事后被证明不是逃得过晚就是抄得过早，只有认清市场趋向并顺势而为，才能将风险降到最低限度。韦尔德最后总结说："如果逆流而上，我将会面对强敌，吃力而不讨好。相反，顺水推舟，跟随水流的节奏行走，则事半功倍，无论生活或投机买卖都会更为美妙而宁静。"

提出疑问：

1. 什么是技术分析？
2. 技术分析和前一模块的基本分析有什么不同？
3. 请回答案例中提到的"相对强弱指数"（RSI）的含义及如何分析市场行情。
4. 除了技术指标，技术分析还有什么方法？

—————————— 进入学习 ——————————

所谓证券投资的技术分析，是相对于基本分析而言的。基本分析着重于对一般经济情况以及具体公司的经营管理状况、行业动态等因素进行分析，以此来研究证券的价值，衡量价格的高低；而技术分析则是一种完全根据证券行情的变化加以分析的方法，即通过对成交价、成交量等历史资料进行分析，判断整个市场或个别证券未来的价格变化趋势，探讨证券市场中投资行为的可能轨迹，给投资者提供买卖证券的信号。由于早期的技术分析工具是利用记录价格实际波动的图表来研究市场行为，以预测市场的未来动向，因此，技术分析又称为图表分析法。现今的技术分析在传统的图表分析方法上又进行了发展、创新，增加了数理分析的方法，并充分使用计算机进行辅助分析，已成为证券市场实务操作的重要分析方法。

单元一 技术分析概述

技术分析透过图表或技术指标的记录，研究市场过去及现在的行为反应，以推测未来价格的变动趋势。其分析的要点是通过观察、分析证券在市场中过去和现在的具体表现，应用有关逻辑、统计等方法，归纳总结出在过去的历史行情中所出现的典型的市场行为特点，得到一些市场行为的固定模式，并利用这些模式预测证券市场未来的变化趋势。

一、技术分析的理论基础

技术分析的理论基础是三个假设：①市场行为包含一切信息；②价格沿趋势移动，并保持趋势；③历史会重演。

假设①是进行技术分析的基础，即认为影响证券价格变动的所有内外因素都将反映在市场行为中。投资者关心的目标是价格是否会发生变化，而并不关心是什么因素引起变化。假设②是进行技术分析最根本、最核心的因素，即认为价格的运动是按一定规律进行的，如果没有"外力"的影响，价格将保持原来的运动方向。假设③是从人的心理因素方面考虑的，即认为遇到与过去相同或相似的情况，交易者最容易将过去的结果作为当前的参考。

案例链接

上证指数的惊人相似性

上证指数在 2015 年 10 月—2016 年 1 月和 2017 年 1 月—2017 年 4 月两个时间段内呈现了几乎相同的走势。除了形态结构外，两者在外部因素、技术指标、历史背景等方面也都有着惊人的相似性，具体对比如图 10-1 所示。

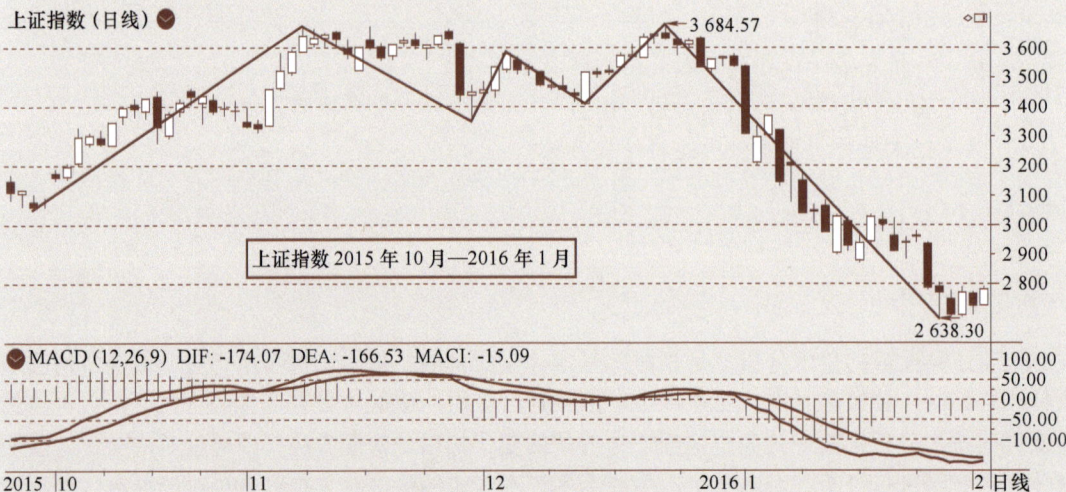

图 10-1 上证指数对比

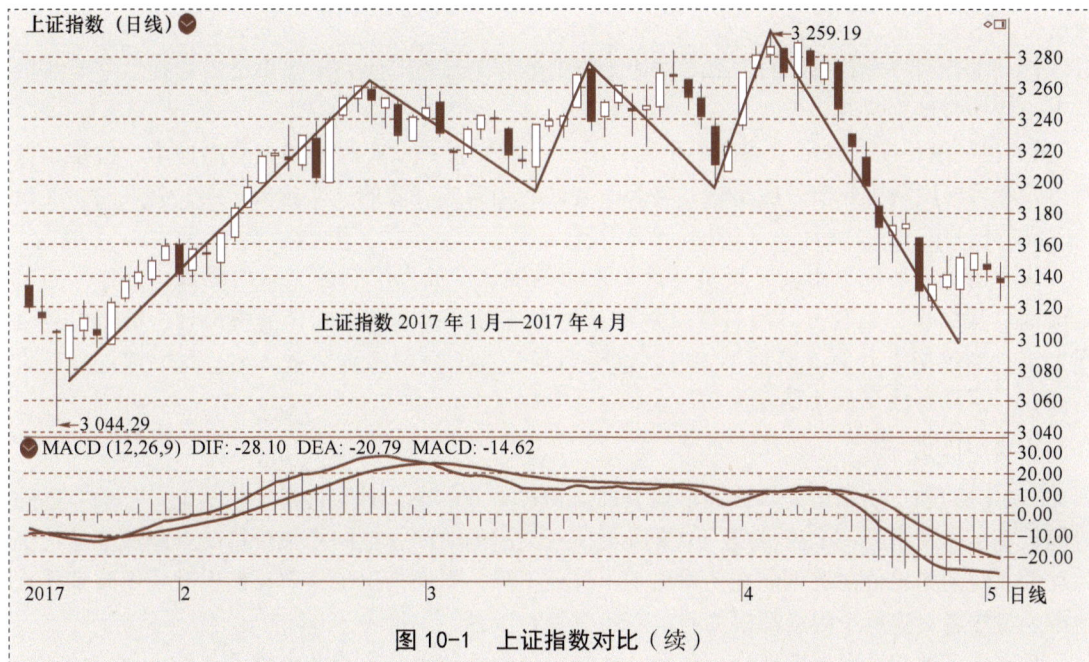

图 10-1　上证指数对比（续）

二、技术分析的要素

在证券市场中，价格、成交量、时间和空间是进行技术分析的要素。掌握这些要素的具体情况和相互关系是进行正确技术分析的基础。

1. 价格和成交量

（1）价格和成交量是市场行为最基本的表现。价格和成交量涵盖了影响市场行为的一切因素，是市场行为最基本的表现。技术分析就是利用过去和现在的价格、成交量资料，以图形分析和指标分析工具来分析、预测未来的市场走势。在某一时点上的价和量反映的是买卖双方在这一时点所达到的价、量均衡点。因此，一切技术分析方法都以价格、成交量关系为研究对象，成交价、成交量就成为技术分析的信息来源，同时也是技术分析所要预测的目标。

（2）价格与成交量趋势的一般关系。价格和成交量可以形成很多的组合趋势，下面列出在市场中经常出现的几种组合情况：

1）价格随着成交量的增大而上涨，是市场行情的常态。

2）市场行情持续上涨很久，出现成交量急剧增加，而价格却上涨乏力，在高档盘旋，无法再大幅上涨，此时价格在高档大幅震荡，这表示买卖双方交手频繁，卖方开始占据力量优势，从而引起价格下跌。价格连续下跌之后，在价格低档出现大的成交量，价格却没有进一步下跌，仅小幅变动，这表示买方开始显示力量。

3）在一波段的涨势中，价格随着成交量的增大而上涨，突破前一波的高峰，创下新高后继续上涨，然而此波段价格上涨的整个成交量水准却低于前一波段上涨的成交量水准，价格突破创新高，成交量却没突破，此波段价格涨势可能不会持久，同时也是潜在的价格趋势反转信号。

4）价格随着成交量的递减而回升，价格上涨，成交量却还在逐渐萎缩，这同样也是价格趋势潜在的反转信号。因为成交量是价格上涨的原动力，原动力不足则显示价格趋势有可能发生反转。

5）价格下跌相当一段时间后，出现恐慌性卖出，而恐慌性大量卖出之后，往往是空头的结束，行情可能会反弹。

6）在一段长期下跌形成谷底后价格回升，但成交量并没有因价格上涨而递增，价格欲振乏力，然后再度跌至先前谷底附近，略高于谷底。当第二谷底的成交量低于第一谷底时，是价格上涨的信号。

从上述分析可以看出，成交量是价格形态的确认。如果没有成交量的确认，价格形态将是虚的，其可靠性也较差。同时成交量还是价格的先行指标。当成交量增长时，价格迟早会跟上来；当价格上升而成交量不增时，价格迟早会掉下来。从这个意义上，我们往往说"价是虚的，而只有成交量才是真实的"。

2. 时间和空间

（1）时间和空间是市场潜在能量的表现。在技术分析中，时间是指完成某个过程所经过的时间长短，通常是指一个波段或一个升降周期所经过的时间；空间是指价格的升降所能够达到的程度。时间指出价格有可能在何时出现上升或下降，空间指出价格有可能上升或下降到什么地方。投资者对这两个因素都很关心，当然更关心后者。

时间更多地与循环周期理论相联系，反映市场起伏的内在规律和事物发展的周而复始的特征，体现了市场潜在的能量由小变大再变小的过程。空间反映的是每次市场发生变化程度的大小，也体现市场潜在的上升或下降的能量的大小。上升或下降的幅度越大，潜在能量就越大；相反，上升或下降的幅度越小，潜在能量就越小。

（2）时间、空间与价格趋势的一般关系。无论价格是上涨还是下跌，每一轮趋势都要经历一段时间才会结束，这是因为价格有沿趋势移动的惯性。价格从一个趋势开始到该趋势结束之间的时间长短、涨跌幅度的大小，与价格下一步的变动有着密切的关系。一般来说，时间长、波动空间大的过程，对今后价格趋势的影响和预测作用也大；时间短、波动空间小的过程，对今后价格趋势的影响和预测作用也小。

综上，预测价格走势时应将价格、成交量、时间、空间同时加以考虑，进行综合分析。

三、技术分析的方法

在价格、成交量历史资料基础上进行的统计、数学计算、绘制图表方法是技术分析的主要手段。由此，技术分析方法主要包括 K 线理论、切线理论、形态理论、波浪理论、技术指标分析等。

1. K 线理论

K 线理论是通过两种颜色的蜡烛线（K 线）来表示某个交易周期内的开盘价格、收盘价格、最高价格和最低价格。其研究方法是根据若干天 K 线的组合情况，来推测市场上多空双方力量的对比，从而预测未来的价格走势。

2. 切线理论

切线理论是按一定方法和原则在价格图表中画出一些直线——切线，然后根据价格曲线与这些切线的情况推测价格的未来趋势。切线主要是起支撑线和压力线的作用。依据不同的画法，切线可分为支撑线、压力线、趋势线、轨道线、黄金分割线、甘氏线等。

3. 形态理论

形态理论是根据价格在过去一段时间变动轨迹的形态来预测价格未来趋势的方法。形态分为反转和整理两种类型。

4. 波浪理论

波浪理论把价格的上下变动看成是波浪的上下起伏。波浪的起伏遵循自然界的规律，因此，价格的波动过程也遵循一定的周期规律，价格上下波动的幅度遵循一定的比率规律，可通过对波形的分析来预测未来的价格走势。

5. 技术指标分析

技术指标分析是利用价格和成交量等数据，通过一定的计算统计，得到一个体现证券市场某一方面内在实质的数值。数值以及数值之间的相互关系直接反映市场所处的状态，为投资者的操作行为提供指导的方向。目前，世界上各证券市场应用的技术指标名目繁多，比较常用的有移动平均线（MA）、相对强弱指标（RSI）、随机指标（KDJ）、平滑异同移动平均线（MACD）、能量潮（OBV）等。

四、应用技术分析应注意的问题

技术分析并不是一门纯理论的科学，只有注意以下问题并经过丰富的实践，才能较好地运用技术分析。

1. 技术分析必须与基本分析结合使用

技术分析和基本分析各有长处，它们从不同的角度对证券市场的行情进行分析，都能从一定程度上反映证券市场的变化规律。基本分析判断现行价位是否合理并描绘出它长远的发展空间，而技术分析主要是预测短期内价格涨跌的趋势。通过基本分析可以了解应购买何种证券，而技术分析则可以让投资者把握具体的购买时机。在时间上，技术分析法注重短期分析，在预测旧趋势结束和新趋势开始方面优于基本分析，但在预测较长期趋势方面则不如基本分析。因此在进行实际分析时，应将两种分析方法结合起来，用基本分析估计较长期趋势，而用技术分析判断短期走势和确定买卖的时机，这样才能取得较好的效果。

2. 多种技术分析方法的结合使用

每种技术分析方法都是从不同的角度去分析和预测价格的走势，都有其适用的范围和条件。面对同样的市场行为，运用不同的方法可能会得到大相径庭的预测结果。因此，投资者在做出决策前，应将多种技术分析方法结合起来加以考虑，才能提高准确度。

3. 技术分析的结论要不断地进行修正

技术分析的一些指标是在常态情况下统计而成的，因此，在常态情况下其准确性非常高，但是在非常态情况下，如使用常态标准，将会大错特错。所以，随着环境的改变，那些曾经成功的理论方法也需要不断去修正。研究和吸取别人的经验，都是为了不断地使自己技术分析的方法更准确、更适用和更有效。

4. 对技术分析不要寄予过高的期望

技术分析能够帮助我们认清形势，但是技术分析也有其自身的不足和盲点。在实践中，如果不了解各种技术分析方法的缺陷，一味地依靠技术分析，那是十分可怕的。技术分析毕竟是根据统计学原理得来的，因此，它得到的是概率情况，总会有一定的失误率。在使用技术分析方法的时候，要充分认清它的不足，不要超出了技术分析的能力范围，否则很可能给自己带来不必要的损失。

5. 技术分析结果受个人因素影响

在运用技术分析的时候，很大程度上依赖于使用者个人的选择。个人的偏好和习惯影响这些选择，当然就会影响技术分析的结果。这就是不同的人在使用技术分析时会产生不同结果的主要原因。

总之，技术分析并不是万能的，它只是一种工具，切忌把一切都依靠在单纯的技术分析上。

案例链接

需要客观评价的技术奇才——威廉·江恩

威廉·江恩是最具神奇色彩的技术分析大师。他运用天文学、数学、几何学等方面的知识创立了包括波动法则、周期理论、江恩角度线、江恩四方形、江恩六角形在内的多种独特的技术分析理论。

江恩坚信股市期市同宇宙一样存在着一定的自然法则，股价运动方式不是杂乱无章的，而是可以预测的。江恩对时间循环周期做了深入的研究，揭示了股市是按照某种数学比例关系与时间循环周期运作的，并阐明了价格与时间之间的关系，还将预测股市系统与操作系统区别对待。在江恩理论中，时间周期是第一位的，其次是比例关系，再次才是形态。

江恩于1902年开始从事交易，与其他人一样也曾遭受巨大损失，但他没有放弃，而是更加努力地学习、钻研。终于在1908年之后，他开始洞悉市场，操作日渐出色，其资金从曾经的130美元涨到12 000美元，被媒体评为"史无前例"。江恩在1929年1月出版的《股市年度预测》中准确地预测了1929年的美股大崩盘，一度被投资者顶礼膜拜，但他在《华尔街四十五年》一书末段也错误地预测了1950—1953年美国经济的走势。可见，尽管江恩可以称得上是一个技术奇才，却也无法成为一个精准的预言家。

单元二　K 线 理 论

一、K 线概述

K线又称为"阴阳线"或"蜡烛线"，最早是日本德川幕府时代大阪的米商用来记录当时一天、一周或一月中米价涨跌行情的图示法，后被引入股市。K线图具有直观、立体感强、携带信息量大的特点，蕴含着丰富的东方哲学思想，能充分显示价格趋势的强弱、买卖双方力量平衡的变化，预测后市走向较准确，是各类传播媒介、计算机实时分析系统应用较多的技术分析手段。

1. K线的画法

日K线是根据价格（指数）一天的走势中形成的四个价位，即开盘价、收盘价、最高价和最低价绘制而成的，如图 10-2 所示。

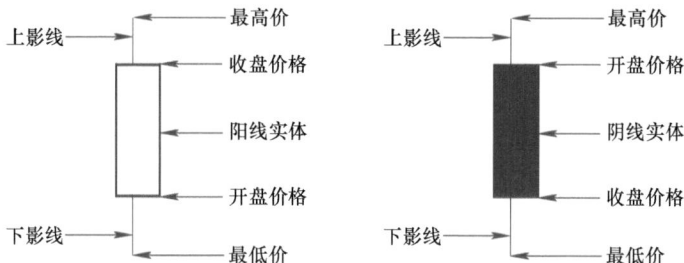

图 10-2 两种最常见的 K 线形状

收盘价高于开盘价时，则开盘价在下，收盘价在上，二者之间的长方柱用红色或空心绘出，称之为"阳线"。其上影线的最高点为最高价，下影线的最低点为最低价。

收盘价低于开盘价时，则开盘价在上，收盘价在下，二者之间的长方柱用绿色或实心绘出，称之为"阴线"。其上影线的最高点为最高价，下影线的最低点为最低价。

2. K 线的分类

根据 K 线的计算周期可将其分为日 K 线、周 K 线、月 K 线、年 K 线。周 K 线是指以周一的开盘价、周五的收盘价、全周最高价和全周最低价来画的 K 线图；月 K 线则是以当月第一个交易日的开盘价、当月最后一个交易日的收盘价、全月最高价和全月最低价来画的 K 线图。同理可推得年 K 线的定义。周 K 线、月 K 线常用于研判中期行情。对于短线操作者来说，众多计算机分析软件提供的 5 分钟 K 线、15 分钟 K 线、30 分钟 K 线和 60 分钟 K 线也具有重要的参考价值。

二、K 线的基本形态

单日 K 线的基本形态如图 10-3 所示，分为以下几种。

（1）长红线或大阳线。如图 10-3a 所示，此图表示最高价与收盘价相同，最低价与开盘价相同，上下没有影线。即从一开盘，买方就积极进攻，中间也可能出现买方与卖方的斗争，但买方相对占优势，使价格一路上扬，直至收盘。这表示强烈的涨势，股市呈现高潮，买方疯狂涌进。持有股票者因看到买气的旺盛，不愿抛售，出现供不应求的状况。

（2）长黑线或大阴线。如图 10-3b 所示，此图表示最高价与开盘价相同，最低价与收盘价相同，上下没有影线。即从一开盘，卖方就占优势，股市处于低潮。握有股票者疯狂抛出，造成恐慌心理。市场呈一面倒，直到收盘，价格始终下跌，表示强烈的跌势。

（3）先跌后涨型。如图 10-3c 所示，这是一种带下影线的阳线实体。最高价与收盘价相同，开盘后，卖方气势较足，价格下跌。但在低价位上得到买方的支撑，卖方受挫，价格向上推过开盘价，一路上扬，直至收盘，收在最高价上。总体来讲，出现先跌后涨型，买方力量较大，但实体部分与下影线长短不同，买方与卖方力量对比不同。实体部分相对下影线越长，表示买方的实力越大；相反则表示买方的优势越小，卖方次日反攻的可能性越大。

（4）下跌抵抗型。如图 10-3d 所示，这是一种带下影线的阴线实体。开盘价是最高价。一开盘卖方力量就特别大，价位一路下跌，但在低价位上遇到买方的支撑，后市可能会反弹。但实体部分相对于下影线的长短不同，可能对后市产生不同的影响。实体部分相对于下影线越长，表示卖方力量越大；相反则表示后市很可能买方会全力反攻，把小阴实体全部吃掉。

（5）上升阻力型。如图 10-3e 所示，这是一种带上影线的阳线实体。开盘价即最低价。一开盘买方强盛，价位一路上扬，但在高价位遇卖方压力，使价格上升受阻。卖方与买方交战结果为买方略胜一筹。但具体情况仍应观察实体与影线的长短，实体相对于影线较长，表示买方虽然在高位受阻，但买方仍是市场的主导力量，后市继续看涨；相反则表示卖方全面反击，买方受到严峻考验，实体部分将很快被消灭，后市看跌。

（6）先涨后跌型。如图 10-3f 所示，这是一种带上影线的阴线实体。收盘价即是最低价。一开盘，买方与卖方进行交战。买方占上风，价格一路上升。但在高价位遇卖方阻力，卖方组织力量反攻，买方节节败退，最后在最低价收盘，卖方占优势，并充分发挥力量，使买方陷入套牢的困境。具体情况仍要看实体与影线的长短，实体相对于影线较长，表示买方刚一抬头即遭到卖方强大力量的打压，后市继续看跌；相反则表示卖方虽将价格下压，但优势较少，次日入市，买方力量可能再次反攻，阴线实体很可能被攻占。

（7）反转试探型。如图 10-3g 所示，这是一种上下都带影线的阳线实体。开盘后价位下跌，遇买方支撑，双方争斗之后，买方增强，价格一路上扬，临收盘前，部分买者获利回吐，在最高价之下收盘。这是一种反转信号：如在大涨之后出现，表示高档震荡，如成交量大增，后市可能会下跌；如在大跌后出现，后市可能会反弹。这里根据上下影线及实体的不同可分为多种情况：

1）上影线长于下影线，影线部分长于实体：表示买方力量受挫折。

2）上影线长于下影线，实体长于影线部分：表示买方虽受挫折，但仍占优势。

3）下影线长于上影线，实体长于影线部分：表示买方虽受挫折，仍居于主动地位。

4）下影线长于上影线，影线部分长于实体：表示买方尚需接受考验。

（8）弹升试探型。如图 10-3h 所示，这是一种上下都带影线的阴线实体。在交易过程中，价格在开盘后，有时会力争上游，随着卖方力量的增加，买方不愿追逐高价，卖方渐居主动，价格逆转，在开盘价之下交易，价格下跌。在低价位遇买方支撑，买方气势转强，不至于以最低价收盘。有时价格在上半场以低于开盘价成交，下半场买方意愿增强，价格回至高于开盘价成交，临收盘前卖方又占优势，而以低于开盘价的价格收盘。这也是一种反转试探：如在大跌之后出现，表示低档承接，行情可能反弹；如在大涨之后出现，后市可能下跌。

（9）"十"字线型。如图 10-3i 所示，这是一种只有上下影线，没有实体的图形。开盘价即是收盘价。在交易中出现高于或低于开盘价成交，但收盘价与开盘价相等，买方与卖方几乎势均力敌。其中，上影线越长，表示卖方压力越重；下影线越长，表示买方势力越旺盛。上下影线看似等长的十字线可称为转机线，在高价位或低价位，意味着出现反转。

（10）"⊥"线型。如图 10-3j 所示，"⊥"线型又称空胜线，开盘价与收盘价相同。当日交易都在开盘价以上的价位成交，又以当日最低价（即开盘价）收盘。表示买方虽强，但卖方实力更强，买方无力再推动价格上涨，总体看卖方稍占优势，如在高价区，行情可能会下跌。

（11）"T"线型。如图 10-3k 所示，"T"线型又称多胜线，开盘价与收盘价相同。当日交易都在开盘价以下的价位成交，又以当日最高价（即开盘价）收盘。表示卖方虽强，但买方实力更强，局势对买方有利，如在低价区，行情将会回升。

（12）"一"字线型。如图 10-3l 所示，即开盘价、收盘价、最高价、最低价在同一价位。只出现于交易非常冷清，全日交易只有一档价位成交的情形。对冷门股此类情形较易发生。

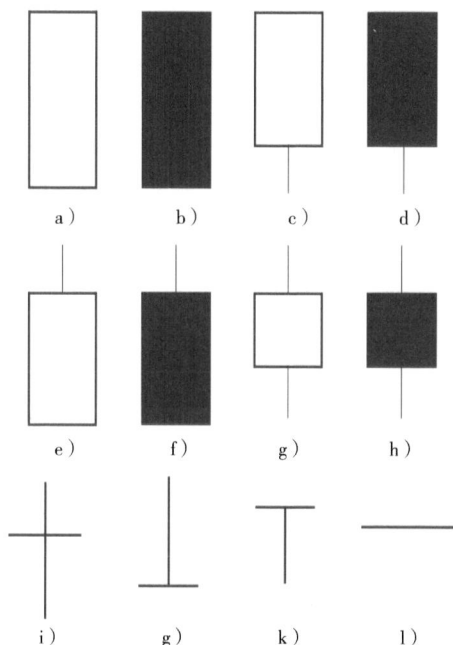

图 10-3 单日 K 线的基本形态

a）大阳线　b）大阴线　c）先跌后涨型　d）下跌抵抗型　e）上升阻力型
f）先涨后跌型　g）反转试探型　h）弹升试探型　i）"十"字线型
j）"⊥"线型　k）"T"线型　l）"一"字线型

以上介绍了单日 K 线的基本形态，总体来说，阴线实体越长，越有利于下跌；阳线实体越长，越有利于上涨。指向一个方向的影线越长，越不利于价格向此方向变动。

三、K 线的组合形态

1. 双日 K 线组合形态

K 线的阴阳、长短、上下影线的形态各不相同，因此，双日 K 线的组合数目繁多。但是在 K 线组合中，有些组合具有典型意义，代表性较强，可以根据它们的含义推测出其他组合的含义。

双日 K 线中第二天的 K 线是进行行情判断的关键。简单来说，第二天多空双方争斗的区域越高，越有利于上涨；争斗区域越低，越有利于下降。图 10-4 展示了几种具有代表性的双日 K 线的组合情况，具体含义如下：

（1）连续两阳（阴）。如图 10-4a 所示，这表示多空双方的一方已经取得决定性胜利，牢牢地掌握了主动权，今后将以取胜的一方为主要运动方向。右图是空方获胜，左图是多方获胜。第二根 K 线实体越长，超出前一根 K 线越多，则取胜一方的优势就越大。

（2）连续跳空阴阳线。如图 10-4b 所示，左图一根阴线之后又一根跳空阴线，表明空方已展开全面进攻。如果出现在高位附近，则下跌将开始，多方无力反抗；如果在长期下跌行情之后出现，则说明这是最后一跌，是逐步建仓的时候了。第二根阴线的下影线越长，则多方反攻的信号就越强烈。右图一根阳线之后又一根跳空阳线，表明多方已展开全面进攻。如果出现在低位附近，则上涨将开始，空方无力反抗；如果在长期上涨行情之后出现，则说明这是最后一涨。

（3）跳空阴阳交替 K 线。如图 10-4c 所示，左图为一根阳线加上一根跳空的阴线，说明空方有能力阻止价格继续上升。若出现在上涨途中，说明空方的力量还是不够，多方将进一步创新高。右图正好与左图相反。多空双方中，多方在低价位取得一定优势，改变了前一天空方优势的局面。今后的行情要视目前价位是在下跌行情途中还是在低价位区而定。

（4）两阴和两阳。如图 10-4d 所示，右图连续两根阴线，第二根的收盘不比第一根低，说明空方力量有限，多方出现暂时的转机，价格回头向上的可能性大。左图与右图正好相反，说明空方出现转机，价格将向下调整。如前所述，两种情况中，上下影线的长度直接反映了多空双方力量的大小。

（5）阴吃阳和阳吃阴。如图 10-4e 所示，右图中，多方已经取得决定性胜利，空方将节节败退，寻找新的抵抗区域。阳线的下影线越长，多方优势越明显。左图正好相反，说明空方掌握主动的局面，多方已经瓦解。

（6）进攻失败。如图 10-4f 所示，左图为一根阴线吞没一根阳线，空方显示了力量，但收效不大，多方没有伤元气，可以随时发动进攻。右图与左图正好相反，多方进攻了，但收效不大，空方还有相当实力。同样，第二根 K 线的上下影线的长度是很重要的。

（7）抵抗失败。如图 10-4g 所示，左图为一根阴线后接一根小阳线，说明多方抵抗了，但力量相当弱，空方将发起新一轮攻势。右图与左图正好相反，空方弱，多方将发起进攻，创新高。

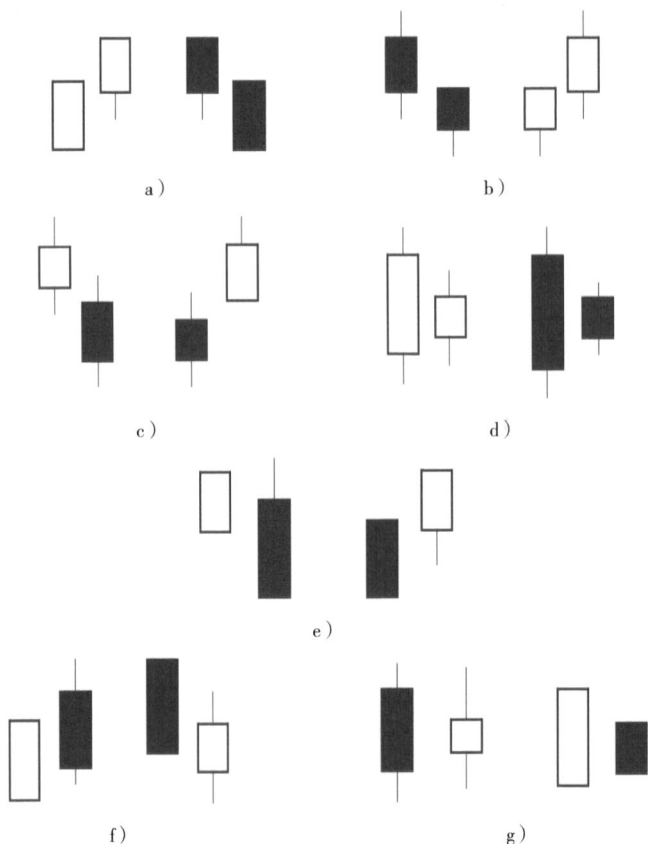

图 10-4　双日 K 线的组合形态

a）连续两阳（阴）　b）连续跳空阴阳线　c）跳空阴阳交替 K 线
d）两阴和两阳　e）阴吃阳和阳吃阴　f）进攻失败　g）抵抗失败

2．三日 K 线组合形态

双日 K 线的组合已经很多、很复杂，三日 K 线的组合则更为复杂。但是，两者考虑问题的角度是相同的，都是由最后一根 K 线相对于前面 K 线的位置来判断多空双方的实力大小。三日 K 线组合比双日 K 线组合更加复杂，其表示的信息也更丰富，因此所得到的结论就会更准确些。

鉴于三日 K 线组合形态的复杂性，以下仅对几种典型的三日 K 线组合形态进行介绍，如图 10-5 所示。

（1）典型的上升行情 K 线组合形态。

1）三个白武士。如图 10-5a 所示，由三根连续上升的阳线组成。K 线收盘价一日比一日高，表示武士勇敢前进，基础扎实，后势涨幅将加大。

2）两阳夹一阴。如图 10-5b 所示，由一根阴线夹在两根阳线中间组合而成。在实战中是一组非常实用的 K 线组合形态，这个组合形态出现后，价格继续上涨的概率极大。

（2）典型的下跌行情 K 线组合形态。

1）三只黑乌鸦。如图 10-5c 所示，由三个连续下跌的阴线组成。K 线收盘价一日比一日低，表示空方力量在逐步加强，后市看淡，下跌速度加快。

2）两阴夹一阳。如图 10-5d 所示，由一根阳线夹在两根阴线中间组合而成。这常是一个下跌途中的形态，表示价格下跌，中间遇到小阳线的抵抗，但还是挡不住卖方的力量，价格将继续是下跌行情。

（3）典型的顶部和底部的 K 线组合形态。

1）早晨之星。如图 10-5e 所示，早晨之星是典型的底部形态，通常出现在价格连续大幅下跌和数浪下跌的中期底部和大底部。早晨之星由三根 K 线组成，开始是一根长阴线，第二天的小实体显示了不确定性，第三天价格跳空高开，显著的趋势反转已经发生。早晨之星的含义是黑暗已经过去，曙光已经来临，多空力量对比开始发生转变，一轮上升行情已经开始。

2）黄昏之星。如图 11-5f 所示，黄昏之星和早晨之星恰好相反，它通常出现在价格连续大幅上涨和数浪上涨的中期顶部和大顶部。黄昏之星的出现预示着夜幕即将降临，一轮上涨行情已经结束。它是典型的反转形态，有很强的杀伤力。黄昏之星也是由三根 K 线组成，第一根 K 线是一根长阳线，第二根 K 线是一个可带上下影线的小实体（阴、阳均可），第三根 K 线是一根阴线，它的实体跌到第一天的长阳线所在区域内。当黄昏之星出现时，投资者应及早离场。

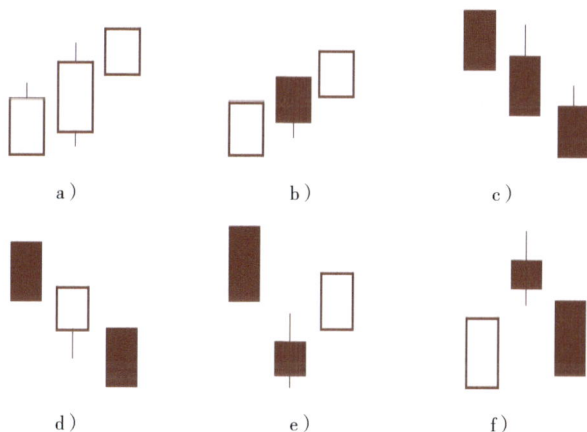

图 10-5　三日 K 线的组合形态

a）三个白武士　b）两阳夹一阴　c）三只黑乌鸦　d）两阴夹一阳　e）早晨之星　f）黄昏之星

四、应用 K 线理论应注意的问题

（1）K 线的错误率比较高。市场的变动是复杂的，实际的市场情况可能与我们的判断有一定的距离。有时在实践中运用不同种类的组合会得到不同的结论；或是应用一种组合判断出一种趋势，而实际的趋势却完全相反。所以，运用 K 线的一个重要原则是尽量使用多根 K 线组合的结论，并将新的 K 线加进来重新进行分析判断。通常情况下，多根 K 线组合得到的结果不大容易与事实相反。

（2）K 线只能作为战术手段，不能作为战略决策手段。战略决策是为了确定投资者买入或卖出的方向，一般是指某个价格区域。战略决策如果正确，买入点不好也没有关系。战术手段是指在战略决策之后，选择具体的行动时间和地点（价格位置）的手段，其内容是相对小的范围。使用战术手段可以使正确的战略决策得到更好的效果。

（3）K 线结论有效的时间短、影响幅度小。K 线组合形态并不是一种完美的技术，而是靠人们的主观印象建立的，所以要根据实际情况，不断修改、创造和调整已经有的 K 线组合形态。同时必须与其他方法结合使用，根据其他的途径做出该买还是该卖的决定之后，再用 K 线组合选择具体的买卖时间和价格。

案例链接

从战斗机飞行员到 K 线大师：格列高里·莫里斯

莫里斯大学期间主修航空发动机技术，大学毕业后考入了人才济济的美国海军飞行训练学校。经过刻苦的学习与训练，1975 年他终于美梦成真，驾驶战斗机翱翔蓝天。1978 年，莫里斯告别了战斗机，开始供职于 Delta 航空公司，直到从英姿勃发的青年变成了满头华发的老者。从 1975 年到 2004 年，莫里斯与蓝天结下了将近 30 年的不解情缘。

在就读大学期间，莫里斯还对股市产生了浓厚兴趣。1972 年，莫里斯买入了平生第一只股票，然而伴随着石油危机的爆发，短短的两年里他的股票市值就跌去了 65%。面对投资的失败莫里斯没有低头，反而开始了新的征战。他利用一切业余时间钻研各种技术分析和蜡烛图方法，凭着努力与执着终于在股市上获得丰厚回报。后来莫里斯将这些成功经验写进了《蜡烛图精解》一书中。该书成为他最为著名的代表作，并长期高踞美国畅销书排行榜。

莫里斯同时执着于金融软件的开发。1982—1993 年，莫里斯与著名的 N-Squared 计算机软件公司进行了长期合作，生产了至少 15 种技术分析及图表软件产品，许多当时的工具到现在都还是投资人进行股市分析的首选。

1999 年，莫里斯迎来了股市职业生涯的又一个高峰，他与三个好友开创了莫菲·莫里斯资金管理公司。2004 年，公司并入美国著名的 PMFM 投资信托管理公司，他亲自上阵担纲基金经理。他管理的两只基金一度荣登全美股票型基金业绩排行榜榜首。

单元三　切线理论

"顺势而为"，不"逆势而动"，已经成为被广泛接受的证券投资准则。因此，利用各种技术手段认识并预测市场的趋势，成为投资者进行投资分析的主要目的。切线理论即为其中的一种，切线理论是指按一定的方法和原则在价格数据图形中画出特定的直线——切线，然后依据价格曲线与所画直线的状况推测价格的未来趋势。依据画法不同，切线又分为支撑线、压力线、趋势线、轨道线、黄金分割线等。

切线理论

一、趋势

趋势是指证券价格的波动方向，或者说是证券市场运动的方向。技术分析的第二个假设明确说明价格的变化是有趋势的，也说明趋势在技术分析中占有很重要的地位。

1. 趋势的类型

最早对趋势做出划分的是查尔斯·道（Charles H. Dow），他认为股价变动趋势依据时间长短可划分为三个层次：主要趋势、次要趋势和短暂趋势。

（1）主要趋势。主要趋势是趋势的主要方向，是证券投资者必须要弄清楚的目标。了解了主要趋势才能做到顺势而为。主要趋势是价格波动的大方向，持续时间比较长。

（2）次要趋势。次要趋势是在主要趋势过程中的调整。趋势不会一成不变地前进，总会有局部调整的过程，次要趋势正是这样的调整。

（3）短暂趋势。短暂趋势是在次要趋势过程中的调整。短暂趋势与次要趋势的关系就如同次要趋势与主要趋势的关系一样。

上述三种趋势的最大差异在于持续时间的长短和波动幅度的大小。三种趋势可以解释绝大多数的行情，但对于更复杂的价格波动过程，还不能完全涵盖。不过这不是很大的问题，可以继续对短暂趋势进行再细分。

2. 趋势的方向

市场变动当然不是直线上升或直线下降，但从波峰和波谷的相对高度可以判断趋势的方向。趋势有三种方向：①上升方向；②下降方向；③水平方向或无趋势方向。如图 10-6 所示。

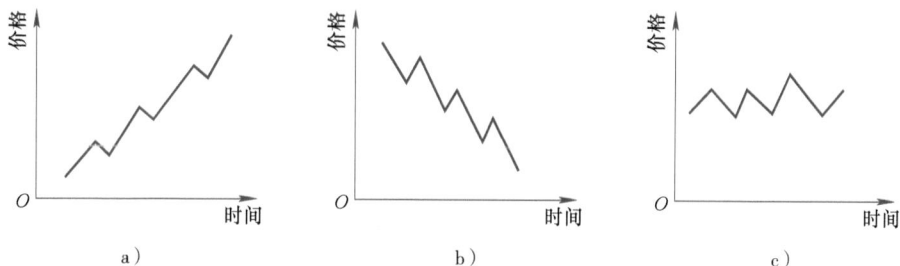

图 10-6 趋势的三种方向

a）上升方向 b）下降方向 c）水平方向或无趋势方向

如果价格运行过程中，每个过程后面的峰和谷都高于前面的峰和谷，则趋势就是上升方向。这就是常说的"一底比一底高"或"底部抬高"，如图 10-6a 所示。如果价格运行过程中，每个过程后面的峰和谷都低于前面的峰和谷，则趋势就是下降方向。这就是常说的"一顶比一顶低"或"顶部降低"，如图 10-6b 所示。

如果价格运行过程中，每个过程后面的峰和谷与前面的峰和谷相比，没有明显的高低之分，几乎呈水平延伸，这时的趋势就是水平方向，如图 10-6c 所示。水平方向趋势是容易被大多数人忽视的一种方向。这种方向在市场上出现的机会是相当多的，也是极为重要的。对处于水平方向的市场进行分析时都容易出错，或者说作用不大。这是因为这时的市场正处在供需平衡的状态，下一步朝哪个方向运动无规律可循。

案例链接

技术分析的开山祖师：查尔斯·道

道是纽约道琼斯金融新闻服务的创始人、《华尔街日报》的创始人及其首位编辑。他曾在股票交易所大厅里工作过一段时间。通过对股票价格日常波动的长期精心研究，他发现了股价波动与海潮波动有种相类似的规律，并在《华尔街日报》上发表了大量有关纽约股票市场的文章，初步形成了一套研究股票市场变动规律的理论。他于 1884 年 7 月 30 日首创股票市场平均价格指数。到了 1897 年，其原始的股票指数才衍生为道琼斯工业指数和道琼斯铁路指数，这些指数至今仍是测试股市走势的权威数据。1903 年，也就是道逝世一年后，他的文章才被收编到纳尔逊所著的《股市投机常识》一书中，在此书中首次使用了"道氏理论"的提法。

1903—1929 年，道的助手和接班人汉密尔顿根据道氏概念继续研究并解释股价变动趋势，撰写了大量有关道氏理论的文章，出版了《股市晴雨表》一书，将道氏理论系统化，最终使道氏理论得以确立。

道氏理论的基本原则包括以下几项：

（1）平均指数包容、消化一切。

（2）股市具有三类趋势——主要趋势、次要趋势和短暂趋势。

（3）两个指数必须相互验证。

（4）在反转趋势出现之前主要趋势仍将发挥影响。

（5）交易量是对趋势的验证。

（6）盘局可以代替中级趋势。

（7）把收盘价放在首位。

据统计，道氏理论成功地揭示了 1920—1975 年道琼斯指数所有大幅波动中的 68%，以及标准普尔 500 指数大波动的 67%。道氏传人汉密尔顿于 1929 年 10 月 21 日在一篇题为"转潮"的社论中，成功地预测了几天后到来的经济危机。10 月 25 日，华尔街股市开始了绵延 3 年的大熊市，道琼斯指数自 386 点跌至 41 点，暴跌 89%。

二、支撑线和压力线

1. 支撑线和压力线的定义

支撑线又称为抵抗线，是指当价格跌到某个价位（支撑线）附近时会停止下跌，甚至回升，这是由于多方在这个位置买入或持股人惜售造成的。支撑线起到了阻止价格继续下跌的作用，如果在实战中能够比较准确地判断出支撑线所在的位置，也就把握了一次较好的买入时机。

压力线又称为阻力线，是指当价格升到某价位（压力线）附近时会停止上涨，甚至回落，这是由于空方在此抛售造成的。压力线起到了阻止价格继续上涨的作用。

2. 支撑线和压力线的作用

价格的变动是有趋势的，要维持这种趋势，保持原来的变动方向，就必须冲破阻止其继续向前的障碍。因此，支撑线和压力线迟早有被突破的可能，它们不可能长久地阻止价格保持原来的变动方向，只不过是使其暂时停顿而已。

如图 10-7a 所示，在上升趋势中，如果下一次未创出新高，即未突破压力线，这个上升趋势就已经处在很关键的位置了。如果再往后的价格又向下突破了这个上升趋势的支撑线，就产生了一个趋势有变的警告信号，通常意味着这一轮上升趋势已经结束，下一步的走向是向下跌的过程。同样，如图 10-7b 所示，在下降趋势中，如果下一次未创新低，即未突破支撑线，那么这个下降趋势就已经处于很关键的位置。如果下一步价格向上突破了这次下降趋势的压力线，这就发出了本轮下降趋势将要结束的强烈信号，价格的下一步将是上升的趋势。

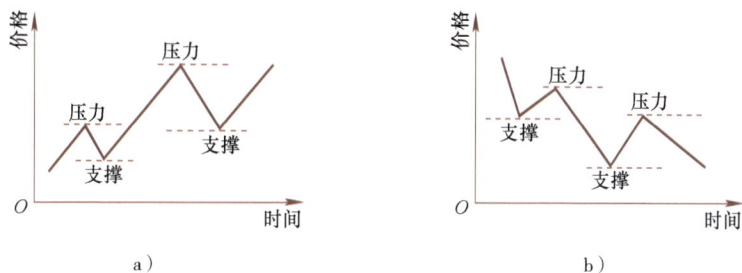

图 10-7 支撑线和压力线

a）上升趋势 b）下降趋势

3. 支撑线和压力线的相互转化

支撑线和压力线是可以相互转化的，当价格从下向上突破一条压力线后，原有的压力线将可能转变为支撑线，如图 10-8a 所示；而当价格从上向下突破一条支撑线后，原有的支撑线也将可能转变为压力线，如图 10-8b 所示。

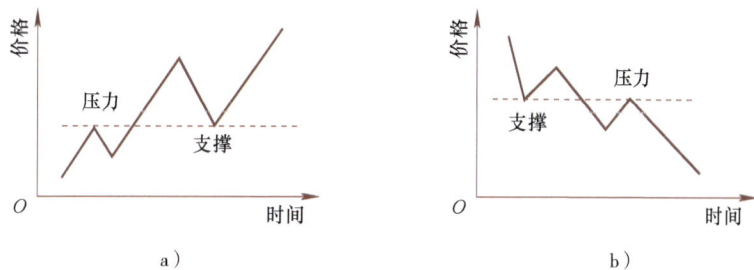

图 10-8 支撑线和压力线的相互转化

a）压力线转变为支撑线 b）支撑线转变为压力线

确认支撑线和压力线的价格技术图表，包含很大的主观因素。价格在某区域停留的时间长短、伴随的成交量大小和距离当前时间的远近，都是要考虑的因素。

要根据市场的发展对支撑线和压力线进行修正，使其更符合实际。修正过程是对现有各个支撑线和压力线重要性的确认。

三、趋势线和轨道线

1．趋势线

（1）趋势线的画法。将上升趋势中的两个低点连成一条直线，即构成上升趋势线，如图 10-9a 所示；将下降趋势中的两个高点连成一条直线，即构成下降趋势线，如图 10-9b 所示。

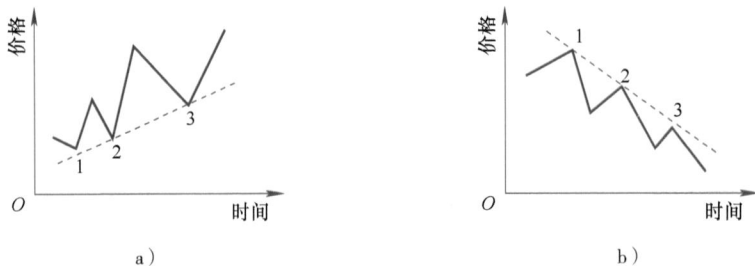

图 10-9　趋势线

a）上升趋势线　b）下降趋势线

对趋势线的确认要注意以下三点：

1）第二个低点必须高于第一个低点才能得出上升趋势线；第二个高点必须低于第一个高点才能得出下降趋势线。

2）找出两个明显的低点，连成一条直线，这一段中的所有价格都应位于这条直线上方，这条线才能成为上升趋势线；相反，两个高点连成的直线，这一段中所有价格都应位于这条线的下方，这条线才能成为下降趋势线。

3）另外还需取第三点来验证趋势线的有效性，如果第三点没有突破该趋势线，则说明其有效性得到了验证。

（2）趋势线的作用。一条趋势线一经认可，就可以使用这条趋势线来对价格进行预测。一般来说，趋势线有两个作用：

1）对价格今后的变动起约束作用，使价格总保持在这条趋势线的上方（上升趋势线）或下方（下降趋势线）。实际上，就是起支撑线和压力线的作用。

2）趋势线被突破后，就说明价格下一步的走势将要向相反的方向运行。越有效的趋势线被突破，其转势的信号越强烈。趋势线被突破后，原来所起的支撑线或压力线作用就会发生转换。即原来的支撑线将会起压力线作用，如图 10-10a 所示；原来的压力线将会起支撑线作用，如图 10-10b 所示。

图 10-10　趋势线突破后起反作用

a）上升趋势反转　b）下降趋势反转

（3）趋势线的运用。

1）假如在一天的交易时间里暂时突破了趋势线，但其收市价并没有超出趋势线，这并不算是突破，可以忽略它，而这条趋势线仍然有用。

2）如果收市价突破了趋势线，必须要超越3%才可信赖。

3）当价格上升冲破了下降趋势线（压力线）时，需要有大的成交量配合；但向下跌突破上升趋势线（支撑线）时，则不必如此，通常突破当天的成交量并不增加，不过，于突破后的第二天会有增加的现象。

4）当价格突破趋势线时出现缺口，这时的突破将是强而有力的。

2. 轨道线

（1）轨道线的画法。轨道线又称通道线或管道线，是指在两条平行的压力线与支撑线之间形成的上升或下降轨道线。轨道线的画法比较简单。在上升趋势中，我们先画出上升趋势线，然后从第一个高点出发，用虚线画出一条趋势线的平行线，两条线共同构成一条上升通道。在以后的行情中，如果价格在抵达该条平行线时受阻而回落，那么便说明轨道线在起作用；如果回落的低点正好在趋势线上受到支撑，那么上升轨道线便形成了，如图10-11a所示。

同理，在下降趋势中，先确定下降趋势线，然后从第一个明显的低点出发，用虚线画出一条趋势线的平行线，两条线构成一条下降通道，在以后的行情中，价格在触及这条平行线时发生反弹，那么下降轨道线便形成了，如图10-11b所示。

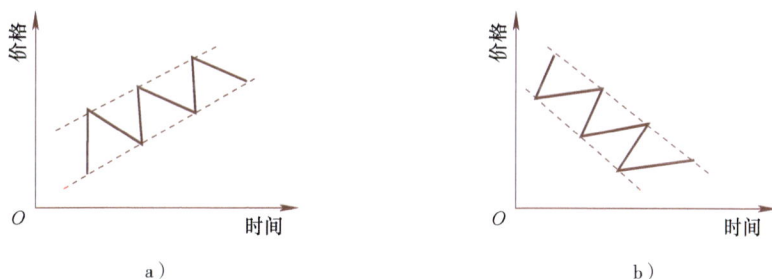

图 10-11　轨道线

a）上升趋势轨道线　b）下降趋势轨道线

（2）轨道线的运用。轨道线对于短线投资者是最有效的工具之一。若上升轨道线被上升价格突破，则意味着价格开始加速上扬；若上升轨道线的下轨被价格突破，投资者应赶紧卖出；若下降轨道线的上轨被突破，则意味着价格开始反转，投资者应及时买进；若下降轨道线的下轨被突破，一种情况是加速下跌，另一种情况是底部的来临。如果下降轨道线持续时间较长，公司基本面没有出现大的变化，则价格突破下轨见底的可能性较大。这时应结合技术指标分析，若技术指标发生底背离，则投资者应坚决买入；如果判断不准，则等到价格重新回到下降轨道线，并在突破下降轨道线的上轨时买进。

轨道线同趋势线一样，它被价格触及的次数越多，时间越长，该轨道线就越重要。

值得注意的是，轨道线与趋势线应配合使用。两者的关系是先有趋势线，后有轨道线，趋势线比轨道线重要得多。此外，趋势线可以独立存在，而轨道线则不能。

单元四　形态理论

形态理论是根据价格波动的轨迹，分析多空双方力量大小的对比，从而发现价格的运动方向，进而指导投资者的实际操作。

价格移动方向是由多方和空方力量大小决定的，所以证券价格的移动应该遵循以下规律：①证券价格应在多方和空方取得均衡的位置上，做上下来回波动；②原有的平衡被打破后，证券价格将寻找新的平衡位置。也就是说，价格的移动是保持平衡和打破平衡这两种过程的交替，即保持平衡→打破平衡→新的平衡→再打破平衡→再寻找新的平衡→……

据此，将价格曲线的运行轨迹在形态上分成整理和反转两大类型。整理形态即为保持平衡的过程，反转形态即为打破平衡的过程。

一、反转形态

1. 头肩形

（1）形态分析：头肩形属于反转突破形态，图 10-12 是其简单形式。图形中出现三个顶或底，这三个高点（低点）中的较高点（低点）是头，另两个为肩。颈线起支撑线（压力线）作用。图中 E 点低（高）于 C 点、D 点低（高）于 A 点，都是原有趋势可能出现反转的信号。只有当价格突破颈线后，才形成真正的头肩顶（底）。

价格突破颈线后，有测算功能，即从突破点算起，价格至少要下跌（上涨）到与形态高度相等的距离。形态高度是指图中箭头线的长度。

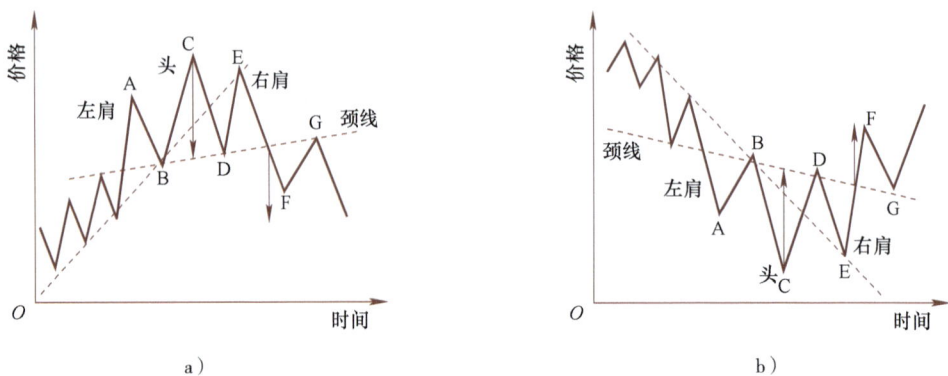

a）

b）

图 10-12　头肩形

a）头肩顶　b）头肩底

（2）技术要点：

1）一般来说，左肩和右肩的高点大致相等。部分头肩顶的右肩高点较左肩高点低，但如果右肩的高点较头部高点还要高，形态便不能成立。

2）如果颈线向下倾斜，显示市场非常疲乏无力。

3）当价格跌破颈线时，成交量没有增加也应该确认头肩顶形态的成立；倘若成交量在跌破颈线时激增，表明市场的抛售力量十分强大，价格会在成交量增加的情形下加速下跌。

4）在价格跌破颈线后，可能会出现暂时性的回升，这种情形通常会在低成交量跌破时出现。

不过，暂时的回升应该不超越颈线水平。

5）头肩顶是一个杀伤力十分强大的形态，通常其价格跌幅大于预期的最小跌幅。

6）假如价格在颈线水平回升，而且高于头部，或是价格跌破颈线后回升且高于颈线，这可能是一个失败的头肩顶，不宜确认其形态的成立。

头肩底和头肩顶的形状差不多，主要的区别在于成交量方面。当价格突破头肩底的颈线阻力时，必须要有激增的成交量作为配合，否则这可能是一个虚假的突破。不过，如果在突破后成交量逐渐增加，形态也可确认。另外，头肩底形态较为平坦，需要较长的时间来完成。

2．双重和三重顶（底）形

（1）形态分析：双重顶和双重底就是 M 头和 W 底，图 10-13 是其简单形式。在上升（下降）趋势的末期，价格在 A 点处正常回落（反弹）；在 B 点附近停止后继续上升（下降），但是力量不够；在 C 点（与 A 等高）继续下降（上升）。M 头（W 底）形成以后，有突破 B 点和不突破 B 点两种可能，突破才是真正的双重顶（底）。突破颈线起支撑线（压力线）作用。

确认双重顶（底）后，其形态有测算功能，即从突破点算起，证券价格将至少下降（上升）到与形态高度相等的距离。形态高度是指从 A 或 C 到 B 的垂直距离（图中箭头线的长度）。

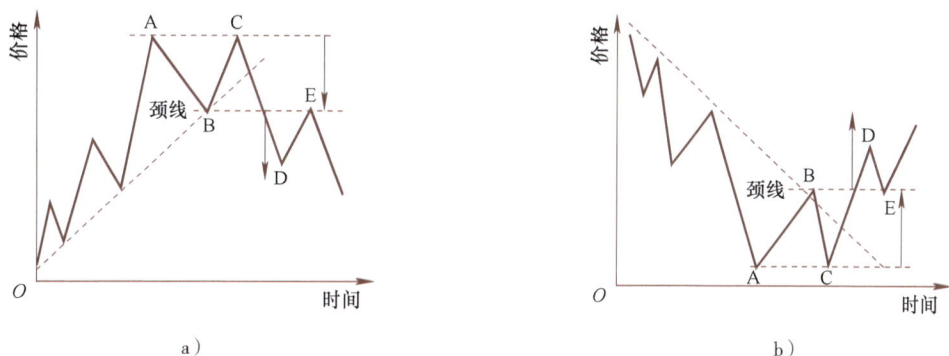

图 10-13 双重顶（底）形

a）双重顶 b）双重底

（2）技术要点：

1）双重顶的两个最高（低）点并不一定在同一水平，二者相差小于 3% 是可接受的。通常来说，双重顶的第二个顶点可能较第一个顶点略高一些，原因是买方的力量企图推动价格继续再升，可是却没办法使价格上升超逾 3% 的差距；而一般双重底的第二个底点都较第一个底点稍高，原因是有经验的投资者在第二次回落时已开始买入，令价格无法再次跌回上次的底点。

2）形成第一个顶部（或底部）时，其回落的底点约是最高点的 10% ～ 20%（底部回升的幅度也是相同的）。

3）双重顶（底）不一定都是反转信号，有时也会是整理形态，这要视两个波谷的时间差决定，通常两个顶点（或两个底点）形成的时间相隔越远，反转的可能性越大。

4）双重顶的两个高峰都有明显的高成交量，但第二个顶部的成交量较第一个顶部显著减少，反映出市场的购买力量已在转弱。

双重底的第二个底部成交量十分少，但在价格突破颈线时，必须得到激增的成交量作为配合，其形态方可确认。双重顶形态的确认与此不同，当价格跌破双重顶的颈线时，不伴随成交量的上升也应该确认其形态的成立。

5）价格突破颈线后，常会出现短暂的反方向移动，称之为"反抽"。只要双重顶（底）的反抽不高（低）于颈线，形态依然有效。

6）一般来说，双重顶或双重底的升跌幅度都较预期的最小升跌幅度大。

三重顶（底）比双重顶（底）多了一次周折。应用和识别三重顶（底）与头肩形形态相同。三重顶（底）的颈线水平具有矩形的特征，更容易演变成整理形态。

3. V 形

（1）形态分析：V 形出现在剧烈的市场动荡之中，底或顶只出现一次，没有试探顶或底的过程，而是迅速地到顶点或底点，又迅速地反转，如图 10-14 所示。

V 形反转之前没有征兆。在沪深股票市场中，V 形基本上是由于突发"消息"而引起的。这些消息是不可能提前知道的，只能根据其他分析方法得到 V 形可能会出现的区域。

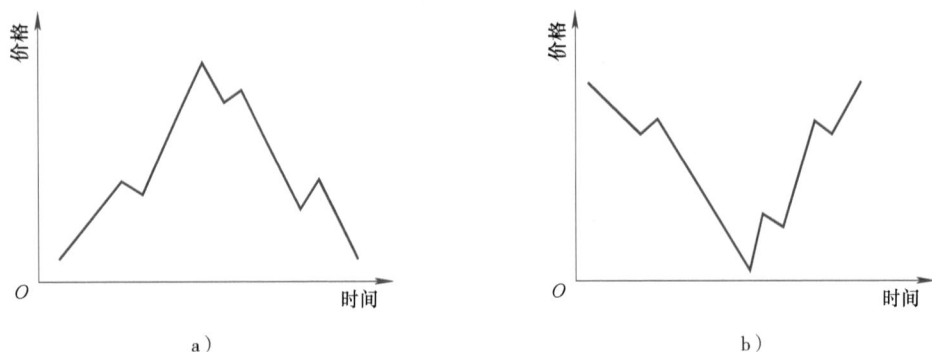

图 10-14　V 形
a）倒 V 形　b）正 V 形

（2）技术要点：

1）V 形走势在转势点必须有激增的成交量作为配合。

2）价格在突破伸延正 V 形的徘徊区底部时，必须有成交量增加的配合；在价格跌破伸延倒 V 形的徘徊区顶部时，则不需要成交量增加。

4. 喇叭形

（1）形态分析：喇叭形也称增大形。价格波动高点越来越高，低点越来越低。此时市场已失去控制，完全由公众的情绪决定。经过剧烈的动荡后，其波动会渐渐平静，价格将逐步地往下，如图 10-15 所示。在第三峰（图中的高点 5）调头向下时，一般来说，卖出是正确的操作。图中的高点 7 是最后卖出的机会。

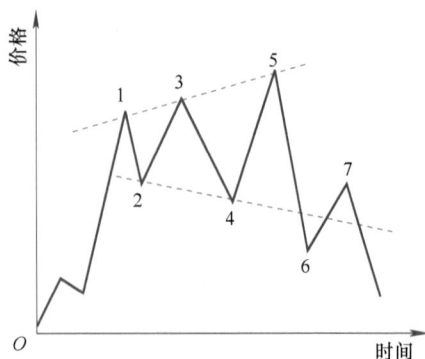

图 10-15　喇叭形

（2）技术要点：

1）喇叭形形态并没有最少跌幅的公式来估算未来跌势，但一般来说，其幅度都很大。

2）喇叭形形态也有可能会向上突破，尤其在喇叭形的顶部是由两个同一水平的高点连成时，如果价格以高成交量向上突破（收市价超越阻力水平3%），那么该形态最初预期的分析意义就要修正，它显示前面上升的趋势仍会持续，未来的升幅将十分可观。这是因为当喇叭形向上冲破时，理论上是一次消耗性上升的开始，显示投资者的情绪陡涨，投资者已完全失去理性的控制，疯狂地追入。当购买力消耗完结后，价格便会大幅下跌。

喇叭形是由投资者冲动和不理性的情绪造成的，它绝少在跌市的底部出现，这是因为价格经过一段时间的下跌之后，投资者投资意愿薄弱，因此在低沉的市场气氛中，不可能形成这种形态。

二、整理形态

1. 三角形

（1）对称三角形。

1）形态分析：对称三角形发生在趋势的途中，是暂时的休整，之后还会保持原有的方向。图10-16是上升途中的对称三角形。对称三角形有两条聚拢的直线，上面的起压力线作用，下面的起支撑线作用。它至少应有四个转折点。对称三角形持续的时间不应该太长。对称三角形在C点突破后，有测算功能，从C点向上的箭头线高度，是未来证券价格至少要达到的高度。该箭头线长度与AB连线相等。

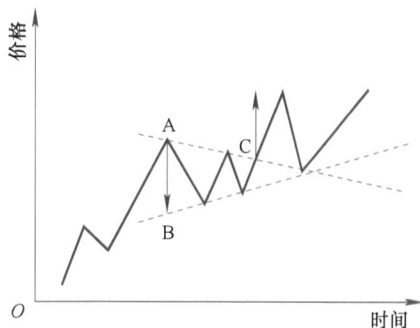

图10-16　上升途中的对称三角形

2）技术要点：

① 对称三角形的价格变动在突破界线前越接近其顶点，其力量越小。通常在距三角形底边1/2或3/4处突破时会产生最准确的移动。

② 向上突破需要大的成交量伴随，向下突破则不需要。

③ 虽然对称三角形大部分是属于整理形态，不过也有可能在升市的顶部或跌市的底部出现。根据统计，对称三角形中大约3/4属整理形态，而余下的1/4属反转形态。

④ 对称三角形突破后，可能会出现短暂的反抽，上升的反抽止于各高点相连而成的形态线，下跌的反抽则受阻于低点相连的形态线。倘若价格的反抽大于上述所说的位置，形态的突破可能有误。

（2）上升三角形和下降三角形。

1）形态分析：上升三角形上面的直线是水平的，压力保持不变，而支撑越来越高，表示有强烈的上升意识，如图10-17a所示。如果证券价格原有的趋势是向上，在上升三角形形态中，几乎肯定向上；如果原有的趋势是下降，出现上升三角形形态后，价格的趋势判断有些难度，如果下降趋势持续了相当一段时间，价格还是以涨为主。相反，下降三角形是看跌的形态，如图10-17b所示。

2）技术要点：

① 上升三角形在突破顶部水平的压力线时有一个短期买入信号，下降三角形在突破底部水平压力线时有一个短期卖出信号。但上升三角形在突破时需伴有大成交量，而下降三角形突破时则不需要。

② 这两种形态虽属于整理形态，有向上或向下的规律性，但也有可能朝相反方向发展。即上升三角形可能下跌，因此投资者在价格向下跌破3%（收市价）时，宜暂时卖出，以待形

势明朗；在向上突破时，如果没有大成交量配合，也不宜贸然投入。相反，下降三角形价格也有可能向上突破，但这时必须要有大成交量伴随才可确认价格运动的方向由下降转为上升；另外，价格在向下跌破时若出现回升，则应观察其是否阻于底线水平之下，在底线之下是假性回升，若突破底线3%，则图形失效。

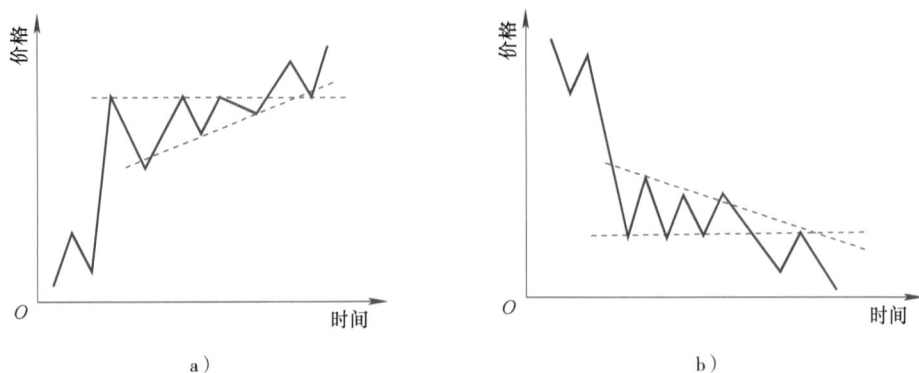

图10-17 上升、下降三角形

a）上升三角形 b）下降三角形

2. 矩形

（1）形态分析：矩形是整理形态，其特点是价格在两条水平直线之间上下波动，如图10-18所示。矩形可能演变成三重顶（底）形态。矩形也有测算功能，形态高度就是矩形的上下界线的距离。如果在早期能预计到矩形的出现，就可以把握短线买卖的机会。

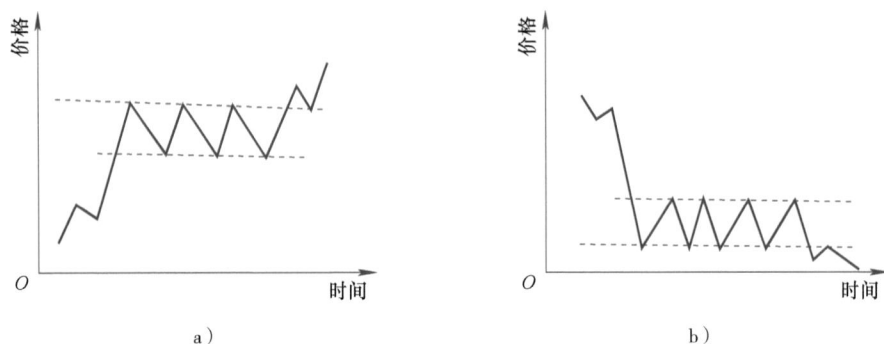

图10-18 矩形

a）上升矩形 b）下降矩形

（2）技术要点：

1）矩形形成的过程中，除非有突发性的消息扰乱，否则其成交量应该是不断减少的。如果在形态形成期间有不规则的高成交量出现，形态可能失效。当价格突破矩形上限的水平时，必须有成交量激增的配合；但在跌破下限水平时，则不需高成交量的配合。

2）矩形被突破后，价格经常出现反抽，这种情形通常会在突破后的三天至三周内出现。反抽将止于顶线水平之上，往下跌破后的假性回升，将受阻于底线水平之下。

3）一个高低波幅较大的矩形，较一个狭窄而长的矩形形态更具突破力。即一旦向上突破，将是迅猛上涨；而一旦向下突破，也将是快速下跌。

3．旗形

（1）形态分析：旗形是整理形态，其形态本身有明确的形态方向并与原有的趋势方向相反，如图 10-19 所示。

旗形发生在市场极度活跃，证券价格近乎直线上升或下降的情况下，即形态出现前有一个"旗杆"。旗形中的上、下两条直线分别起支撑线和压力线作用。形态持续的时间不会太长，且形成过程中成交量逐渐减少。价格将波动到"旗杆"的高度。

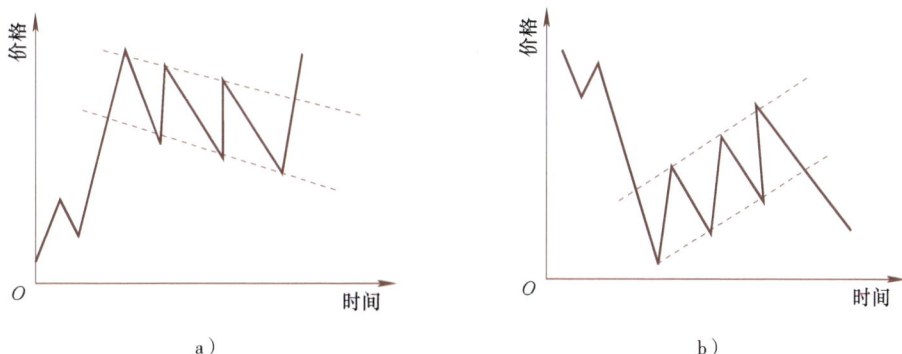

图 10-19　旗形

a）上升旗形　b）下降旗形

（2）技术要点：

1）旗形必须在价格急速上升或下跌之后出现，成交量则必须在形态形成期间不断地减少。

2）当上升旗形的价格向上突破时，必须要有成交量激增的配合；当下降旗形的价格向下跌破时，成交量也是大量增加的。

3）在形态形成过程中，若价格趋势形成旗形，而其成交量不稳定或不是渐次减少时，下一步将是很快地反转，而不是整理。即上升旗形的价格会向下突破，而下降旗形则是向上升破。换言之，高成交量的旗形形态可能出现逆转，而不是整理形态。因此，成交量的变化在旗形走势中是十分重要的，它是观察和判断形态真伪的唯一方法。

4）价格应在 4 周内向预定的方向突破，超出 3 周时，就应该特别小心，注意其变化。

三、应用形态理论应注意的问题

（1）形态识别的多样性。对同一位置的形态可能有不同的解释。例如，头肩形可以被认为是局部的顶部或底部的反转形态，但同时也可能是更大的波动的中途整理形态。这涉及对波动趋势的等级判断，应该使用尽可能宽的时间区间。

（2）难以判断形态突破的真假。只有等到形态突破后才能有明确的信号，这必然涉及支撑线和压力线的突破是真是假的问题。

（3）形态形成需要一定的时间。形态发出的买卖信号比较慢，不能获得充分的盈利信息。

（4）形态规模的大小会影响预测的结果。形态的规模是指价格波动所留下的轨迹在时间和空间上的覆盖区域。规模大的形态是规模小的形态的放大。规模大的形态和规模小的形态都对行情判断有作用，不能简单区别两者的作用。规模越大的形态所得出的结论越具有战略性，规模越小的形态所得出的结论越具有战术性。从形态的度量功能看，规模越大的形态，其形态高度越大，对今后预测的深度也越大。

单元五 技术指标分析

一、技术指标分析概述

技术指标分析是指将原始数据转化成某种指标，从历史数据形成的指标中找出证券价格运行的规律，然后用这些规律去预测市场未来的运行方向。

1. 技术指标的类型

（1）市场趋势指标。这主要有移动平均线（MA）、平滑异同移动平均线（MACD）、动向指标（DMI）、平均线差（DMA）、指数平均线（EXPMA）、三重指数平滑移动平均线（TRIX）等。

（2）市场动量指标。这主要有威廉指标（WR）、随机指标（KDJ）、相对强弱指标（RSI）、能量潮指标（OBV）等。

（3）市场人气指标。这主要有乖离率（BIAS）、心理线（PSY）、人气指标（AR）、买卖意愿指标（BR）、中间意愿指标（CR）等。

（4）市场大盘指标。这主要有腾落指数（ADL）、涨跌比率指标（ADR）、超买超卖指标（OBOS）等。

2. 技术指标的应用法则

（1）指标的背离。背离是指技术指标的方向与价格曲线的趋势方向不一致，表明价格的变动没有得到指标的支持。背离有"顶背离"和"底背离"之分，前者看跌，后者看涨。背离是技术指标最重要的内容。

（2）指标的交叉。交叉是指技术指标图形中的两条线发生了相交现象，表明原来的力量对比格局受到了挑战。

（3）指标的极端值。极端值是指技术指标的取值过分大或过分小，称为"超买区"和"超卖区"。它表示市场在某个方面已经达到了过分的地步，应该引起注意。

（4）指标的形态。形态是指技术指标曲线的波动轨迹呈现出了双重顶底和头肩形等反转形态。

（5）指标的转折。转折是指技术指标曲线在高位或低位调头，表明前面过于极端的状况已经到了尽头，可能是一个趋势的结束和另一个趋势的开始。

（6）指标的盲点。盲点是指技术指标不能发出信号，而处于"盲"的状态。

3. 使用技术指标应注意的问题

（1）不可盲目相信技术指标。投资者比较容易犯的错误是盲目、绝对地相信技术指标，一旦出了错误，就认为技术分析指标一点用也没有。其实技术指标是有用的，只是一些使用者不会正确地运用技术指标。

（2）不能机械地照搬结论。每种技术指标的结论都有自己的适应范围和适用条件，在使用技术指标时，应不断对其效果进行考察以修正技术指标的参数。

（3）规避技术指标的盲点。每种技术指标都有自己的盲点，也就是指标失效的时候。遇到了技术指标失效，要把它放置在一边，去考虑其他技术指标。

（4）灵活运用各种指标。了解每一种技术指标是很必要的，但是具体应用时要灵活掌握，通常是以四五个技术指标为主，其他指标为辅，同时还要不断地变更指标。

二、移动平均线（Moving Average，MA）

1．移动平均线的绘制方法

移动平均线的绘制方法是，先求出连续若干天的收盘价的移动平均数，再据此在坐标图上绘制成线。例如，要绘制某种股票的 10 日移动平均线，需先将这种股票第 1 日至第 10 日的价格相加，除以 10，得出其算术平均价格；然后再将其第 2 日至第 11 日的价格相加，除以 10，得出第 2 个 10 天期间的平均价格。依此类推，可求出以后数个 10 日的平均价格，将所求出的平均价格置于同一坐标中，连接成线，便绘成了移动平均线。下面以参数 3 和 5（即以 3 日和 5 日为计算期间）为例说明移动平均数的计算结果（见表 10-1）。图 10-20 是据此绘制的移动平均线。

表 10-1　移动平均数的计算结果　　　　　　　　（单位：元）

日　期	收盘价	MA（3）	MA（5）	日　期	收盘价	MA（3）	MA（5）
1	5.50	—	—	6	5.20	5.17	5.31
2	5.70	5.62	—	7	5.00	5.15	5.28
3	5.65	5.71	5.59	8	5.25	5.31	5.40
4	5.78	5.58	5.53	9	5.67	5.60	—
5	5.30	5.43	5.39	10	5.89	—	—

移动平均线参数可选择的期间较多，短期移动平均线一般以 5 日或 10 日为计算期间；中期移动平均线大多以 30 日、60 日为计算期间；长期移动平均线大多以 120 日（半年线）、250 日（年线）为计算期间。短期移动平均线容易受价格变动影响，反应比较灵敏，买进或卖出的信号显示得也较为频繁；中、长期移动平均线反应较为迟钝，但却能说明价格运动的基本趋势。从图 10-20 中就能明显地看出 5 日移动平均线比 3 日移动平均线平缓，说明 5 日移动平均线对价格的反应比 3 日移动平均线的反应迟钝。

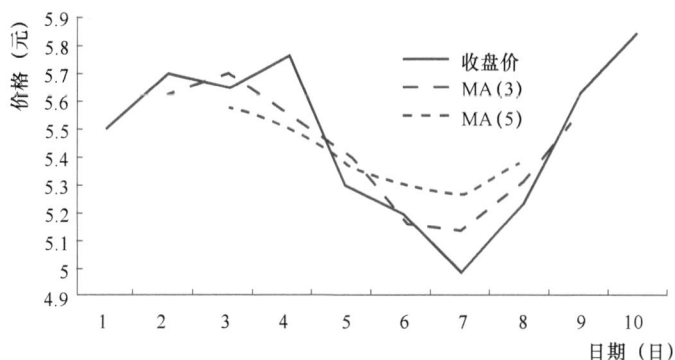

图 10-20　移动平均线

2．移动平均线的特点

移动平均线的作用在于，通过移动平均线的描绘，可得到一段时间的平均价格移动趋势，以避免和减少偶然性因素对价格变动趋势的影响，帮助投资者把握市场走向，进而有效地进行投资。它具有以下几个特点：

（1）追踪趋势。移动平均线能够表示价格的趋势方向，并追随这个趋势，不轻易放弃。如果从价格的图表中能够找出上升或下降趋势线，那么移动平均线的曲线将保持与趋势线方向一致，能消除中途价格出现的起伏。而原始数据的价格图表没有保持追踪趋势的特性。

（2）滞后性。在价格原有趋势发生反转时，由于追踪趋势的特性，移动平均线的行动往往过于迟缓，调头速度落后于大趋势。这是移动平均线的一个极大的弱点。等移动平均线发出趋势反转信号时，价格调头的深度已经很大了。

（3）稳定性。由移动平均线的计算就可知道，要比较大地改变其数值，无论是向上还是向下，都比较困难，必须是当天的价格有很大的变动。因为移动平均线的变动不是一天的变动，而是几天的变动，一天的大变动被几天变动分摊，变动就会变小而显不出来。这种稳定性既有优点，也有缺点，在应用时应多加注意，掌握好分寸。

（4）助涨助跌性。当价格突破了移动平均线时，无论是向上突破还是向下突破，价格有继续向突破方向再走一程的趋势，这就是移动平均线的助涨助跌性。

（5）支撑线和压力线的特性。移动平均线的上述四个特性使其在价格走势中起到支撑线和压力线的作用，移动平均线被突破，实际上是支撑线和压力线被突破。

移动平均线参数的作用就是加强移动平均线上述几方面的特性。参数选择得越大，其上述特性就越大。例如，突破10日线的助涨力度要比突破5日线的力度大很多。

3. 移动平均线的运用——葛兰维法则

美国人葛兰维（J. E. Cranviille）根据200日移动平均线与每日价格平均值的关系提出了买卖股票的八条法则，前四条为买进时机，后四条为卖出时机。

（1）当移动平均线持续下降后，处于平衡上升状态，而价格从移动平均线下方突破并向上延升时，宜买进，如图10-21中①所示。这是因为，移动平均线止跌转平，表示价格将转为上升趋势，而此时价格再突破移动平均线向上延升，则表示当天价格已经突破卖方压力，买方已处于相对优势地位。

（2）移动平均线呈上升状态，而价格跌至移动平均线以下时，宜买进，如图10-21中②所示。这是因为，移动平均线移动较为缓慢，当移动平均线持续上升时，若价格急速跌落并跌至平均线之下，在多数情况下，这种下跌只是一种假象，几天后，价格又会回升至移动平均线之上，所以也是一个买进时机。

（3）价格在移动平均线之上，且向移动平均线靠近，在尚未跌破平均线又再度上升时，宜买进，如图10-21中③所示。因为在这种情况下，往往表示投资者获利回吐，但由于承接力较强，价格在短期内经过重整后，又会强劲上升，因而是买进时机。

（4）当移动平均线下降，但价格在移动平均线以下大幅下降时，宜买进，如图10-21中④所示。因为在这种情况下，往往是价格过于偏低，极有可能反弹至移动平均线附近。

（5）移动平均线上升后转为平移或下降状态，而价格则跌破移动平均线之下时，表明价格将继续下跌，宜卖出，如图10-21中⑤所示。

（6）移动平均线持续下降，而价格在突破平均线上升后又回落到平均线以下时，表明价格大势趋跌，宜卖出，如图10-21中⑥所示。

（7）价格线在移动平均线的下方，并朝着移动平均线的方向上升，但在未到达移动平均线而再次跌落时，表明价格疲软，宜卖出，如图 10-21 中⑦所示。

（8）移动平均线呈上升态势，而价格线在其上方突然暴涨至远离移动平均线时，这时往往表明价格离高峰已相差不远，极可能出现回跌，宜卖出，如图 10-21 中⑧所示。

以上八条法则是根据单一的移动平均线来判断价格变动的走向和决定买卖的时机的。

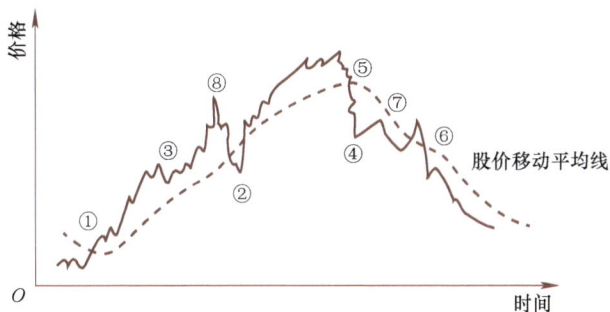

图 10-21　葛兰维法则的买入点和卖出点

4. 多条移动平均线的组合运用

利用移动平均线分析作为证券买卖决策的依据时，投资者最好联合运用短、中、长期移动平均线，这样判断才比较准确。有两条或三条不同时期的移动平均线在一个图上，就会有不同的排列方式，它是决定何时买卖的信号。下面以 10 日、30 日、72 日三条移动平均线为例，对排列方式进行分析。

（1）多头排列。当 10 日（短）、30 日（中）、72 日（长）三条移动平均线在处于上升趋势的市价线下方，依次由上往下排列时，构成多头排列，如图 10-22 所示。它表示股票买得越久，就赚得越多。此时，买盘主要来自中、长期投资者，卖方压力仅来自想短线获利的投资者，行情涨多跌少，对后市有利，是很好的买进时机。

（2）空头排列。当短、中、长三条移动平均线在处于下跌趋势的市价线上方，依次由下往上排列时，构成空头排列，如图 10-23 所示。它表示股票买得越久，就赔得越多。此时，卖盘来自短、中、长期投资者，而买盘只有短线抢帽子的投机者，行情跌多涨少，后市看跌。

（3）黄金交叉。两条移动平均线在上升趋势的市价线下方相交，形成"黄金交叉"，即短期移动平均线从下方向上穿越长期平均线，如图 10-24 所示。它表示股市行情开始趋向多头，后市看好。

（4）死亡交叉。两条平均线在下跌趋势的市价线上方相交，形成"死亡交叉"，即短期平均线从上方向下穿越长期平均线，如图 10-25 所示。它表示后市不能再看好。

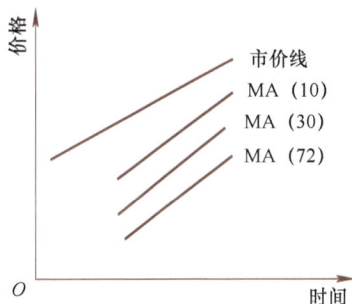

图 10-22　多头排列

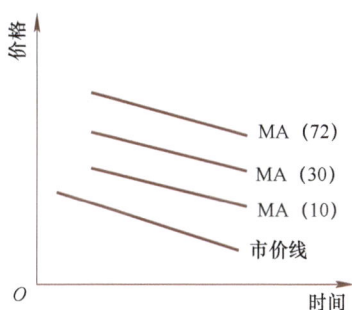

图 10-23　空头排列

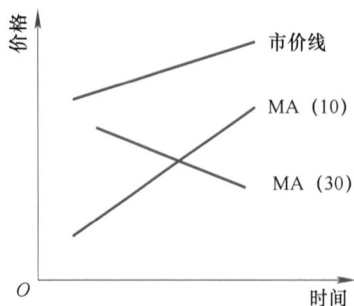

图 10-24　黄金交叉

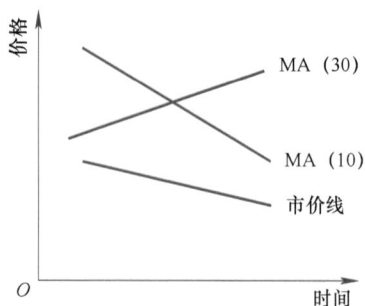

图 10-25　死亡交叉

三、平滑异同移动平均线（Moving Average Convergence and Divergence，MACD）

1. MACD 的原理

MACD 利用两条不同速度（一条变动速率快——短期移动平均线，另一条较慢——长期移动平均线）的指数平滑移动平均线（EMA）来计算二者之间的正负差（DIF），作为研判行情的基础，然后再求取其 DIF 的 9 日平滑移动平均线，即异同平均数（DEA），最后把 DIF 与 DEA 的差以柱线图形表示出来，即柱状线（BAR）。MACD 实际就是运用快速与慢速移动平均线聚合与分离的征兆，来研判买进与卖出的时机和信号。

2. MACD 的计算

MACD 由 DIF、DEA 和 BAR 三部分组成。

（1）n 日 EMA 的移动计算式，即

$$当日EMA(n) = \frac{2}{n+1} \times 当日收盘价 + \frac{n-1}{n+1} \times 昨日EMA(n) \tag{10-1}$$

（2）DIF 的计算式，即

$$DIF = EMA(n) - EMA(N) \tag{10-2}$$

式中，$n < N$，通常 $n=12$，$N=26$。

（3）DEA 的计算式，即

$$当日DEA(n) = \frac{n-1}{n+1} \times 昨日DEA(n) + \frac{2}{n+1} \times 当日DIF \tag{10-3}$$

式中，昨日 DEA 初值取昨日 DIF 值，通常 $n=9$。

（4）BAR 的计算式，即

$$BAR = 2 \times (DIF - DEA) \tag{10-4}$$

3. MACD 的运用法则

（1）如果 DIF 和 DEA 都为正值（即在 O 轴线之上），则行情为多头市场。其中，当 DIF 向上突破 DEA 时，是买进信号；当 DIF 向下跌破 DEA 时，仅能视为回档，可以暂时卖出获利。

（2）如果 DIF 和 DEA 都是负值（即在 O 轴线之下），则行情为空头市场。其中，当 DIF 向上突破 DEA 时，仅能视为反弹，可以暂时补空逐利；当 DIF 向下跌破 DEA 时，是卖出信号。

（3）背离法则。如果价格连续两次或三次创出新低，但 DIF 并不配合创新低时，行情可能由此企稳而筑底，此为所谓的"底背离"或"熊背离"，可以逢低买进；如果价格连续两次或三次创出新高，但 DIF 并不配合创新高时，行情可能由此为止做头，此为所谓的"顶背离"或"牛背离"，可以逢高卖出。

（4）当在 O 轴线之上 DIF 连续两次向下跌破 DEA 时，意味着行情可能会出现大跌，应当注意及早卖出；当在 O 轴线之下 DIF 连续两次向上突破 DEA 时，则意味着行情可能会出现大涨，可以伺机买进。

（5）柱状线法则。当红色柱状线越来越长时，表示买盘越来越大，价格上攻力度越来越强，反之则越来越弱；当绿色柱状线越来越长时，则表示卖盘越来越大，价格下探力度越来越强，反之则越来越弱。

（6）一般来说，DEA 对于几天的短线行情或者盘整行情缺乏技术意义，最适于中长线行情的研判。

四、随机指标（KDJ）

KDJ 指标的核心原理是平衡的观点，即价格的任何动荡都将向平衡位置回归。这一指标将一定周期的最高价格和最低价格的中心点作为平衡位置，高于此位置过远将向下回归，低于此位置过远将向上回归。在分析中，设置快指标 K（又称为快速线）和慢指标 D（又称为慢速线）。K 指标反应灵敏，但容易出错；D 指标的反应稍慢，但稳定可靠。另外，为了反映 D 和 K 的差值，即两者的位置关系，设置了 J 指标。

1. KDJ 指标的计算过程

（1）计算未成熟随机值（Row Stochastic Value，RSV），即计算日当天收盘价在周期内最高价到最低价之间的位置。其计算公式为

$$n\text{日 RSV} = \frac{C_t - L_n}{H_n - L_n} \times 100 \qquad (10\text{-}5)$$

式中　n——所选的周期天数；

　　　C_t——计算日的收盘价；

L_n 和 H_n——周期内的最低价和最高价。

（2）计算 K 值和 D 值，即

当日 K 值 =2/3 昨日 K 值 +1/3 当日 RSV

当日 D 值 =2/3 昨日 D 值 +1/3 当日 K 值

式中，1/3 为平滑因子，是人为选定的，也可改成其他数字，不过目前已普遍约定为 1/3。

（3）计算 J 值，即

$$J=3D-2K=D+2(D-K) \qquad (10\text{-}6)$$

将 K 值、D 值和 J 值标在以时间为横轴，以指标数值为纵轴的直角坐标上，分别用曲线平滑连接每天的 K 值、D 值和 J 值，即得到 KDJ 指标的三条曲线。

2. KDJ 指标的应用法则

在应用 KDJ 指标时主要从五个方面进行考虑：K、D 值的取值大小；K、D 线的形态；K、

D 线的交叉；K、D 值的背离；J 值的取值大小。

（1）从 K、D 值的取值方面考虑。K、D 的取值范围都是 $0 \sim 100$，将其划分为几个区域：80 以上为超买区；20 以下为超卖区；其余为徘徊区。

根据这种划分，K、D 值超过 80 就应该考虑卖出，低于 20 就应该考虑买入。大多数对 KDJ 指标了解不深入的人，以为 KDJ 指标的操作仅限于此，故而对 KDJ 指标的作用产生误解。应当说明的是，上述对 $0 \sim 100$ 的划分只是一个应用 KDJ 指标的初步过程，仅仅是一种信号。

（2）从 K、D 线的形态方面考虑。当 K、D 线在较高或较低的位置形成了头肩形和多重顶（底）时，是采取行动的信号。注意，这些形态一定要在较高位置或较低位置出现，位置越高或越低，结论越可靠、越正确。操作时可按形态理论的原则进行分析。

对于 K、D 线也可以画趋势线，以明确 K、D 线的趋势。在 K、D 线的曲线图中仍然可以引进支撑线和压力线的概念。某一条支撑线或压力线被突破，也是采取行动的信号。

（3）从 K、D 线的交叉方面考虑。K 与 D 的关系就如同价格与 MA 的关系一样，也有死亡交叉和黄金交叉的问题，不过这里交叉的应用是很复杂的，还附带很多其他条件。

下面以 K 从下向上与 D 交叉为例进行介绍。K 从下向上穿 D 是黄金交叉，为买入信号，这是正确的。但是出现了金叉是否应该买入，还要看其他条件：

1）金叉的位置应该比较低，是在超卖区的位置，且越低越好。

2）K 与 D 相交的次数。有时在低位，K、D 要来回交叉好几次。交叉的次数以两次为最少，越多越好。

3）"右侧相交"原则。K 在 D 已经抬头向上时才与之相交，要比 D 还在下降时与之相交可靠得多。换句话说，右侧相交比左侧相交好。

满足了上述条件，买入就放心一些。少满足一条，买入的风险就多一些。但是，如果要求每个条件都满足，尽管比较安全，但也会错过很多机会。

对于 K 从上向下穿破 D 的死亡交叉，也有类似的条件。

（4）从 K、D 值的背离方面考虑。简单来说，背离就是走势的不一致。当 K、D 值处在高位或低位，如果出现与价格走向的背离，则是采取行动的信号。当 K、D 值处在高位，并形成两个依次向下的峰，而价格还在一直上涨时，则构成"顶背离"，是卖出的信号，如图 10-26 所示；与之相反，当 K、D 值处在低位，并形成一底比一底高，而价格还继续下跌时，则构成"底背离"，是买入的信号，如图 10-27 所示。

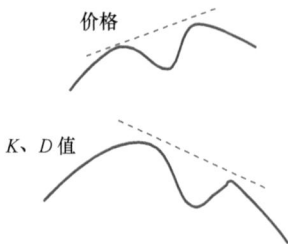

图 10-26　顶背离　　　　　　　　　图 10-27　底背离

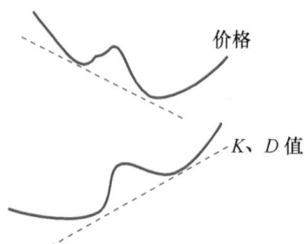

（5）从 J 值的取值方面考虑。当 J 值超过 100 或低于 0，都属于价格的非正常区域，大于 100 的区域为超买区，小于 0 的区域为超卖区。

案例链接

如何看待和应用技术分析?

韦尔德先生一生发明指标无数,许多已成为经典,如 RSI、DMI 等,但他晚年却推翻所有心血,转而崇尚亚当理论。其实,每个交易人士都会有韦尔德先生这样的体会:为什么本来百试百灵的指标系统最近不行了?!技术分析指标或工具在某种程度上的无用是由于设计上的局限性,而且指标是"死"的,人和市场是"活"的。那么应该如何看待和应用技术分析呢?

1. 技术分析的应用必须以基本面分析为前提

基本面分析更加注重对大趋势的研判,而技术分析更强调对买卖时机的把握。运用技术分析时,应注意以基本面分析为基础,在大趋势中寻找交易机会,切不可逆势而为。另外,对于一些投机性较强的不成熟股市,由于信息的不对称性以及人为操纵等因素,仅靠历史数据来研判股价走势是不全面的,技术分析方法往往会失灵。

2. 注重多种技术分析方法互相印证

技术分析方法众多,技术指标五花八门,不同的分析方法在应用前提、研判角度、适用范围等方面存在较大差别,每种方法都有自己的优势,同样也存在自身的缺陷。所以,单一方法与指标的使用缺乏全面性,成熟的投资者应该尽量采用不同的技术分析方法进行独立分析,分析结果相互印证,扬长避短,这样对交易时机的判断才会比较准确。

3. 只使用自己熟悉的技术分析方法和指标

不同的技术分析方法和指标在产生原理、使用方法等方面均存在差异。投资者在不熟悉的情况下,容易断章取义,错误地理解指标含义,对相关的数据以及指标值的分析与应用产生失误,得出错误的交易决策。因此,投资者应该使用自己熟悉的技术分析方法和指标进行研判。

职业提示

解析党的二十大报告投资机遇

习近平总书记在党的二十大报告中强调,要建设现代化产业体系。坚持把发展经济的着力点放在实体经济上,推进新型工业化,加快建设制造强国、质量强国、航天强国、交通强国、网络强国、数字中国。实施产业基础再造工程和重大技术装备攻关工程,支持专精特新企业发展,推动制造业高端化、智能化、绿色化发展。巩固优势产业领先地位,在关系安全发展的领域加快补齐短板,提升战略性资源供应保障能力。推动战略性新兴产业融合集群发展,构建新一代信息技术、人工智能、生物技术、新能源、新材料、高端装备、绿色环保等一批新的增长引擎。构建优质高效的服务业新体系,推动现代服务业同先进制造业、现代农业深度融合。加快发展物联网,建设高效顺畅的流通体系,降低物流成本。加快发展数字经济,促进数字经济和实体经济深度融合,打造具有国际竞争力的数字产业集群。优化基础设施布局、结构、功能和系统集成,构建现代化基础设施体系。

从报告中我们可以解读未来的投资机遇,"前沿、绿色、数字"将是我国经济发展的关键词,也将是未来投资热土。

--------- 复习思考题 ---------

一、单项选择题

1. 下列（　　　）不是技术分析的假设。
    A. 市场行为包含一切信息　　　　　　B. 价格沿趋势移动，并保持趋势
    C. 历史会重演　　　　　　　　　　　D. 价格随机波动

2. 利用两条不同速度的移动平均线来表示市场趋势的技术指标是（　　　）。
    A. KDJ　　　　　　B. MACD　　　　　　C. RSI　　　　　　D. OBV

3. 进行证券投资技术分析的假设中，（　　　）是从人的心理因素方面考虑的。
    A. 市场行为包含一切信息　　　　　　B. 价格沿趋势移动，并保持趋势
    C. 历史会重演　　　　　　　　　　　D. 投资者都是理性的

4. "红三兵"走势是（　　　）。
    A. 两阴夹一阳　　　　　　　　　　　B. 两阳夹一阴
    C. 三根阳线　　　　　　　　　　　　D. 两阳一阴

5. 大阳线表示当日（　　　）。
    A. 卖方占优　　　　B. 买方占优　　　　C. 买、卖平衡　　　　D. 无法判断

6. 形态理论认为价格曲线在形态上分为（　　　）。
    A. 整理和反转　　　　　　　　　　　B. 上升和下跌
    C. 上升和整理　　　　　　　　　　　D. 上升和反转

7. KDJ 指标的计算公式考虑了（　　　）这些因素。
    A. 开盘价、收盘价　　　　　　　　　B. 最高价、最低价
    C. 开盘价、最高价、最低价　　　　　D. 收盘价、最高价、最低价

8. 下列说法正确的是（　　　）。
    A. 证券市场里的人分为多头和空头两种
    B. 压力线只存在于上升行情中
    C. 一旦市场趋势确立，市场变动就朝一个方向运动直到趋势改变
    D. 支撑线和压力线是短暂的，可以相互转换

二、多项选择题

1. 下列属于技术分析要素的有（　　　）。
    A. 价格　　　　　　B. 成交量　　　　　　C. 趋势　　　　　　D. 时间

2. K 线包含的价位信息有（　　　）。
    A. 收盘价　　　　　B. 开盘价　　　　　　C. 最高价　　　　　D. 最低价

3. 股价变动趋势依据时间长短可划分为（　　　）。
    A. 主要趋势　　　　B. 水平趋势　　　　　C. 次要趋势　　　　D. 短暂趋势

4. 切线理论的趋势分析中，趋势的方向有（　　　）。
    A. 上升方向　　　　B. 下降方向　　　　　C. 水平方向　　　　D. 垂直向上方向

5. 下列属于反转突破形态的有（　　　）。
    A. 旗形　　　　　　B. 三重顶（底）　　　C. 三角形　　　　　D. 头肩顶（底）

6. 应用形态理论应注意的问题包括（　　　　）。

　　A. 形态识别的多样性

　　B. 难以判断形态突破的真假

　　C. 形态发出的买卖信号比较慢，不能获得充分的盈利信息

　　D. 形态规模的大小会影响预测的结果

7. 光头阳线包括（　　　　）。

　　A. 实体　　　　　　B. 上影线　　　　　　C. 下影线　　　　　　D. 影线

8. 关于MACD，运用正确的有（　　　　）。

　　A. DIF和DEA都为正值时，行情为多头市场

　　B. DIF向上突破DEA是买进信号

　　C. 红色柱状线越长表示买方力量越强大

　　D. DIF向下跌破DEA是买进信号

9. 技术指标的应用法则包括（　　　　）。

　　A. 指标的背离　　　　　　　　　　B. 指标的交叉

　　C. 指标的计算　　　　　　　　　　D. 指标的形态

10. 在关于形态理论的描述中，下列说法正确的有（　　　　）。

　　A. 整理和反转是价格曲线的两个基本形态

　　B. 对称三角形是反转形态

　　C. 喇叭形是由投资者冲动和不理性的情绪造成的

　　D. 在价格急速上升或下跌后，成交量不稳定或逐渐增加，则会形成旗形

三、简答题

1. 简述技术分析"三大假设"的主要内容。

2. 在应用K线时应注意哪些问题？

四、论述题

1. 在技术分析中，证券价格和成交量有怎样的关系？试举例说明。

2. K线中实体和影线的长度如何表示多空力量的对比？

──────── 能 力 训 练 ────────

运用技术分析方法分析和预测个股股票价格走势

实训任务：

选定一只股票，综合运用各种基本分析和技术分析方法，在对大盘进行研判的基础上，对该股进行综合分析与预测，制订相应的操作计划并说明理由。

实训步骤：

1. 下载安装同花顺、东方财富网或者通达信股票交易软件。

2. 选取某只股票，打开K线图，对该股进行K线分析，识别其单日或多日K线图的含义。

3. 对于该股进行切线分析，熟练使用画线工具，画出支撑线、压力线或者趋势线、轨道线。

4. 对该股进行形态分析，识别该股目前的形态，如是否为 M 头、圆弧底或者 W 底等。

5. 对该股进行指标分析，选取几个较为熟悉的指标如 MA、MACD、KDJ，结合指标含义及应用规则，尝试进行分析。

实训分析结论：

可以用文字、图表等形式记录分析过程，得出分析结论，如中长期是否具备投资交易价值，短期是否具备投机交易机会，判断其买卖点。

实训注意事项：

1. 技术分析不可能面面俱到，技术分析不是万能的，投资交易不可完全依赖技术分析。

2. 技术分析要与宏观环境、政策热点和大盘走势相结合。

3. 注意技术分析与股票实盘走势的验证，及时总结成功与不足之处。

4. 分组完成，发挥团队智慧。

实训评价：

表 现 要 求	是 否 适 用	已 达 要 求	未 达 要 求
K 线分析			
切线分析			
形态分析			
指标分析			
对整个技术分析过程的认识与把握			
综合运用技术分析方法完成对股票价格走势的分析和预测			

module 11

模块十一

证券投资策略与方法

学习目标

知识目标

了解证券投资基本策略；掌握证券投资组合策略；学会应用主要的证券投资方法。

能力目标

逐步掌握制订和实施投资策略的能力；能根据所学策略与方法为证券投资者提供咨询服务。

素质目标

通过对证券投资方法、投资策略的学习，树立正确的投资理念，运用正确的投资策略，减少证券投资风险，强化自身的投资意识、投资水平和盈利能力，树立爱岗敬业、诚实守信、办事公道、服务群众、奉献社会的职业道德。

案例导读

神奇的社保基金

社保基金自 2000 年成立以来，截止到 2021 年的 21 年里，社保基金累计投资收益额达 17 958.25 亿元，年均投资收益率 8.30%；且只在 2008 年、2018 年两年出现过亏损。那么它是如何做到的？这主要得益于社保基金所坚持的投资策略，主要有以下两个方面：

第一，长期投资、价值投资为主，长期持有股票。投资中如过于追求短线收益，则容易陷入投机炒作的泥潭中。判断对了，能获得一定收益；错了，则很可能赔个精光，从长期来看收益非常不稳定。要避免这点，就得学习社保基金，把目光从股价的高低变化上移开，更加注重于所持股票的长期增长潜力，关注公司的基本面，关注公司的长期成长价值，只有具有投资价值的股票才会被社保基金纳入囊中。

第二，不做高频交易。抓住大节点，低位买入，高位抛出。回顾社保基金的整个操盘经历，会发现它在大时间节点上的操盘非常坚决。低点买入，高点抛出。在此期间无论股市如何震荡涨跌，它都岿然不动，2008—2020 年的 12 年间平均投资收益率达到 8.55%（见图 11-1）。

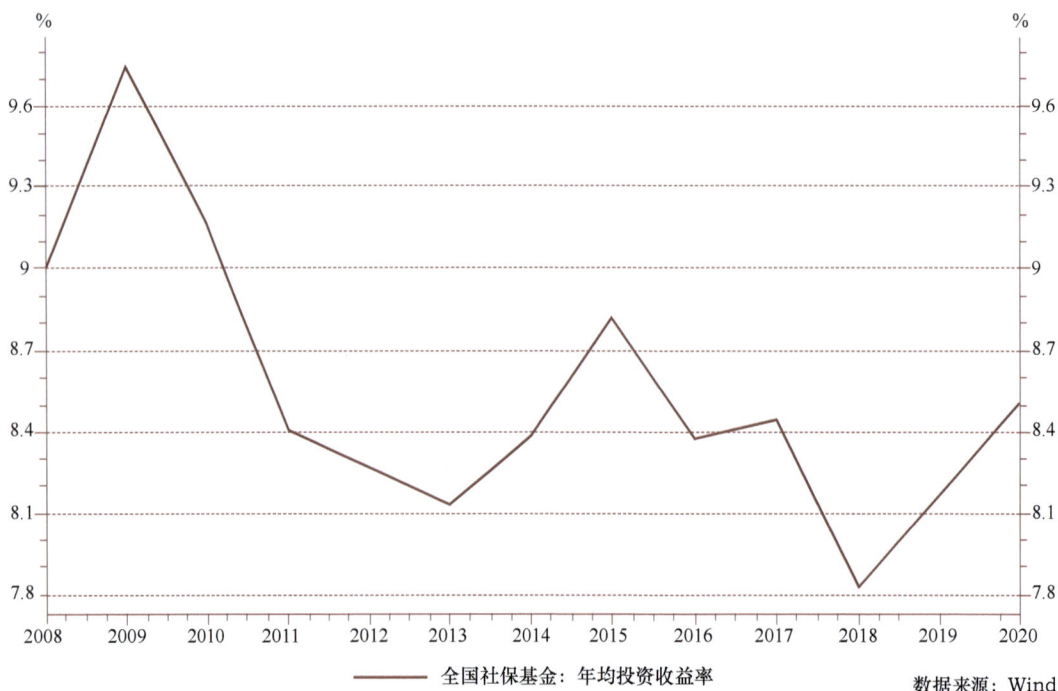

图 11-1　全国社保基金年平均投资收益率

提出疑问：

1. 什么是科学的投资策略？它包含哪些方面？

2. 投资者要成功地进行证券投资，应遵循哪些投资原则？

3. 为达到投资目标，我们可以采用哪些投资策略？

──────────── 进入学习 ────────────

策略是指为了达到一个长远的目标而制订的组合方案，包括细致的规划、明确的步骤等多种计划和方法的集合。策略的实施取决于目标的确定，一个策略有效的前提是目标设定合理、明确。证券投资策略是人们在对市场规律和人性的理解、认识的前提下，既要减少或避免风险损失，又要保证证券的流动性和收益性而采取的综合投资方案。因此，证券投资一般有基于数据和信息技术的量化交易策略、基于心理学的行为金融学投资策略和基于风险偏好的保守或激进投资策略三个基本策略。只有确定了全面、科学、合理的投资策略，才能获得丰厚的投资收益。

单元一　传统证券投资策略

一、制订投资计划

投资者能够制订出一个详细的投资计划是保证投资顺利进行的首要条件。投资计划可以使投资者提高投资的客观性，减少情绪性，从而在变幻莫测的市场中始终坚持自己的投资理念。投资者需根据自己对风险的承受能力以及预期收益或未来需要，在对投资环境、证券类型和证券投资品种等进行综合分析的基础上，选择具体的投资对象，采取灵活的投资策略，在最大程度上规避风险，获得最大收益。制订投资计划要注意以下几方面：

1. 科学合理地评估自身的风险承受能力

不同的投资者对风险的态度各不相同，个人投资者的风险特征由风险偏好、风险认知度、实际风险承受能力三方面构成。根据个人投资者对待投资中风险和收益的态度，理论上可分为风险偏好型、风险中立型和风险规避型三种。风险偏好型的投资者愿意承担较大的市场风险以求获得较高的回报，其风险承受能力较强；风险中立型的投资者对于同样的收益水平愿意承担的风险水平较低；而风险规避型的投资者愿意承担的风险水平更低。不同的投资者具有不同的风险承受能力，应选择与其风险承受能力相应的投资工具。

2. 了解自身的财务状况

投资者在制订投资计划时，一定要根据家庭的收入和支出情况，计算出最大可用投资资金。不同数量的投资资金在投资过程中所采用的策略也不一样。在投资资金较少时，就不必构建投资组合，而是要精心挑选出一些股票，把有限的资金放在少数的"篮子"里，并且精心照管；如果投资者资金的数量较为庞大，则需要做组合投资，而不能把所有的鸡蛋放在同一个篮子里，以此来分散风险。

3. 考虑自身投资风格

不同性格特征的投资者，具有不同的投资风格。有的喜欢大得大失的刺激，有的喜欢少得少失的稳健。如果为喜欢冒险的投资者制订一份货币型基金、政府国债类的投资方案，那么这一投资方案能否得到有效的贯彻执行就会成为疑问。所以，投资计划一定要考虑投资者的风格，使投资计划和自身的投资风格相适应。

4. 考虑投资的期限

投资的期限不同，投资计划中的投资策略也不相同。如果投资者允许的投资期限只有半年到 1 年，那最好的投资对象就是银行存款、货币市场基金、政府国债等；如果投资者的投资期限在 1 年以上，则可以考虑股票投资。

知识拓展　股票投资者容易犯的错误

股票投资的风险是显而易见的，由于普通投资者不具备股票专业投资知识，心理承受能力较弱，容易犯常见的投资策略和投资方法上的错误，进而掉入陷阱，以致遭受严重的损失。常见的失误主要表现在：

（1）在趋势判断上犯致命错误。如将下跌中的反弹误认为行情反转，在反弹行情的顶部买入股票，结果惨遭套牢，如果不及时反向操作，卖出所持有股票，则损失巨大。或在股票价格上升初期，把暂时的下跌误认为主力出货，在市场拉升股价之前卖出股票，结果痛失牛市机会。

（2）擅自改变入市初定好的交易操作策略。部分投资者初入股市时，所定策略是做短线操作，但一旦看错行情，买入股票不涨反跌，就违反当初定下的交易操作策略，捂住套牢股票不放，将短线操作被迫转为长线操作。实际情况往往是股价已从上升趋势反转为下跌趋势。结果，手中持有的股票越套越深，资金利用率几乎为零，同时还要忍受巨大的心理煎熬。

（3）在浮动盈利减少时不能及时平仓获利。部分投资者买入股票后，其所持股票价格上涨，产生了一定的浮动盈利，其后股价开始反转下跌，浮动盈利逐渐减少甚至到获利止损点且下降趋势依旧时，投资者如果没有立即卖出股票获利出局、落袋为安，则会痛失残存的利润直至亏损。

（4）一旦被套就死扛，稍有获利就平仓。部分投资者的交易策略一开始就是错误的，在下跌趋势中被套之后捂股不放，结果亏损越来越严重；而在股市刚启动时稍有获利就跑，错失牛市大行情。

（5）不会在亏损小时及时止损。由于投资失误导致亏损发生时，在损失不大且适于认赔时，多数投资者不愿认输，幻想着股价还能涨回，直到损失扩大至难以承受而导致心理崩溃时才选择卖出股票，然而此时股价往往已接近底部，损失惨重。

（6）买入股票被套后，盲目地多次向下摊平成本。向下摊平只能在正确判断股价运行走势的基础上一次性摊平，而不是多次摊平，结果屡买屡跌，最终加重投资决策的错误程度。这样做虽然降低了持股成本，却使投资者长时间陷入极其被动、进退两难的境地。

二、证券投资的原则

作为一个投资者，要成功地进行证券投资，就必须保持足够的理性，尊重市场规律。在充分考虑投资的风险、收益、时间等基本要素后，还必须遵循以下投资原则。

1. 剩余资金投资原则

证券投资具有高收益、高风险的特点，证券投资的风险是难以预料的，而且系统性风险是难以避免的。采取借入资金搞证券投资是不可取的，证券投资的资金必须是家庭较长时间闲置不用的剩余资金。投资者在投资证券时，以闲置的自有资金作为入市的资金，才能在没有任何心理压力的情况下进行投资。投资者运用自有资金进行投资时也要量力而为，不能为贪图厚利而孤注一掷，或者以扩张信用的方式，借钱来进行证券投资。

2. 能力充实原则

每个投资者都应该不断培养自我证券投资能力，而这种能力的基础是投资知识和经验。掌握投资知识是从事投资的重要条件，没有知识的投资是盲目的投资，十有八九是要失败的。证券投资过程是极为复杂的活动，涉及大量专业知识的运用，要求投资者在从事证券投资前，必须尽可能全面地做好各种相关知识准备，了解诸如证券投资的范围、特点、条件、种类、影响因素、场所、费用、程序、方法、法规、术语等一系列重要问题。

3. 理智投资原则

投资者在掌握证券投资知识的基础上，还须花大力气，勤奋且审慎地分析、研判市场状况与动态。只有勤于搜集并处理各种相关信息，时刻跟踪市场和所投资对象的变化情况，并积极运用自己掌握的相关知识，以理性的态度和方法进行尽可能全面的观察和判断，才能够预先把握行情发展的脉络，取得好的投资收益。

证券市场由于受到各方面因素的影响而处在不断变化之中，谁也无法准确预测到行情的变化。这就要求投资者在进行投资时，不能感情用事，而应该冷静、慎重，善于控制自己的情绪，不要过多地受各种传言的影响，应对各类证券加以细心比较，最终决定投资的对象。不然，在情绪冲动下进行投资，往往是要失败的。

4. 长期投资原则

在证券投资过程中，投资者要把眼光放远一些，不要只盯着短时间内的价格日常波动。长期投资一定要选择具有良好经营业绩或具有良好发展前景的公司股票，并长期持有。在长期投资的过程中要经常关心和了解公司的经营情况，分析公司的财务状况和产品的市场占有情况，才能做到心中有数，从而坚定投资信心。

5. 分散投资原则

投资对象选择的正确与否，直接关系到投资者能否有效地规避投资风险，获得最大收益，因而是证券投资成功的关键因素之一。这一原则又包括：①慎重选择投资品种。不同的证券，由于各种原因，其潜在的收益水平与风险大小各不相同。②慎重进行证券投资对象的组合，即通过同时对多种或多个证券进行组合投资来分散个别风险。

三、证券投资的方法

投资者要想在证券投资中避免投资风险，取得最佳投资效益，除了了解投资策略之外，还需要掌握行之有效、随机应变的实施方法。下面以股票为例，介绍两种常用的投资方法。

1. 趋势投资法

趋势投资法是指顺着股价走势买卖股票以求获利的一种投资方法。趋势投资法的理论是以道氏理论为指导，其基本思路是投资者应顺着股价的趋势进行股票买卖。当整个股市主要趋势向上时，投资者可以购买并持有股票；待到出现看跌市场的信号，主要趋势开始转变时，投资者就出售其持有的股票，转变投资地位，持有现金伺机而动。由于主要趋势会不断变动，看涨市场与看跌市场交替出现，投资者可以顺着趋势的变动做出投资决策，以期获得长期投资的利益。

知识拓展　哈奇计划：百分之十投资法

　　哈奇计划是趋势投资法的典型代表，它具有高度机械性、简单性与确定性。该计划的创始者哈奇将所购进的股票每周计算一次价格平均数，到了月底，再根据各周的价格平均数计算出该月的价格平均数。如果本月价格平均数较上次的最高点下降了10%，他便卖出全部股票，不再购买。等到卖出股票的价格平均数由最低点回升了10%，再行购买。哈奇计划不做卖空交易。当市场趋势发生了10%的反向变动时，便改变投资地位。哈奇采用此法，在1882—1936年的54年中，共进行44次卖出买进，所保持股票的期限短则3个月，长则6年，资产从投资时的10万美元增值到1440万美元。

　　趋势投资法一般多为小投资者所采用。股票市场有其自身的运动规律，一旦空头或多头市场形成，人们就很难"逆潮流而动"，投资大户是如此，小额投资人更不用说。因此，顺着股价走势操作几乎成了普通投资人的铁律。

　　采用趋势投资法必须注意两点：一是涨跌趋势必须明确，如趋势不明，则无法顺势而为；二是必须及早确认趋势，如果在某种行市的末后期再"顺势操作"，就会买进涨势中无人接手的高价股票或者卖出处于回升边缘的低价股票，不仅不能获利，反而会损失惨重。在某一行市的末后期实际上应该采取"逆向操作"。

2．定式投资计划法

　　定式投资计划法是指按照某种固定公式来进行股票和债券组合投资的方法。定式投资法是以股价上涨过度必定要回跌，下跌过度必定会回涨为依据的。投资者事先制订一定的投资计划，以后不论股价如何涨跌，均按投资计划自动进行买卖。

　　定式投资计划法可分为等级投资法、平均成本法、固定金额投资法、固定比率投资法和可变比率投资法等。每种方法虽然有所不同，但基本原理是一样的，即将投资资金分为两部分，并设置一定基准：①防守部分，主要由价格相对稳定的债券组成，也可以由多种优先股和价格相对稳定的绩优股组成；②进攻部分，主要由各种普通股组成。当股价上涨时减少进攻部分，增加防守部分；股价下跌则减少防守部分，增加进攻部分。

　　（1）等级投资法。等级投资法是指投资者内心确定证券价格变动的某个幅度为一个买卖单位（如确定上升或下跌10元、20元或者30元为一个买卖单位），当证券价格升降达到一个买卖单位时，投资者就卖出或买进一定数量证券。它是以平均买进价低于平均卖出价的差价获取收益的投资方法。等级投资法是定式投资计划法中最为简单的一种，是针对近期趋势欠明，或股市趋势上下起伏而设的。投资者一般会选择股价常有起伏的普通股为对象。

　　例如，投资者选择某上市公司股票作为投资对象，确定每一个买卖单位等级为5元。第一次购买每股市价为20元的股票500股。当每股市价下降到15元时，第二次又买进500股。买进后，股价继续下跌，至10元时第三次购进500股。这时，投资者持股的平均成本为15元。如果此时股价反转上升，至15元时卖出500股，至20元时又卖出500股，最后的500股在股价升至25元时售出，这样平均出售的价格为20元。经过这个过程，如不考虑佣金因素，投资者可获利7 500元。

实行等级投资法的优点是避免了投资时机的风险。它是根据事先确定的等级来买卖股票的，投资者可以不顾及投资时间的选择。然而，这种计划不适用于持续上升或持续下降的股票市场。因为在持续上升的多头市场中，投资者会由于分次出售而失去本来可以得到的更大利润。而在持续下跌的空头市场中，投资者要连续购进。如股价继续下滑，回升无期，投资者就会遭受损失。因此，投资者应随时注意市场行情，灵活操作，当股市在一段时间持续上涨时，则可适当加大"买卖单位"的等级档次；反之应售出所持有股票，以免遭受更大的损失。

（2）平均成本法。平均成本法是证券投资者在一段较长期间内，以固定的金额和固定的间隔期，有规律地投资于同一种证券的方法。它可以使买入证券的平均成本低于证券的平均价格。运用平均成本法购买股票时，首先选好某种有长期增长前景而价格波动幅度又不是很大的股票，然后在间隔相等的固定日期以固定金额买进这种股票，而不考虑当时股票价格的高低及变化趋势。这样，当股票价格较高时，购入的股票数就少；当股票价格较低时，买进的股票数就多。因此，每单位股票的平均成本就有可能降低。

> **例 11-1**　某一投资者选择某公司的股票为投资对象，确定投资期为 6 个月，每月投入 2 500 元左右。由于股价的不断变动，他每月买入的股票股数是不同的，具体情况如表 11-1 所示。

表 11-1　平均成本法操作表

月　份	股票市价（元）	买进股数（股）	成本（元）	累计股数（股）	累计成本（元）	股票总值（元）（=股票市价×累计股数）
1	25	100	2 500	100	2 500	2 500
2	23	109	2 507	209	5 007	4 807
3	15	167	2 505	376	7 512	5 640
4	22	114	2 508	490	10 020	10 780
5	23	109	2 507	599	12 527	13 777
6	30	84	2 520	683	15 047	20 490

由表 11-1 可知，该投资者每月投入 2 500 元左右，到第 6 个月结束时，其每股平均成本为

$$每股平均成本 = 累计成本总额 / 累计股数总额 = 15\,047 元 /683 股$$
$$= 22.03 元 / 股$$

每股的平均价格为

$$每股平均价格 = 各月购买价格之和 / 投资月数$$
$$= （25+23+15+22+23+30）元 /6 个月 = 23 元 / 月$$

可见，这位投资者用平均成本法使自己在半年内购入股票的成本比平均股价低了 0.97 元。投资者以 15 047 元的成本换取了市值为 20 490 元的股票，从中获利 5 443 元，收益率为 36.17%。

平均成本法的优点是风险小、安全性高，特别适用于资本雄厚的中长期投资者。但其缺点是，当证券价格波动幅度较小，并呈长期下跌趋势时，就不能运用此法，否则就要亏损。因此，在实践中必须掌握好循环原则，当证券价格涨到一定高位而跌风刚起时，就应见好就收，适时抛出。

（3）固定金额投资法。固定金额投资法是将投资于股票的金额固定在某一水平上，不论股价上涨或下跌，都要保持股票的金额不变的投资方法。这种投资方法以股票价格为操作对象，依据"逢低进，逢高出"的原则：当股价高时，卖出股票；当股价低时，买进股票。这样不断循环操作，投资者便可获利。该方法的实施步骤如下：

投资者把自己的投资资金分为两个部分，分别投资于股票和债券。把投资于股票的资金确定在某一固定的金额上，并不断地维持这个金额。在固定金额基础上计划一个百分比，当股价上升使所购买的股票市价总额超过规定的百分比时，就可以出售股票的增值部分来购买债券；同时确定另一个百分比，当股价下降使股票市价总额低于这个百分比时，就可以出售债券来购买股票，以弥补不足额部分。

例 11-2　某一投资者以 40 000 元资金分别投资于股票和债券各 20 000 元，并将股票的固定金额定为 20 000 元，投资期限为 5 个月；该投资者决定当股票上涨，其市价总额超过固定金额的 20% 时出售股票，并把所得的资金用来购买债券；当股票下跌，其市价总额低于固定金额的 10% 时出售债券来购买股票。其情况如表 11-2 所示。

表 11-2　固定金额投资法操作表

月　份	股价指数	股票总额（元）	调整操作	债券总额（元）	所购证券的价格总额（元）
1	1 000	20 000		20 000	40 000
2	1 250	25 000 20 000	卖出 5 000	20 000 25 000	45 000 45 000
3	900	18 000 20 000	买进 2 000	25 000 23 000	43 000 43 000
4	925	18 500		23 000	41 500
5	975	19 500		23 000	42 500

从表 11-2 可以看出，如果投资者于 1 月份购进 20 000 元股票后，到 2 月份股票上升达25 000 元，增值部分超过固定金额的 20%，那就出售超过固定金额 20 000 元以上的 5 000 元股票，用所得的款项来购买债券；3 月份股价下跌，市价总额为 18 000 元，下降幅度为固定金额 20 000 元的 10%，投资者就出售债券 2 000 元来购买股票，以保持股票市价总额为20 000 元；4 月、5 月份股价上升或下降都没有达到预定的比率，所以投资者不需进行调整。

固定金额投资法的优点是方法简便、容易操作，具有确保盈利的安全性。投资者只要依照预定的投资计划，当股价涨至某一水平即卖出，当股票价格跌至某一水平时即买进，而不必对股价的短期趋势做研判。

固定金额投资法的缺点是，当面临涨势不衰的多头市场或跌风不止的崩溃股市时不能运用该方法。如果购买的股票其价格是持续上升的，当其升到一定阶段，达到预定的比率时投资者就出售股票来买债券，就减少了股票投资金额在总投资中的比例，从而失去了股价继续上升时投资者可以获得的利益；相反，如果股价持续下降，投资者要不断地出售债券来购买股票，也会造成不良后果。所以，固定金额投资法不适用于股价持续上升或者持续下降的情况。

（4）固定比率投资法。这种投资法也称耶鲁投资计划，最早（1938年）为美国耶鲁大学所使用，是固定金额投资法的变形。两者的区别在于：固定比率投资法是股票投资额在投资总额中所占比例固定；而固定金额投资法是股票投资金额固定。

固定比率投资法将全部投资资金组成一个投资组合：一部分是防守部分，由价格相对稳定的债券组成；一部分是进攻部分，由普通股组成。两个部分保持一定的比率关系，在证券行情的变动过程中，投资者要对组合中的证券做必要调整，使之经常保持这一固定比率。该比率的确定主要取决于投资者的目标。如其投资目标是期望资本增值，其投资组合中进攻部分的比例可能占70%左右，而防守部分的比例则占30%左右；反之，如投资者以获取眼前收入为目标，则可确定股票占30%，债券占70%的比例。但实践中以各占50%较为普遍。

例11-3　某一投资者以40 000元资金分别投资于股票和债券，并确定股价总额与债券价格总额的固定比率为50:50。在投资组合中，股价总额每上升10%（或下降10%），就卖出股票而购买债券（或卖出债券来购买股票），从而使股票市价总额与债券价格总额一直维持在50:50的固定比率上。其情况如表11-3所示。

表11-3　固定比率投资法操作表

月　　份	股票总额（元）	调整操作	债券总额（元）	所购证券的价格总额（元）
1	20 000		20 000	40 000
2	26 000 23 000	卖出3 000	20 000 23 000	46 000 46 000
3	20 000 21 500	买进1 500	23 000 21 500	43 000 43 000
4	19 000 20 250	买进1 250	21 500 20 250	40 500 40 500

从表11-3可以看出，如果投资者于1月份将40 000元以50:50的比率投资于股票和债券，2月份股票上升达26 000元，上涨幅度超过10%，为了维持原来的固定比率，就必须出售股票3 000元，用所得的款项来购买债券；3月份股价下跌，市价总额从23 000元下降为20 000元，下降幅度超过10%，投资者就出售债券1 500元来购买股票，以维持50:50的固定比率；4月份的调整同样依据上述原则进行。

固定比率投资法比固定金额投资法更为灵活，它具有投资合理、盈利安全可靠的优点；但是该法也有难以找到一个恰当的比率及抓不住市场有利时机的缺点。

（5）可变比率投资法。可变比率投资法是证券投资者将投资资金分别投资在股票及债券上，在投资总额中合理确定和调整股票和债券的比率，当证券价格上升或下跌时，按一定百分比出售或购买股票或债券，并根据长期股价统计资料计算出的"正常价值"来调整该比率的证券投资方法。可变比率投资法的原理与固定比率投资法相类似，其区别在于两种证券的投资比率不是固定不变的，而是根据市场行情的变化不断调整的。

可变比率投资法按照在股票买卖行动点的行动规则的不同，可划分为非标准型投资计划和标准型投资计划两种。前者是随股价的上涨或下跌，积极减少或增加投资组合中的股票所占比例。后者是在股价呈上涨但未超过平均价值时，并不降低股票所占比例；同理，在股价虽下跌但尚未低于平均价值时，也不考虑增加股票所占比例。

> **例11-4**　假定股价指数在750点及1250点时维持最大及最小的股票所占比例（见表11-4），则依据非标准型投资计划，当指数每上升50点就卖出股票，每下跌50点就买入股票。股票买卖的范围是股价指数750～1250点。只要股价达到特定水平，就可随时调整股票和债券的比率。
>
> **表11-4　可变比率投资法操作表**
>
> | 行动点（股价指数） | 股票与债券的比率 | | |
> |---|---|---|---|
> | | 非标准型投资计划 | 标准型投资计划 | |
> | | | 股价上升 | 股价下跌 |
> | 1 250 | 25:75 | — | 25:75 |
> | 1 200 | 30:70 | — | 30:70 |
> | 1 150 | 35:65 | — | 35:65 |
> | 1 100 | 40:60 | — | 40:60 |
> | 1 050 | 45:55 | — | 45:55 |
> | 1 000 | 50:50 | 50:50 | — |
> | 950 | 55:45 | 55:45 | — |
> | 900 | 60:40 | 60:40 | — |
> | 850 | 65:35 | 65:35 | — |
> | 800 | 70:30 | 70:30 | — |
> | 750 | 75:25 | 75:25 | — |
>
> 标准型投资计划又分为上涨股市的买卖程序和下跌股市的买卖程序。在上涨股市中，股价指数没有达到平均价值（1000点）或超过平均价值时，则不卖出股票；反之，在下跌股市中，股价指数未低于平均价值，则不买入股票。在这种投资计划中，股票买入行为发生在750～1000点之间，而卖出行为则发生在1000～1250点之间。所以，股价的高低与变动方向是决定买卖股票行为的重要因素。
>
> 可变比率投资法具有使投资者不必逐次决定投资时机的优点。如果投资者能恰当地计算出股价指数的平均水平，确定平均价值，并能对股价的变动做出较准确的预测，那么，实施可变比率投资计划是能获取较高利润的。

3. 回补投资法

回补投资法是指证券投资者卖出自己的股票，待价位下降之后，再补回来的投资方法。这样做并不是因为对行情看坏，也不是真想抛股了结，而是想利用价差赚取利润。回补投资法是多头降低成本、增强实力的重要手段之一。例如，某投资者以25元买进某股票，当市价跌至23元时，他判断股价还会下跌，因此断然抛出股票，停损了结。同时，他又判断该股票可能有小的反弹，即中期回档。当股价跌至20元时，他又买回该股票。不多时，股价果然又上涨到24元。他认为，该股以后发展不佳，就以24元卖出，结果获得了4元的价差收益。扣除原先损失的2元，反而赚了2元。

单元二　行为金融投资策略

2002 年，诺贝尔经济学奖授予了美国学者丹尼尔·卡尼曼（Daniel Kahneman）和弗农·史密斯（Vernon L. Smith），以表彰他们在心理学和实验经济学研究方面所做的开创性工作。行为金融学近年来发展迅猛，并大有与现代金融理论并驾齐驱之势，行为金融理论也成为当代金融学研究的热点和前沿。

一、行为金融学的定义

行为金融学是行为经济学的一个分支，它研究人们在投资决策过程中的认知、感情、态度等心理特征，以及由此而引起的市场非有效性。可以说，行为金融学就是基于心理学实验结果来分析投资者的各种心理特征，并以此来研究投资者的投资行为及其对资产定价影响的学科。行为金融研究表明，每一个现实的投资者都不是完整意义上的理性人，其决策行为不仅受制于外部环境，更会受到自身固有的各种认知偏差的影响。

二、行为金融学的理论基础

1. 展望理论

展望理论是行为金融学的重要理论基础。展望理论认为大多数投资者并非标准金融投资者而是行为投资者，他们的行为不总是理性的，也并不总是风险回避的。展望理论认为投资者对收益的效用函数是凹函数，而对损失的效用函数是凸函数，表现为投资者在投资账面值损失时更加厌恶风险，而在投资账面值盈利时，随着收益的增加，其满足程度的提升速度减缓。展望理论成为行为金融研究中的代表学说，利用展望理论解释了不少金融市场中的异常现象，如阿莱悖论、股价溢价之谜以及期权微笑等。

由展望理论引申出三个基本结论：大多数人在面临获利的时候是风险规避的；大多数人在面临损失的时候是风险喜好的；而损失和获利是相对于参照点而言的，改变评价事物时的参照点，就会改变对风险的态度。

（1）大多数人在面临获利的时候是风险规避的。现在有两个赚钱方案：方案 A，你一定能赚 3 000 元；方案 B，你有 80% 可能赚 4 000 元，20% 可能什么也得不到。你会选择哪一个呢？实验结果是，大部分人都选择方案 A。简言之，人在面临获利时，不愿冒风险。

（2）大多数人在面临损失的时候是风险喜好的。现在有两个赔钱的方案：方案 A，你一定会赔 3 000 元；方案 B，你有 80% 可能赔 4 000 元，20% 可能不赔钱。你会选择哪一个呢？实验结果是，大部分人选择方案 B。也就是说，处于损失预期时，大多数人变得甘冒风险。

（3）大多数人对得失的判断往往根据参照点决定。假设你这个月投资的收益是 1 500 元。当你听说甲的投资收益是 1 000 元时，你心里就会感到很高兴，因为你比他多 500 元。可是后来又听说乙的投资收益是 3 000 元，你可能就会感到比较郁闷，因为你的投资收益只有他的一半。这就是参照点不同，带来的不同感受。

2．行为组合理论和行为资产定价模型

一些行为金融理论研究者认为将行为金融理论与现代金融理论完全对立起来并不恰当。将二者结合起来，对现代金融理论进行完善，正成为这些研究者的研究方向。

在行为资产定价模型中，投资者被分为两类，即信息交易者和噪声交易者。信息交易者是严格按资本资产定价模型（CAPM）行事的理性交易者，不会出现系统偏差；噪声交易者则不按 CAPM 行事，会犯各种认知偏差错误。两类交易者互相影响，共同决定资产价格。当理性交易者在市场中占据主体部分时，市场是相对有效率的；而当噪声交易者占据市场主体地位时，市场则表现出无效率。行为资产定价模型的核心思想就是对参与者的限制从单纯的预算约束扩展到效用函数本身所包含的行为约束。即投资者在决策过程中，不仅要考虑收益和风险的权衡，还会受到自身消费习惯、风险态度、财富禀赋的限制。

知识拓展　政策的影响与我国股民的"政策依赖性偏差"

自 1992 年我国股市成立以来，政策对股市的干预比较频繁，"政策市"的特征明显。政府在股市上的驱动意识和宏观调控意识对投资者的投资行为有很强的导向作用，使得我国股民在政策的反应上存在"政策依赖性偏差"。统计数据表明：1992 年至 2000 年初，政策性因素是造成股市异常波动的首要因素，占总影响的 46%。此外，在这 8 年的市场剧烈波动中，涨跌幅超过 20% 的共有 16 次，其中政策因素 8 次，占 50%。由此可见，政策对我国股市的波动起着最主要的影响作用。我国股民在政策的反应上存在严重的"政策依赖性偏差"，在具体行为方式上表现为"过度自信"与"过度恐惧"偏差。投资者的交易频率主要随政策的出台与政策的导向发生着变化，利好的政策出台会加剧投资者的"过度自信"偏差，导致成交活跃，交易频率加快；而如果利空政策出台，投资者的"过度恐惧"偏差往往会使交易频率有较大程度的下降，下降趋势也持续较长的时间。

三、行为金融学的投资策略

随着行为金融学的发展，基于行为金融学的投资策略逐渐被市场认可。目前，行为投资策略主要有反向投资策略、动量交易策略、成本平均策略与时间分散化策略等。

1．反向投资策略

反向投资策略指买进过去表现差的股票而卖出过去表现好的股票进行套利的投资方法。行为金融理论认为，投资者往往过于重视上市公司近期业绩表现而做出持续过度反应，导致对业绩好的公司股价过分高估，业绩差的公司股价则会被过分低估，这便为套利交易提供了可能。简单说，反向投资策略利用了市场的"过度反应"现象，在现实社会中，由于市场中投资者的非理性行为，股票价格的过度反应不可避免，往往会出现"涨过了头"或者"跌过了头"的现象，反向投资策略即是利用可以预期的价格反转来进行套利交易。

运用反向投资策略进行投资，实质上是通过对基于过度自信等引起的噪声交易者反应偏差的修正而获利。这种修正是证券市场运行的一个自然的过程。投资者应当密切关注证券市场上各种股票的价格走势，并将其价格与基本价值进行比较，寻找价格远远偏离价值的股票，构建

投资组合，等价格回归价值时获得收益。在实际的证券交易中，投资者可以选择低市盈率的股票、低市净率的股票、历史收益率低的股票、鲜有人问津的股票，这些股票由于长期不被投资者看好，价格的负泡沫现象比较严重，其未来的走势就可能是价值回归。特别是当股市走熊时，市场往往对具有较大潜力的中小盘成长股关注不够，投资者应该努力挖掘这类成长型股票并提前介入，等待市场走好、价值回归时就可以出售获利。

2．动量交易策略

动量交易策略是根据行为金融理论中的动量效应而制定的交易策略。动量效应一般又称"惯性效应"，即认为投资者存在非理性行为和反应不足现象，这导致股票的收益率有延续原来的运动方向的趋势，即过去一段时间收益率较高的股票在未来获得的收益率仍会高于过去收益率较低的股票。基于股票市场动量效应，投资者可以通过买入过去收益率高的股票、卖出过去收益率低的股票获利，这种利用动量效应构造的投资策略称为动量交易策略。

动量/反向策略是指买入赢家/输家组合，同时卖空输家/赢家组合的交易策略。其主要步骤为：

（1）确定目标证券市场作为交易对象的范围。

（2）选定一个时间长度作为证券业绩评价期，通常称为投资组合的形成期或排名期。

（3）计算形成期各样本证券的收益率。

（4）根据形成期各样本证券的收益率的大小，对目标市场所有样本证券进行升序、降序排列，然后等分成若干组，其中收益率最大的一组称为赢家组合，收益率最小的一组称为输家组合。

（5）形成期之后或间隔一段时间后，再选一个时间长度，作为买、卖赢家组合和输家组合后的持有期限。

（6）连续或间隔一段时期，不断重复（2）～（5）行为。

（7）业绩评价。计算动量/反向策略各持有期的回报率均值及 t 统计值，如果 t 统计值表明动量/反向策略的收益率显著大于0，实业界则称动量/反向策略成功，学术界称存在动量/反向现象。

3．成本平均策略与时间分散化策略

成本平均策略是针对投资者的损失厌恶心理，建议投资者在投资股票时，按照预定的计划以不同的价格分批买进，以备不测时摊低成本，从而规避一次性投入可能造成较大风险的策略。但是这种策略规避风险的同时并不能带来较大的收益。

时间分散化策略是针对投资者的后悔厌恶心理，以及人们对股票投资的风险承受能力可能会随着年龄的增长而降低的特点，建议投资者在年轻时让股票占其资产组合较大的比例，而随着年龄的增长增加债券投资比例，同时逐步减少股票投资比例的投资策略。

两种策略体现了投资者的感受和偏好对投资决策的影响，均属于行为控制策略。由于投资者并不总是风险规避的，且在损失时所感受到的痛苦通常又远大于盈利时所获得的愉悦，因此投资者在进行股票投资时，应该事先制订一个计划，在不同的时间根据不同的价格分批投资，以减少风险，降低成本。

单元三　量化投资交易策略

一、量化交易的概念

量化交易是指在交易过程中用先进的数学模型量化盘面数据，通过历史数据的反复验证，寻找未来能够继续盈利的"大概率"策略，利用计算机快速处理技术，减少投资者情绪波动的影响，避免在市场极度狂热或悲观的情况下做出非理性的投资决策。简言之，量化投资就是利用现代数学理论、金融数据与信息技术方法来管理投资组合、进行投资决策的一种现代化的证券分析方法。量化投资的本质是将投资思想通过量化指标、参数设计植入具体的模型中，让模型对市场进行不带任何情绪的跟踪，这种跟踪将使投资的广度和深度都得到大幅拓展。量化方法更多关注"数字"背后的意义，依靠计算机的帮助，分析数据的统计特征，从而挖掘其内在规律，寻求盈利的方法。

量化投资是现代金融理论和现代前沿信息技术的完美结合与应用。近年来，量化投资一直是欧美资本市场发展的焦点。由于交易策略的严谨性、交易回溯的可逆性、数据的直观性，量化投资已经成为全球金融机构的主流手段与方法之一。

二、量化投资的优点

1．克服认知偏差，化解人性弱点

量化投资能避免人为主观因素的影响，克服过度自信、情绪化、心理账户、厌恶损失、羊群效应等人性弱点。据统计，投资者80%的错误都来自认知偏差和人性弱点，无法依靠自身的修炼而克服。例如，2015年6月15日，大盘冲上5 178点，市场已经明显高估，但是很多投资者高唱"大盘万点不是梦"，融资做多，这就是典型的情绪代替了理性思考。而量化投资则利用模型来做判断，不会受到认知偏差和人性弱点的影响，因此会获得比较理性的结果。

2．量化投资更加严谨科学

量化投资决策模型经过历史检验，且有海量数据的支持，通过分散投资、对冲交易、增加交易频率等手段来降低交易风险，所以更为科学严谨，更能准确地把握投资机会。

3．降低交易成本

传统投资下的机构投资者采用的交易方式大多数是人工交易，该交易行为往往会推高（或拉低）证券价格，导致自身的买卖委托不能全部成交或只能以较高的买价（或较低的卖价）全部成交，从而大大增加冲击成本。而量化投资往往是通过算法交易去实现，由计算机下单，在尽可能不影响市场的情况下完成建仓平仓操作，对市场冲击较少，能够获得较实惠的买卖价格。

量化投资虽然有很多优点，但它不是神秘主义，更不是一个战无不胜的秘籍。量化投资不是靠一个投资模型就能永远盈利，也不是使用一个模型就能解决一切问题。量化投资模型只是一种工具，其成功与否在于使用这种数量化工具的投资者是否真正掌握了量化投资的精髓。量化投资者要取得较好的投资收益，必须具有成熟而有效的投资理念，并不断根据投资理念的变化、市场状况的变化对投资模型进行修正。

案例链接

量化投资的标杆：詹姆斯·西蒙斯

　　提起量化投资，就不得不提量化投资的标杆——华尔街传奇人物詹姆斯·西蒙斯（James Simons）。通过将数学理论巧妙融合到投资的实战之中，西蒙斯成为投资界首屈一指的"模型先生"。由其运作的大奖章基金（Medallion）在 1989—2009 年的 20 年间，平均年收益率为 35%，若算上 44% 的收益提成，则该基金实际的年化收益率可高达 60%，比同期标普 500 指数年均回报率高出 20 多个百分点，即使相较金融大鳄索罗斯和股神巴菲特的操盘表现，也要遥遥领先十几个百分点。最为难能可贵的是，纵然是在次贷危机全面爆发的 2008 年，该基金的投资回报率仍可稳稳保持在 80% 左右的惊人水准。西蒙斯通过将数学模型和投资策略相结合，开创了由他扛旗的量化时代。

三、量化投资的主要交易策略

　　量化投资策略是指使用计算机作为工具，通过一套固定的逻辑来分析、判断和决策的投资策略。量化策略既可以自动执行，也可以人工执行。一个完整的策略需要包含输入、策略处理逻辑和输出，其中策略处理逻辑需要考虑选股、择时、仓位管理和止盈止损等因素。常见的量化交易策略包括量化择时交易策略、统计套利策略、算法交易和多因子选股等。

量化投资交易策略

1. 量化择时交易策略

　　量化择时交易策略是指利用某种方法来判断大势的走向是上涨还是下跌或者是盘整，如果判断是上涨，则买入持有；如果判断是下跌，则卖出清仓；如果判断是震荡盘整，则进行高抛低吸。这样可以获得远远超越简单买入持有策略的收益率，所以择时交易是收益率最高的一种交易方式。量化择时交易策略又分为趋势量化择时、市场情绪量化择时、异常指标量化择时等策略。

　　趋势量化择时的基本思想来自技术分析，技术分析认为趋势存在延续性，因此只要找到趋势方向，跟随操作即可。趋势择时的主要指标有 MA、MACD、DMA 等。市场情绪量化择时就是利用投资者的热情程度来判断大势方向：当情绪热烈、积极入市时，大盘可能会继续涨；当投资者情绪低迷、不断撤出市场时，大盘可能继续下跌。异常指标量化择时主要处理一些特殊情况下的择时，例如在大盘出现顶点或者低点的时候，有些指标容易出现异常数据，如市场噪声、行业集中度和兴登堡凶兆等。

2. 统计套利策略

　　统计套利即统计意义下的套利，是指基于某投资品种历史价格数据，寻找其价格规律，从而在一定概率上获取套利机会。常见思路是找出相关性较高的两个投资品种，根据它们之间长期均衡的协整关系，当价差偏离一定程度时，买入被相对低估的品种，卖空被相对高估的品种，等到价差回归均衡时平仓获利。举例来说，在有效市场，假如投资者认为股票 A 和股票 B 同处于一个行业，且两个公司的基本面情况和成长预期也大致相近，则二者的市场估值也应接近，如果此时发现股票 A 的市场估值显著高于股票 B，则可以采用买入股票 B 同时卖空股票 A 的操作。在市场有效性的作用下，两只股票估值会迅速回归，投资因而获利，一次典型的配对交易大功告成。经过多年的发展，统计套利策略的复杂程度已经远远超越当初配对交易的范畴。

就投资标的而言，已不仅有股票，还拓展到了股票指数、债券、大宗商品、贵金属等；就构建策略而言，现代统计套利策略离不开前沿统计模型和算法，包括对投资标的的选择、交易信号的发出、买卖价格和数量的确认等都是大规模计算的结果。可以说，统计套利是投资界"高精尖"的投资策略。

3. 算法交易

算法交易也称为自动交易、黑盒交易，是利用电子平台，输入涉及算法的交易指令，以执行预先设定好的交易策略。算法中包含许多变量，包括时间、价格、交易量，在许多情况下，由"机器人"发起指令，而无须人工干预。算法交易广泛应用于投资银行、养老基金、共同基金，以及其他买方机构投资者，将大额交易分割为许多小额交易，以便更好地管理市场冲击成本、机会成本和风险。诸如对冲基金一类的交易者也利用算法交易来根据电子方式接收的信息流启动交易指令，而此时人工下单的交易者甚至都不知道这些信息，如此大大提高了交易的时效性。

算法交易可以被应用于任何投资策略，如做市、跨市套利、期现套利和单边投机（包括趋势追随）等。在投资决策和执行的任何一个阶段，算法交易信号都能够提供良好的技术支持，甚至整个投资决策和执行过程可以完全依靠算法交易自动运行。

常见的算法交易类型有套利操作、委托执行算法操作、统计算法交易等。①套利操作即利用无风险的套利机会在市场上进行套利操作；②委托执行算法操作是最常见的类型，就是将要执行的委托单分割成许多小额委托单，以尽量减少大额委托对价格的冲击，从而寻求最佳的流动性和成交价格；③统计算法交易即是通过数量预测模型在市场上寻找投资机会。

4. 多因子选股

多因子模型是量化选股中最重要的一类模型，基本思想是找到某些和收益率最相关的指标，并根据该指标，构建一个股票组合，期望该组合在未来的一段时间跑赢或跑输指数。如果跑赢，则可以做多该组合，同时做空期指，赚取正向阿尔法收益；如果跑输，则可以组多期指，融券做空该组合，赚取反向阿尔法收益。多因子模型的关键是找到因子与收益率之间的关联性。

四、量化投资交易的风险

针对不同的投资市场、投资平台和投资标的，量化策略师按照自己的设计思想，设计了不同的量化投资模型。这些量化投资模型一般会经过海量数据仿真测试、模拟操作等手段进行试验，并依据一定的风险管理算法进行仓位和资金配置，实现风险最小化和收益最大化。但往往也会存在一定的潜在风险，具体包括：

1. 历史数据的完整性

行情数据的不完整可能导致模型对行情数据的不匹配。行情数据自身风格转换，也可能导致模型失效，如交易流动性、价格波动幅度、价格波动频率等。这一点是目前量化界最难克服的问题。

2. 仓位和资金的匹配

如果模型设计中没有考虑仓位和资金配置，没有安全的量化交易过程、策略测试、资金增长曲线风险评估和预防措施，可能导致资金、仓位和模型的不匹配，而发生爆仓现象。

3．网络中断

硬件故障也可能对量化投资产生影响。

4．同质模型产生竞争交易现象导致的风险

例如在证券投资领域，目前存在大量的高频交易通过发掘瞬间的交易机会获取收益。由于算法的趋同性，在市场发生特定情况下的单方向风险的时候，这些机器算法可能会采取同样的操作而同频共振造成羊群效应，将市场风险短时间放大，这种集中爆发的机器算法风险对证券市场的稳定运行是非常不利的。

案例链接

"乌龙指事件"无法阻止量化交易的潮流

中国的量化交易发端于 2005 年前后，起源于国内 ETF 基金的出现。2004 年年底，由华夏基金发行的中国首只 ETF 基金——上证 50ETF 正式成立，这就给机构投资者提供了利用 ETF 存在着一级市场和二级市场两种价格而进行套利的机会。到 2010 年股指期货正式上市，量化交易的发展出现实质性的突破。随着股指期货的出现，中信证券、光大证券、招商证券、广发证券等机构的衍生品和量化交易部门开始进行大规模的套利活动。主要的套利活动是股指期货与沪深 300 指数股票之间的套利。

以光大的策略投资部为例，该策略投资部参照国外投行的全球市场部设立，定位是公司的风险中性交易平台，主要从事不依赖于市场涨跌的风险中性交易。其业务模式分别是以期指套利为主要内容的内部对冲基金业务、以结构性产品为主要内容的销售交易业务、以权益互换为主要内容的大宗经纪业务。

2013 年 8 月 16 日出现的"光大证券乌龙指事件"就属于这当中的内部对冲基金业务。2013 年 8 月 15 日，上证指数收于 2081 点。8 月 16 日开盘以 2075 点低开，到 11 时 5 分，多只权重股瞬间出现巨额买单。大批权重股瞬间被一两个大单拉升之后，又跟着涌现出大批巨额买单，带动了整个股指和其他股票的上涨，以致多达 59 只权重股瞬间封涨停。上证指数 1 分钟内涨超 5%，最高涨幅 5.62%，指数最高报 2198.85 点，盘中逼近 2200 点。13 时 16 分，光大证券宣布自营盘 70 亿元乌龙纯属子虚乌有。14 时 23 分左右，又宣布策略投资部门自营业务的套利系统出现问题。16 日 16 时 27 分，中国证监会表示上证综指瞬间上涨 5.96%，是因为光大证券自营账户大额买入。有媒体将此次事件称为"光大证券乌龙指事件"。由于订单生成系统存在的缺陷，16 日上午的乌龙事件中共下单 230 亿元，成交 72 亿元，涉及 150 多只股票。按照 8 月 16 日的收盘价，上述交易的当日盯市损失约为 1.94 亿元。最终，证监会认定光大证券在当日下午进行 ETF 套利交易时，违法所得金额巨大，情节极其严重，决定给予最严厉的处罚，没收光大证券违法所得，并处以违法所得 5 倍的罚款。引爆"光大证券乌龙指事件"的风险点，是由于 IT 系统的技术跟不上快速交易的需求，ETF 相关的套利业务系统出现了漏洞，导致错单的发生，最终致光大证券出现盯市损失。

总体而言，尽管由于乌龙指事件中光大证券受到的处罚相对严厉，部分公司收缩了量化交易方面的投入，但随着量化投资以及风险中性的理念被越来越多的投资人理解，国内量化交易的氛围和土壤较以前持续向好。市场在量化交易方面并未因噎废食，还是在向着积极的方向迈进。

职业提示 ➤➤

以人民为中心根本立场，切实维护金融消费者的合法权益

党的十八大以来，在以习近平同志为核心的党中央坚强领导下，我国金融业改革发展稳定取得历史性的伟大成就。股票市场、债券市场和保险市场规模均居世界第二位，广大人民群众通过投资证券的方式分享改革开放的成果。需要注意的是，证券交易中存在着严重的信息不对称，普通居民很难拥有丰富的金融知识，金融机构工作人员往往也不完全了解金融产品所包含的风险，这就导致相较于其他方面的消费，金融消费者常常会遭受更大的利益损失；同时，现代科技的广泛应用使得金融业态、风险形态、传导路径和安全边界发生重大变化；互联网平台开办金融业务带来特殊挑战，一些平台企业占有数据、知识、技术等要素优势，并与资本紧密结合。证券从业人员在从业过程中应严格规范金融产品销售管理，强化风险提示和信息披露；监管部门应大力整治虚假宣传、误导销售、霸王条款等问题，推动健全金融纠纷多元化解机制，畅通投诉受理渠道；金融机构加强金融知识宣传教育，引导树立长期投资、价值投资、理性投资和风险防范意识，不断提升全社会金融素养，依法保障金融消费者自主选择、公平交易、信息安全等基本权利，守护好广大人民群众的"钱袋子"。

复习思考题

一、单项选择题

1. 下列（　　）不是量化投资利用其来管理投资组合、进行投资决策的工具。
   A. 现代数学理论　　　　　　　　B. 金融数据
   C. 物理学　　　　　　　　　　　D. 信息技术方法

2. 下列（　　）不是行为金融学研究人们在投资决策过程中的心理特征。
   A. 认知　　　　　B. 感情　　　　　C. 态度　　　　　D. 需求

3. 下列有价证券（　　）不属于定式投资计划法的防守部分。
   A. 政府债券　　　　　　　　　　B. 优先股
   C. 普通股　　　　　　　　　　　D. 评级高的企业债券

4. 哈奇计划是（　　）的典型代表。
   A. 定式投资计划法　　　　　　　B. 趋势投资法
   C. 以静制动法　　　　　　　　　D. "拔档子"法

5. 将要执行的委托单分割成许多小额委托单，以尽量减少大额委托对价格的冲击的交易称为（　　）。
   A. 套利操作　　　　　　　　　　B. 统计算法交易
   C. 委托执行算法操作　　　　　　D. 量化择时交易

6. 定式投资计划法的进攻部分主要由（　　）构成。
   A. 普通股　　　　B. 债券　　　　C. 货币基金　　　　D. 政府债券

7. 作为一个证券投资者，其投资决策往往受其心理素质的影响，常见的错误心态主要是（　　）。

　　A. 盲从与犹疑　　　　　　　　　B. 夸耀与炫富

　　C. 投机与暴富　　　　　　　　　D. 贪婪和恐慌

8. 平均成本法是证券投资者在一段较长期间内，以固定的金额和固定的（　　），有规律地投资于同一种证券的方法。

　　A. 投资金额　　　B. 间隔期　　　C. 投资方式　　　D. 投资时间

9. 固定金额投资法是将投资于股票的（　　）固定在某一水平上，不论股价上涨或下跌，都要保持不变的投资方法。

　　A. 风险　　　　　B. 收益　　　　C. 金额　　　　D. 期限

10. 量化投资中的算法交易，也称为自动交易、黑盒交易，是利用电子平台，输入涉及算法的（　　），以执行预先设定好的交易策略。

　　A. 交易指令　　　B. 交易数量　　　C. 交易价格　　　D. 交易品种

二、多项选择题

1. 量化投资就是利用（　　　）来管理投资组合、进行投资决策的一种现代化的证券分析方法。

　　A. 现代数学理论　　　　　　　　B. 金融数据

　　C. 物理学　　　　　　　　　　　D. 信息技术方法

2. 与传统交易相比，量化交易的最大特点是（　　　）。

　　A. 克服认知偏差　　　　　　　　B. 降低交易成本

　　C. 化解人性弱点　　　　　　　　D. 更加严谨科学

3. 量化交易的策略包括（　　　）。

　　A. 量化择时交易策略　　　　　　B. 统计套利策略

　　C. 算法交易　　　　　　　　　　D. 跟踪计算

4. 行为金融学是行为经济学的一个分支，它研究人们在投资决策过程中（　　　）等心理特征，以及由此而引起的市场非有效性。

　　A. 认知　　　　　B. 感情　　　　C. 需求　　　　D. 态度

5. 行为金融学的投资策略主要有（　　　）。

　　A. 反向投资策略　　　　　　　　B. 动量交易策略

　　C. 成本平均策略　　　　　　　　D. 时间分散化策略

6. 按照行为资产定价模型，投资者被分为（　　　）。

　　A. 信息交易者　　　　　　　　　B. 风险喜好者

　　C. 风险厌恶者　　　　　　　　　D. 噪声交易者

7. 量化交易的风险来自（　　　）。

　　A. 历史数据的完整性　　　　　　B. 仓位和资金的匹配

　　C. 网络传输故障　　　　　　　　D. 模型同质化

8. 定式投资计划法的每种方法虽然有所不同，但基本原理是一样的，设置一定基准，将投资资金分为（　　　）两部分。

　　A. 防守　　　　　B. 进攻　　　　C. 收缩　　　　D. 冒进

9. 定式投资计划法的防守部分主要由（　　　　）构成。
   A. 政府债券
   B. 优先股
   C. 普通股
   D. 评级高的企业债券

10. 股票投资采用趋势投资法必须注意（　　　　）。
   A. 明确投资方法
   B. 确定投资期限
   C. 涨跌趋势明确
   D. 及早确认趋势

三、简答题

1. 什么是量化投资，其本质是什么？
2. 什么是定式投资计划法？有哪些具体方法？它们共同的特点是什么？

四、论述题

证券投资策略包括收入型策略和增长型策略，试论述其各自的特点。

能 力 训 练

投资策略应用

实训要求：

1. 通过各种途径查阅资料，搜集所学证券投资方法的实例。
2. 选择几家上市公司，了解其基本情况，判断其发展类型，并确定投资策略。

实训目的：

根据市场的状况以及不同公司的实际情况，灵活地运用各种投资策略。

实训安排：

1. 教师讲述投资策略的相关技巧。
2. 学生分组完成上市公司的模拟投资。

教师注意事项：

1. 讲解操作要点。
2. 检查学生分组是否合理。
3. 组织学习资源的配置。

实训评价：

表 现 要 求	是 否 适 用	已 达 要 求	未 达 要 求
市场分析			
公司分析			
对整个投资策略的认识与把握			
完成模拟投资过程投资策略的运用			

参考文献

[1] 中国证券业协会. 证券投资分析 [M]. 北京：中国金融出版社，2012.

[2] 中国证券业协会. 证券发行与承销 [M]. 北京：中国金融出版社，2012.

[3] 中国证券业协会. 证券投资基金 [M]. 北京：中国金融出版社，2012.

[4] 中国证券业协会. 证券交易 [M]. 北京：中国金融出版社，2012.

[5] 中国证券业协会. 证券市场基础知识 [M]. 北京：中国金融出版社，2012.

[6] 中国证券业协会. 金融市场基础知识 [M]. 北京：中国财政经济出版社，2022.

[7] 中国证券业协会. 证券市场基本法律法规 [M]. 北京：中国财政经济出版社，2022.